本书是国家社会科学基金项目"语言学语域的释义元语言研究"
(编号 19BYY003)的最终成果

语言学语域的
释义元语言研究

刘宇红　著

东南大学出版社
SOUTHEAST UNIVERSITY PRESS
·南京·

内容简介

本书探讨了元语言研究的哲学基础,认为元语言研究的历史可以划分为五个阶段,依次体现理性主义逐渐减弱和经验主义不断增强的趋势。现有的释义元语言研究,对通用知识的研究已经相当完备。释义元语言研究要想突破现有框架,完成专有知识领域的知识框架建构和释义规范化,语言学有责任也有能力成为开拓者和示范者。本书以经典语料为基础,在分词的基础上统计和归纳出了高频的释义词汇和释义句型,再结合现有的词频语料库和同义词词典进行加工,提炼出了释义元符码和释义元句型。

本书做到了哲学思辨与实证研究有机结合,语言学学科与语言学以外的学科互为补充,学术性突出,可读性很强,是语言学研究、元语言研究、术语学研究、学术词汇研究与知识本体研究、信息科学与技术研究、人工智能研究等领域不可多得的学术著作,具有严谨的资料价值和跨学科适用的数据库特征。在学科融合、知识创新等领域具有良好的借鉴与示范价值。该书既可以服务于相关领域的学术研究,也可以作为英汉语两个学科的语言学专业的研究生教材。

图书在版编目(CIP)数据

语言学语域的释义元语言研究 / 刘宇红著. —南京:东南大学出版社,2024.6
 ISBN 978-7-5766-1427-5

Ⅰ.①语… Ⅱ.①刘… Ⅲ.①语言学-研究 Ⅳ.①H0

中国国家版本馆 CIP 数据核字(2024)第 108386 号

责任编辑:张新建　责任校对:子雪莲　封面设计:王玥　责任印制:周荣虎

语言学语域的释义元语言研究
Yuyanxue Yuyu de Shiyi Yuanyuyan Yanjiu

著　　　者	刘宇红
出版发行	东南大学出版社
社　　　址	南京四牌楼 2 号　邮编:210096　电话:025-83793330
出 版 人	白云飞
网　　　址	http://www.seupress.com
电子邮件	press@seupress.com
经　　　销	全国各地新华书店
印　　　刷	广东虎彩云印刷有限公司
开　　　本	700mm×1 000mm　1/16
印　　　张	17.5
字　　　数	320 千字
版　　　次	2024 年 6 月第 1 版
印　　　次	2024 年 6 月第 1 次印刷
书　　　号	ISBN 978-7-5766-1427-5
定　　　价	68.00 元

本社图书若有印装质量问题,请直接与营销部联系。电话:025-83791830。

序　言

向语言学语域元语言研究的大胆跨越

看到刘宇红教授的《语言学语域的释义元语言研究》书稿，为之惊喜。作为学科领域的第一部释义元语言研究的试探性专著，其大胆跨越和开拓不言而喻。

世界是物质在空间中的流水账，人生是个体在时间中的流水账，学术活动是知识事件的流水账，学术成果也是知识点的流水账。我的习惯就是记记流水账。

2018年11月初，刘宇红教授微信告知，想要申请语言学术语的元语言研究项目。11月4日，刘宇红教授发来邮件并附《2019年国家社会科学基金项目申请书6》，其课题名称为"面向人工智能的语言学知识体系双层元语言建构与应用研究"。2000年，我曾提出元语言系统研究的四个层面：

1. 用于认知考察和语言测量的日常词语，即习义元语言的词元系统（自然语符）；

2. 用于辞书编纂和语言教学的释义用词，即释义元语言的基元系统（自然语符）；

3. 用于义场建构和词义解析的定义特征，即析义元语言的义元系统（人工语符）；

4. 用于认知异同和语际对比的普遍范畴，即认知元语言的知元系统（人工语符）。

刘教授的"双层元语言"，即释义元语言层面和析义元语言层面。《申请书6》显示申请者对此课题申请书已经反复修改。

当时申请书所拟研究思路是：在日常话语元语言研究基础上向专门学科领域大胆跨越，将以安华林（2005）的"现代汉语释义元语言基元系统"、白丽芳

(2006)的"英汉元语言对比清单"和李葆嘉(2013)的"现代汉语析义元语言清单"为基础。具体做法是:以经典的汉语语言学和英语语言学教材为蓝本,收集大约500～1 000条语言学术语和理论的概念,建构语言学知识体系的"内核模型",再进一步构建更大规模的复杂体系。首先参照以往的术语释义提取"释义基元",然后分解释义内容提取"析义基元"。两个层面的提取互为参照,并在试错的基础上修正和完善双层元语言清单。

对语言学语域的探索,我深以为然,只是觉得双层并进难以应付,不如先做释义元语言(任务仍然十分繁重,安华林的博士论文《现代汉语释义元语言研究》、白丽芳的博士论文《英汉释义元语言对比研究》都是做了整整三年)。11月5日立即回复电邮。

刘博士惠鉴:

最近正在准备出席中国英汉语比较研究会广州会议(11月8日—11日)的主旨演讲,匆匆回复如下:

一、元语言系统研究耗时费力,不仅需要严谨的研究方法,还需要高超的认知技艺。

二、日常或通行元语言系统研究(习义、释义、析义,以及汉语元语言系统与几种不同类型的外语元语言系统的对比),经过18年的历程,我们团队已经基本完成。

三、2000年初我就设想,除了日常或通行元语言系统,还有专门语域的元语言。现在需要继续做的就是后者,比如语言学、心理学、哲学语域等。这就需要基于专门词典或大百科全书,就其中的术语词条逐一用元语言基元加以释义(在通行释义基元上,要增加学术释义基元)。如果你想从事这一研究(语言学术语的释义元语言研究,目标是《语言学术语的元语言释义词典》),可就这方面进一步思考(存在若干障碍需要排除,一步三回头)。需要先选择专门语域的数十条术语作为样本,进行"同场—同模—基元释义"探索,一是表明能够这样释义,二是能够发现难点在何处及如何应对。

四、元语言系统研究与人工智能研制的距离还相当遥远。迄今的所谓"人工智能",多为"人工体能""人工技能""人工算能""人工图能"的模拟。"人工智能"的本质或最高阶段即"人工语能"。目前贴上"人工智能"标签的,其实有些可能是"人工鬼能"。

五、我的相关文章有:《汉语元语言系统研究的理论建构及其应用价值》(《南京师大学报(社会科学版)》2002年第4期)、《语义语法学理论和元语言系统研究》(《深圳大学学报(人文社会科学版)》2003年第2期)、《元语言符号与语言基因图谱分析工程》(《符号学与符号学新论》,东南大学出版社,2006年)、《MSN理论的研究目标、原则和方法》(与李炯英合作,《当代语言学》2007年第1期)、《莫斯科语义学派:语义元语言研究》(《君子怀德:古德夫教授纪念文集》,南京师范大学出版社,2010年)、《莫斯科语义学派语义元语言在同义词词典中的应用》(与陈秀利合作,《扬州大学学报(人文社会科学版)》2011年第3期)、《汉语幼儿习义元语言研究》(《南京师范大学文学院学报》2015年第2期)、《现代汉语元语言释义词典自序》(《南京师范大学文学院学报》2017年第4期)。其他相关著作有拙著《现代汉语析义元语言研究》(世界图书出版公司,2013年),以及安华林的《现代汉语释义基元词研究》(中国社会科学出版社,2010年)、白丽芳的《英语元语言词汇初步研究》(对外经济贸易大学出版社,2011年)、钟守满的《英汉言语行为动词语义认知结构研究》(中国科学技术大学出版社,2008年)以及陈秀利的《莫斯科语义学派释义理论与方法》(河海大学出版社,2018年)等。

六、关于元语言研究,我已做过两个国家项目:1."面向信息处理的现代汉语元语言系统研究"(02BYY030),其书稿《元语言理论方法——基于对象语言和工具语言的探索》于2006年初步完成,至今仍在修改中。2."汉语幼儿会话语言知识库研究"(13BYY095),也就是汉语幼儿习义元语言研究,书稿也已完成,预计近年出版。另外做过:1.江苏高校哲学社会科学研究重点项目"析义元语言信息工程"(2003—2008),成果即《现代汉语析义元语言研究》。2.江苏高校哲学社会科学重点研究基地重大项目"现代汉语元语言系列词典"(2010—2014),主要成果《现代汉语元语言释义词典》仍在修改中。

七、环顾当今,可以认为,从事语言学的元语言探索的就是三大学派:堪培拉自然元语言学派(普遍元语言)、莫斯科语义学派(词典释义元语言或词语的全景描写)和南京语义科技学派(张志毅先生提出"南京语义学派"以之激励后学)。2015年11月的第八届全国语义学学术研讨会(由黑龙江大学俄罗斯语言文学与文化研究中心、南京师范大学语言科技研究所联办)上,中外学者相聚南山、相互切磋。我们的特点就是提出层级性元语言理论和一套系统操作方法。

我已年近古稀，还有十部书稿要修改付梓，已不参与项目申报。专门语域的元语言研究，希望有志趣的年轻学者继续跋山涉水。如果有兴趣融入我们团队，可以展开多方面合作。

问好！

李葆嘉　谨奉

11日，刘宇红发来邮件和项目申请书的修改稿。

李老师您好，您的建议非常有价值，我遵照您的每一条建议做了修改，研究目标更明确了，也更有可操作性了。您开会很辛苦，待休息好之后再麻烦看看我的修改稿。您是大师，您的意见对我很有启迪。再次感谢您。

刘宇红

2019年1月16日，我收到南京师范大学人文社会科学研究院发来的国家社科项目申请书评审邀请函以及6份申请书，其中有刘宇红的《语言学语域的释义元语言研究申请书》。1月19日，评审意见返回人文社会科学研究院。对刘宇红申请书的评审意见是：

一、选题的学术价值或应用价值，对国内外研究状况的总体把握程度

"语言学语域的释义元语言研究"是释义元语言研究进一步延伸的新领域，具有新颖的、重要的学术价值和应用价值。申请者尚需进一步研读相关文献，才能深刻把握国内外释义元语言（词典编撰领域）的研究状况。特别是国外研究现状，需要查阅欧洲文献（我的博士林枫认真梳理过，未发表）。

二、研究内容、基本观点、研究思路、研究方法、创新之处

申请书中写了"研究对象，以一本权威的语言学词典（英文原版）为基础语料，结合英语词频词典和同义词词典，遴选语言学语域的释义元语言词表"。请务必列出这些资料的书名（包括出版信息）。

三、研究基础：课题负责人的研究积累和成果

申请人在"（研究基础）课题负责人前期相关研究成果"中填写的，基本与申请的选题无直接联系。申请人要意识到，此为填表的薄弱环节。建议增加以往积累的内容。

四、修改意见

1. 是否可列举运用释义元语言定义某一（或几条）词条的样本，并且与通行语言学词典上的释义比对，并简析其得失利弊。

2. 是否可补充技术路线图或操作流程图。

3. 行文中的"叶蜚声等的《语言学纲要》",不妥。所有作者姓名务必都出现。"某某某等"这样的表述,忽略了其余作者的著作权。

4. 行文上要一气呵成,详略有度,巧用关联词和过渡句,如行云流水。多写几个漂亮的起句和收句,才有冲击力。版面视觉上要有整体感,移步换景,虚实相间,避免杠杠化、碎片化。重要的部分可用黑体突显。

以上仅供参考。

2019年6月底,在"2019年国家社科基金项目立项公示"中,看到刘宇红的项目榜上有名。尽管并非申请书中填写的"重点项目",仍然为之一喜。

2020年起,疫情泛滥,我仍然埋头于自己的研究,从《尘封的比较语言学史:终结琼斯神话》(科学出版社,2020年)、《欧洲语义学理论1830—1930》(世界图书出版公司,2020年),到《揭开语言学史之谜》(世界图书出版公司,2021年)、《幼儿语言的成长:常用词汇语义系统建构》(科学出版社,2021年),再到《作舟篇:基于西方原典的学术史追溯》(外语教学与研究出版社,2022年)、《〈生理心理学原理〉导读和注释》(上海译文出版社,2022年)。2003年,又忙于《亚洲学曙光:威廉·琼斯亚洲学会纪念日演讲集》(河海大学出版社,2024年)以及"揭开词类学和句法学之谜""历史语言学的今生前世及其在中国的转世""音位学的形成发展及其在中国的传播"等专题探索。其中,《幼儿语言的成长:常用词汇语义系统建构》也就是我提出的"习义元语言研究",基础工作是几十人参与研制的"汉语幼儿日常会话跟踪语料库"。几位研究生分年龄段研究了幼儿词汇语义,前后长达十年(2005—2015年)。书稿的撰写,断断续续八年(2012—2020年),可谓四易其稿。

在此期间,留意到刘宇红发表的一些论文:《语言学术语的理据类型研究》(《中国科技术语》2021年第1期)、《学术词组中词汇语法连续体的双向互动研究》(《语料库语言学》2021年第2期)、《术语表研制的四个步骤——以英语语言学为例》(《中国科技术语》2021年第2期)、《语言学语域的释义元语言研究》(《浙江外国语学院学报》2021年第2期)、《释义元语言研究的三个阶段》(《外语学刊》2022年第1期)等。

当我还沉湎于19世纪的"历史语言学"和"音位学"时,2023年12月21日,宇红教授发来的微信唤醒了我。

李教授您好,我的课题成果要在东南大学出版社出版了。课题申报阶段得到您的很多指导,想再请您写一篇序。

真是快手,课题成果就要出版啦!

打开电子书稿,看了"内容简介"为之一惊:元语言研究的哲学基础→自建语料库和多种分析软件→遴选语言学专门学术词表→提取语言学常用学术词组→术语表的有效性及覆盖率→术语表的两种研制方法→释义元句型的提取及其验证。而出于我的习惯性思维,觉得似乎缺了什么。当然,根据我的学习方法,面对新作新知,首先就是理解研究者的思路及其收获,也就是通过浏览文本,做些寻章摘句(基于我的理解及其表达,有时会简评几句),力求从总体上领会作者旨趣,然后才发一通议论。

做别人不研究的,做别人认为不能研究的,做别人想不到研究的——这是我的学术信条。如果中国学者囿于接受西方理论方法,那么建构新的理论方法及其知识体系则茫然无望。与20世纪下半叶相比,新世纪以来的外语学界日趋活跃,涉入汉语研究领域(汉语神经语言学、汉语认知语言学、汉语音系学、汉语实验语音学、汉语语义学、中国社会语言学、中国生态学、西洋汉语文法学研究,诸如此类)的学者越来越多。虽然外来学说不必排斥,但是务必批判性使用,而非"拿来就用"。习惯于机械"套用",一味地跟随"主流",则免不了"随大流"(多为欧美的功能主义和形式主义),以至于"盲流"。

这些年来,我在研究西方语言学史的过程中,翻阅16到19世纪的泛黄巨著,方知许多当代"新理论"皆有前修。面对前修的发明,时常慨叹——诚为追求学术之人生!由于种种原因,时下专心致志于学术的人不多,独辟蹊径的人则少之更少。因此,每当看到一些刻苦的中青年学者发表富有创获的成果,我总不免心潮澎湃——隽才难得啊!做学问植根于志趣,唯有定心定神、坚持不懈,方有望成一家之言。

是为序。

李葆嘉　谨识
2024年1月22日于千秋情缘

自　序

今天是2024年2月4日,是二十四节气的立春。但是,从气象来看,却没有丝毫春的气息。这两天出奇地冷,昨晚上又下雪了,路边的树枝上挂满了雾凇,看样子春节之前还会有一场大雪。也是在昨天,武汉出现了少见的暴雪和冻雨,高速公路关闭了,火车、高铁停开了,飞机停飞了。妹妹的小孩从天津坐火车回湖南,火车在武汉被困12小时。

虽然天寒地冻、阴冷潮湿,但是我的内心却是非常的舒坦。妹妹家上星期刚刚"过府"(方言,指"乔迁"),住在县城妹妹家的新房子里,新房室内宽敞明亮,崭新的家具,朝向资江的整面墙是落地窗,把宽阔的水面和周边的风景尽收眼底。

在这样的环境里,做学问的效率居然非常地高。入住新房子不到十天,到昨天下午的时候,新课题的申报书初稿居然就写完了。翻江倒海的头脑风暴,无疆无界的思绪驰骋,天高地阔的恣意挥洒,大刀阔斧的增删修改,到此刻,身心内外都是满满的成就感。

按照离开南京前原本的计划,写完课题初稿就该写一篇《语言学语域的释义元语言研究》的自序了,因为出版社的校样早就寄过来了,已在我的案头摆了近一个月了,向李葆嘉教授约写的序言也早发给了我电子版。所以,我没有理由再拖延了。

"语言学语域的释义元语言研究"是我成功申报的第二个国家社科基金课题,2019年立项,立项编号是19BYY003。19是年号,B是一般课题(A是重点课题),YY是"语言"的缩写,指的是"语言学"这个一级学科,003是课题的编号。这个非常靠前的编号,好歹给了我一丝安慰,因为我当年申报的是重点课题。

既然是重点课题,研究的范围和深度,还有经费预算,都是按照重点课题来设定的。至于为什么改成了一般课题,其中的原因我不知道,到现在也不想知道了。至少,在我通过小道消息打探得知课题立项了到张榜公布的那段时间里,我怀揣"重点课题"被立项的满足感窃喜了好一阵子。小道消息打探来的评审结果,只能窃喜,不敢有丝毫的张扬。公示之后的失落却是巨大的,这是人之常情。

"语言学语域的释义元语言研究"的名称还有一个特别的缘起,是可以在自序里说道说道的,而且也应该分享给读者。

2018年底,南京师范大学的"人工智能与外语协同创新中心"成立,在成立典礼和揭牌后的座谈会上,在化成楼的326会议室里我做了一个发言,就普通语言学课程教学中的某些问题与中心主任顾曰国教授(外聘)进行了沟通和互动。我的发言当然是从人工智能能够而且已经应用于外语教学引发出来的,再加上我本人语言学研究者和语言学教育者的身份,两者相结合就想到了语言学教学中的某些困惑。

我当时说到,本科生的普通语言学课程,教材是英语版的,授课也以英语作为工作语言,而且90%左右的学生都是女生,抽象、深奥的内容加上教材的某些缺陷使得这门课成为本科生最害怕的课程,所以我提出来的问题是能否将普通语言学所使用的词汇、术语、理论要点进行优化,研制出数量有限的、高频的、具有基元性质的语言学元语言词汇表,并在此基础上建立一套程序化的具有思维导图性质的语言学知识体系。走到这一步,就可以与人工智能的操作系统对接,最大限度地简化和优化普通语言学课程的学习。我的想法得到了顾曰国教授的肯定。在此后的一段时间里,我一直在琢磨这一思路如何落实,最好是争取国家社科基金的立项资助。时间很快到了2018年底的课题申报季,我开始着手语言学语域释义元语言研究的国家社科基金申报工作。

我的申报设想的最初知识积累,受益于李葆嘉教授和他的学术团队的早期研究成果。在顾曰国教授的启发下,我当时就决定在李葆嘉教授团队对于通用释义元语言研究的基础上,把研究目标聚焦到语言学语域的专门学科释义元语言和释义元句型的研究。我对这个选题有比较充足的信心,因为我早就熟悉了李教授团队的研究思路,并且参加过、点评过李教授团队多名硕士生和博士生的毕业论文答辩。所以,我下定了决心,也坚定了信心,要把"语言学语域的释义元语言研究"作为2019年度国家社科基金的申报选题。

在撰写申报材料的过程中,我又多次得到李葆嘉教授的指点。时间到了2019年的年中,课题的评审结果终于揭晓了,我申报的课题获得了国家社科基金委的立项。只是有一个不大不小的遗憾,我申报的重点课题被改成了一般课题立项。

立项后的2019年下半年、2020年全年,我的全部身心都投入到了本课题的研究中。一年半的时间,科研局面全面打开,文章一篇接一篇地写出来了。感谢南京师范大学泰州学院殷铭老师的合作。殷铭老师是语料库研究的高手,有了他的配合处理语料和提炼数据,我完成了语言学语域释义元语言词汇表、术语词表、学术词组库、元句型词汇表等领域的研究,圆满完成了立项时设计的研究任务。

在研究内容和方法的创新上,本书探讨了释义元语言研究的哲学基础、发展历程和发展阶段,制定了释义元语言词汇表的清单(详见第一篇)。

第二篇在释义元语言本体研究的基础上,将研究内容扩展到学术词组的研究和学术词组库的建构。这一工作既体现了释义元语言与学术词组库的紧密联系,也体现了释义元语言的实用功能,并找到了释义元语言在真实文本中的实体性表征,这一工作的产品是适度规模的学术词组库。学术词组库体现了Wierzbicka(1972)的数十个有限释义基元与更广义的文体类型中释义目标的对比,两种元语言研究体现了较强的语域互补性与适用功能的互补性,也体现了"学术文体"与"日常话语"的二元结构对比。

第三篇(第八章至第十一章)是对释义元语言的另一个领域的拓展研究,即从释义元语言进入到科技术语的研究。我们认为,科技术语是释义元语言在特定语域的固化知识单元,术语表是释义元语言在特定语域的清单。第三篇的研究内容包括术语的语义功能、理据类型,术语表与学术词汇表的研制方法,术语表研制的四个步骤。

第四篇(第十二章至第十六章)从词汇和词组形态的释义元语言研究,进入释义元句法和释义元句型的研究。第十四章研制了释义元语言的清单(详见本章末的附录)。这样的句法关系和句型结构可以是常规句法的研究内容,也可以是构式形态的元语言形式。所以,释义元句法和释义元句型应该成为释义元语言研究的一部分,同时也构成了更大结构单位的释义元语言成分。

为了体现各章内容的完整性，也为了方便读者阅读时对于研究脉络的整体把握，有关前人的研究基础和本书所用的语料，我们在某些章节有重复的交代。

本书的学术价值体现在如下三方面：

(1) 将释义元语言研究拓展到语言学领域，对于了解语言学的知识基因图谱、解释英汉语言学的知识体系差异具有重要意义。

(2) 将释义元语言分为两类：一是释义元符码，即满足单义性、通用性和数量最简的释义词汇；二是释义元句型，即连接释义内容与被释义词或在释义内容之间起句法连接功能的词块结构，体现词组、句子以及篇章层面的逻辑衔接。

(3) 实现董振东的研究设想，即知网只关注"通用的知识"，而"专门领域的知识只能留待专门领域的专家来研究和建设"，所以本研究具有开拓性、示范性意义。

本书具有如下领域的应用价值：

(1) 用于改进语言学教材和语言学词典，规范和优化教材与词典的释义用词和释义句型，降低教材难度，增加课堂讲解的用词规范和句型多样性、准确性。

(2) 通过英、汉语语言学教材的释义元语言对比，总结两个学科知识体系差异的释义元语言基础，在教材编写上取长补短，培养学贯中西的下一代语言学人才。

(3) 用于开发智能水平更高的语言学知识本体工程和语言学文献检索平台，引领各专门学科的释义元语言研究，提高整个互联网（包括知网、词网、百度、谷歌等）的意义计算能力和检索效能。

在本书出版之际，李葆嘉教授又拨冗为我作序，对本书的成就给予充分肯定，并且给我诸多的勉励和期待。感谢李葆嘉教授长期以来对我的鼓励和提携。

刘宇红

2024年2月4日（立春日）撰写

2月20日修改完善于

湖南省新化县城金沙文苑

本书所用缩略词组与全称对照表

ACL	Academic Collocations List 学术搭配词组库	
AFL	Academic Formulaic List 学术词组库	
AUL	American University List 美国大学词汇表	
AVL	Academic Vocabulary List 学术语库列表	
AWL	Academic Word List 学术词汇表	
BNC	British National Corpus 英国国家语料库	
EAP	English for Academic Purpose 学术英语	
ESL	English as a Second Language 英语作为第二语言	
ESP	English for Specific Purpose 专门用途英语	
FTW	Formula Teaching Worth 词组教学值	
GSL	General Service List 通用词汇表	
IDF	Inverse Document Frequency 逆向文本词频	
LAC	Linguistic Academic Corpus 语言学学术语料	
LAV	Lexicogrammar of Academic Vocabulary 学术词汇的词汇语法	
LAWL	Linguistic Academic Word List 语言学学术词汇表	
LTWL	Linguistic Terminological Word List 语言学术语词汇表	
LWL	Linguistic Word List 语言学词汇表	
MI	Mutual Information 互信息熵	
n-gram	一段文本或语音中由 n 个词项(item)组成的词组	
NSM	Natural Semantic Metalanguage 自然语义元语言	

(续表)

p-frame	带有变量空位(variable slot)的可反复出现的词汇序列
PHRASE List	PHRASal Expressions List 词组库
Phrasebank	Academic Phrasebank 词组库
PL	PHRASal Expressions List 词组库
SD	Semantic Density 语义密度
SG	Semantic Gravity 语义引力
SPL	Secondary Phrase List 中学课本词组库
TF	Term Frequency 词频
UWL	University Word List 大学词汇表

目 录

第一篇 释义元语言研究概论

第一章 元语言研究的哲学基础 ········· 3
1.1 导论 ········· 3
1.2 何为理性主义与经验主义 ········· 3
1.3 元语言研究的哲学取向 ········· 5
1.4 对理性主义和经验主义的深层思考 ········· 11
1.5 结语 ········· 12

第二章 从元语言研究到释义元语言研究 ········· 14
2.1 导论 ········· 14
2.2 释义元语言的研究回顾 ········· 15
2.3 在语言学语域开展释义元语言研究 ········· 17
2.4 尝试性的微观研究 ········· 18
2.5 释义元语言研究的依据 ········· 20
2.6 结语 ········· 23

第三章 释义元语言研究的三个阶段：通用词汇、通用学术词汇与专门学科学术词汇 ········· 24
3.1 导论 ········· 24
3.2 释义元语言的三个发展阶段 ········· 25
3.3 如何实施专门学科的释义元语言研究：以语言学为例 ········· 27

3.4　语言学语域释义元语言词汇表的应用价值……………… 30

　　3.5　结语 …………………………………………………………… 32

第四章　释义元语言词汇表的研制 ……………………………… 33

　　4.1　导论 …………………………………………………………… 33

　　4.2　自建语料库与语料处理方法 ………………………………… 33

　　4.3　语言学语域常用和不常用的释义元语言词汇涉及哪些语义类型？ ………………………………………………………… 35

　　4.4　常用和不常用的释义元语言语义类型与现有的学术词汇表和通用词汇表有什么对应关系？ …………………………………… 38

　　4.5　如何研制语言学语域的释义元语言词汇表？ ……………… 39

第二篇　释义元语言的外延拓展：学术词组与学术词组库的研制及其特征

第五章　语言学语域的学术词组研究 …………………………… 63

　　5.1　导论 …………………………………………………………… 63

　　5.2　学术词组研究的历史 ………………………………………… 63

　　5.3　语言学语域学术词组库的研制方法 ………………………… 64

　　5.4　语言学语域学术词组的功能类型对比 ……………………… 68

　　5.5　"在词典中更多"与"在教材中更多"的比较 ……………… 72

　　5.6　结语 …………………………………………………………… 74

第六章　学术词组中词汇语法连续体的双向互动研究 ………… 79

　　6.1　导论 …………………………………………………………… 79

　　6.2　文献回顾 ……………………………………………………… 79

　　6.3　连续体两端的双向互动 ……………………………………… 81

　　6.4　连续体中间环节对两端的衔接与互动 ……………………… 85

　　6.5　连续体双向互动的发生原理 ………………………………… 87

　　6.6　结语 …………………………………………………………… 89

第七章 《英语专业四、八级词汇表》的元语言有效性及其对英专教材的覆盖率研究 ········· 93
    7.1 导论 ··· 93
    7.2 《四、八级词汇表》数量规定的合理性 ······················ 94
    7.3 从国外词汇表来看《四、八级词汇表》的合理性 ········· 95
    7.4 《四、八级词汇表》对英专教材的覆盖有效性 ············· 96
    7.5 结语 ··· 98

第三篇　释义元语言的语域固化：术语表的研制方法、术语的语义功能与理据类型

第八章 科技术语的语义功能：以语言学术语 linguistics 为例 ············· 103
    8.1 导论 ·· 103
    8.2 文献回顾与研究 ··· 103
    8.3 与学科本体有关的词汇搭配和语法搭配 ···················· 106
    8.4 与学科内部各要素相关的词汇搭配与语法搭配 ··········· 109
    8.5 表征学科之间横向联系的词汇搭配与语法搭配 ··········· 112
    8.6 linguistics 语义功能的完备性与互补性 ····················· 114
    8.7 结语 ·· 115

第九章 科技术语的理据类型研究：以语言学学科为例 ················ 116
    9.1 导论 ·· 116
    9.2 已有的相关研究 ··· 116
    9.3 我们的研究 ··· 117
    9.4 结语 ·· 123

第十章 基于软件的科技术语表与学术词汇表的研制方法：以语言学语域为例 ··· 125
    10.1 导论 ··· 125
    10.2 词汇表的研制历史 ·· 126
    10.3 学术词汇表和术语词汇表的研制过程 ···················· 128

10.4　结语 ··· 132

第十一章　基于词频统计的术语表研制方法：以英语语言学为例 ······ 153
　　11.1　导论 ··· 153
　　11.2　术语表的研制方法回顾 ··· 153
　　11.3　术语表研制过程详解 ·· 155
　　11.4　结语 ··· 164

第四篇　释义元语言组构中的元句法与元句型

第十二章　释义元句法研究中的几个问题 ······························ 181
　　12.1　什么是释义元句法 ··· 181
　　12.2　释义元句法的研究现状 ··· 182
　　12.3　释义元句法研究的内容 ··· 184
　　12.4　释义元句法的研究方法 ··· 186
　　12.5　篇章层面的元句法及其研究方法 ······························ 188
　　12.6　释义元句法的特征 ··· 190
　　12.7　结语 ··· 192

第十三章　释义元句型的提取方法与属性特征 ························· 193
　　13.1　何为释义元句型 ·· 193
　　13.2　到目前为止的研究 ··· 193
　　13.3　释义元句型的提取方法 ··· 195
　　13.4　释义元句型的属性特征 ··· 199
　　13.5　结语 ··· 202

第十四章　语言学语域释义元句型清单的研制 ························· 203
　　14.1　导论 ··· 203
　　14.2　文献回顾 ··· 203
　　14.3　如何研制语言学语域的元句型库 ······························ 205
　　14.4　LAC-171的合理性 ··· 207

  14.5 结语 ··· 210

第十五章 语言学语域释义元句型的元功能比较 ················ 217
  15.1 导论 ··· 217
  15.2 语言学语域释义元句型的研究现状 ······················· 217
  15.3 释义元句型的提取 ·· 219
  15.4 体现三种元功能的释义元句型 ······························ 220
  15.5 释义元句型的三种元功能比较：英汉元句型的语际比较 ········ 229
  15.6 结语 ··· 232

第十六章 释义元句型的英汉对比研究 ····························· 233
  16.1 导论 ··· 233
  16.2 语言学语域释义元句型的提取与翻译 ······················ 233
  16.3 释义元句型中的隐喻意象对比 ······························ 235
  16.4 语用主体的国际形象趋同化特征 ··························· 241
  16.5 结语 ··· 242

结论 ··· 243

参考文献 ··· 246

第一篇
释义元语言研究概论

本篇的研究分为四章(即第一章至第四章),是释义元语言研究的基础理论部分,也是后三篇深化研究的逻辑前提与理论准备。第一章探讨元语言研究的哲学基础。我们认为,元语言研究的历史可以划分为五个阶段,依次体现理性主义逐渐减弱和经验主义不断上升的趋势。这一发展规律是多个因素共同作用的结果。一方面,理性主义的元语言研究有其自身的发展边际,或受到理论自身缺陷的束缚,很难随着时间的推移而不断产出新的成果;另一方面,计算机技术和互联网的推广为基于经验主义的语料统计和元语言符码提炼提供了技术条件。中西方在元语言研究发展路径上不对称,在很大程度上取决于国人形式逻辑和思辨传统上的相对弱势。所以,中国的元语言研究到20世纪末才并入欧美学界经验主义研究的主流。

接下来的第二章,从一般性的元语言研究进入到更加专业的释义元语言研究。我们认为,现有的释义元语言研究,对通用知识的研究已经相当完备。释义元语言研究要想突破现有框架,完成专门知识领域的知识框架建构和释义规范化,语言学有责任也有能力成为开拓者和示范者。以经典的语料为基础,在分词的基础上统计和归纳出高频的释义词汇和释义句型,再结合现有的词频语料库和同义词词典进行加工,就可以提炼出释义元符码和释义元句型。释义元语言的提炼方法不同于前人的逻辑思辨和规范主义做法,而且研究方法的合理性、语际比较的可行性以及词汇形态上的连续体特征都可以得到有效的证明。

第三章回顾了释义元语言研究的历程,并且将释义元语言研究划分为三个阶段,即通用词汇研究阶段、通用学术词汇研究阶段与专门学科学术词汇研究阶段。我们认为,释义元语言研究的发展轨迹是从通用词汇开始,到通用学术词汇,再到专门学科学术词汇的过程。这一进程体现了知识体系从一般到具体、从通用到专用学科的逻辑顺序。由于自身的学科定位和研究专长,语言学应该成为专门学科领域释义元语言研究的领跑者。对语言学学科的个案研究,有助于推动和引领各专门学科领域的释义元语言研究,也有助于推动各学科欧美学术传统的本土化,促进国内相关学科的学术发展,以及各学科领域高等教育的发展。

第四章致力于释义元语言词汇表的研制,是释义元语言研究的重点。本章通过自建语料库和对多种分析软件的运用(包括 Wmatrix 和 AntConc 3.5.8),发现在 21 个大类和 446 个小类中,有 142 个小类共 12 929 个类符在语言学语域"使用更多";其余的 304 个小类共 11 903 个类符在语言学语域中"使用更少"。通过 AntConc 的 wordlist 功能得到一个基于 LAC 的词频表,形符(token)数为 567 327 个单词,类符(type)数为 23 880 个单词。该软件将所有单词标记出频率、基本词形及词族情况,找到了语言学语域由 469 个词汇组成的释义元语言词汇,再从 GSL 和 AWL 中找回来 73 个释义元语言词汇,就构成了语言学语域的 542 个释义元语言词汇。

第一章 元语言研究的哲学基础

1.1 导论

元语言研究发轫于古希腊时期,已有两千多年历史,在国外发展出了自然语义元语言(Natural Semantic Metalanguage, NSM)(Wierzbicka, 1996, 1972)和语义成分分析法(Sense Componential Analysis)(如 Katz, 1964 等)等影响深远的元语言理论;在国内,李葆嘉(2002a, 2002b, 2013)、安华林(2005, 2009)和苏新春(2003, 2005)等众多学者在元语言领域取得了重要的成就。但是,到目前为止,还没有学者对元语言的发展进行过历时梳理,更没有在历时发展的各阶段总结过元语言研究的哲学取向,即元语言研究在各阶段如何分别受到理性主义和/或经验主义的影响。我们认为,对元语言研究中哲学取向的分析有助于把握元语言研究的发展脉络,以及各阶段所取得的成就的深层理论背景。在文章最后,我们还将分析为什么国内的元语言研究与欧美学界的研究传统不同步,我们将从历史文化传统的视角分析其中的原因。

1.2 何为理性主义与经验主义

欧洲哲学史上的理性主义,是指 16 世纪末至 18 世纪中叶在西欧各国哲学发展中形成的与经验主义对立的哲学学派,它否认知识和智慧起源于感觉经验,相反却强调理性的作用,认为唯有理性才是可靠的,一切认知从先天的、与生俱来的"自明之理"出发,经过严密的逻辑推理才能得到。

理性主义哲学的代表人物笛卡尔提出了"我思故我在",否认感性经验是知识可靠的来源,认为知识只有通过怀疑的方法和思维活动的理论分析才能获得。在笛卡尔的基础上,莱布尼茨(1982)提出了"天赋观念",认为观念作为倾向、天赋、潜在能力在心灵中存在。

受理性主义哲学取向的影响,索绪尔(1980)提出了"类推"(analogy)是语言变化的重要力量,这与理性主义的"逻辑推理获得知识"是一脉相承的。

另一位语言学大师乔姆斯基(Chomsky,1969)也是理性主义哲学的忠实信奉者,他的语言习得机制假说以先验理性为基础,提出了所谓的"天赋论"(innateness),认为人脑的初始状态包括人类一切语言的共同特点,可称为"普遍语法"或"语言普遍现象"。

哲学上的经验主义(empiricism),强调经验是人类一切知识或观念的唯一来源,只认同经验或感性认识的作用,贬低甚至否定理性的作用。经验主义强调经验的重要性,忽视理性的重要性。

经验主义哲学的代表人物培根(1984)重视感觉经验和归纳逻辑在认识中的作用,认为知识和观念来自感觉经验,只有感性认识才是可靠的。

另一个代表人物洛克(1983)的"白板说"认为,人心如白纸,一切知识都源于经验。洛克认为,语言之所以有用,是因为人们随意赋予它们一种意义,是人们随意把一个字当作一个观念的标记。

20世纪初,华生(Watson,1930)以洛克的经验哲学为基础,提出了行为主义心理学,认为语言是一种行为,任何知识的取得都依赖直接经验(即体验),只有通过客观的、可观察的实践获得的知识才是可靠的。

布龙菲尔德接受了行为主义理论,在洛克"白板说"的影响下,开创了结构主义语言学,用刺激-反应论来解释语言的产生和理解过程,认为语言是一种符号,而这套符号系统是通过"训练"而形成的一种习惯。他关于儿童习得第一语言的"刺激-反应"论,在教学法上具有深远影响。

从上面的梳理可以看出,理性主义和经验主义有着完全相对的哲学主张,即先验与后验的对立,在研究方法上体现为逻辑思辨与经验感悟的对立,而且,两种哲学主张都在语言学研究中分别得到落实。接下来,我们要总结理性主义和经验主义在元语言研究中的体现,以及因为哲学取向不同而对元语言研究的方法和成果的影响。

我们将分五个阶段来探讨元语言研究的哲学取向:

第一阶段是元语言概念的肇始,提出了对元语言和目标语言的划分。在持续一千多年的时间里,理性主义哲学支撑了元语言研究在逻辑学领域的缓慢发展。

第二阶段是 20 世纪上半叶元语言的迅猛发展阶段,理性主义与经验主义都得到了较好的落实。从实际效果来看,理性主义比经验主义发挥了更大的作用。

第三阶段是 20 世纪的下半叶,元语言研究的哲学取向发生了明显的改变,即经验主义哲学的作用明显大于理性主义。

第四阶段是 21 世纪以来的元语言研究,理性主义逐渐式微,经验主义大行其道,在基于语料的元语言词汇统计方面取得了前所未有的成果。

第五阶段刚刚起步,是第四阶段元语言研究的合理延伸和对专门学科领域元语言词库建构的必然补充。在这一阶段,理性主义进一步式微,经验主义得到前所未有的强化。

1.3 元语言研究的哲学取向

在本节,我们将对五个阶段分别进行阐述,重点是总结两种哲学取向在元语言研究中的体现,以及与这些哲学思潮相对应的元语言研究成就。

1.3.1 元语言研究发轫于理性主义哲学精神

第一阶段是元语言的问世,当时,理性主义作为一种哲学思想并未出现,但当时人们的元语言思辨方法具备了理性主义的明显特征。

公元前 6 世纪时,古希腊克里特的哲学家埃庇米尼得斯(Epimenides)说了一句很有名的话:"我的这句话是假的。"这句话之所以有名,就在于它没有答案,因为如果埃庇米尼得斯的这句话是真的,就不符合"我的这句话是假的",那么这句话是假的;如果这句话是假的,就符合"我的这句话是假的",那么这句话是真的。不管是哪一个情况,"我的这句话是假的"都同时是陈述句和评价句,两者自我指涉,都引发了一个语义悖论。

破解悖论的方法,是把评价句认定为"元语言",即用于谈论语言的语言;把陈述句认定为"目标语言",即被元语言谈论的语言。元语言和目标语言在同一语境中是互斥的,即当一个句子是元语言时,它就不可能同时是目标语言;反过来,当一个句子是目标语言时,它也不可能同时是元语言,所以悖论被破解了,这就是哲学史上著名的"说谎者悖论"。

破解"说谎者悖论"的方法,体现了纯粹的理性主义哲学观,是一种基于逻辑思辨的先验理性,体现了把单一的语言现象分析为两种语言过程的理性精神。

1.3.2 理性主义仍领先于经验主义

在破解了"说谎者悖论"后的上千年时间里,元语言研究的进一步发展受到中世纪神学霸权的压制,但理性的微弱光芒并没有熄灭,并随着文艺复兴的开始出现了元语言研究的第一个高潮,这一过程一直持续到20世纪中叶。

这一时期,在哲学和逻辑学领域出现了一大批学术巨擘。1677年,莱布尼茨在《通向一种普遍文字》中提出了"人类思想的字母表"(陈乐民,2006),认为人类思想的基本概念组合可以构成语言的可能概念。在这里,"人类思想"是目标语言,而"字母表"这种基本概念具有元语言的特征,这种划分显然体现了理性主义的哲学理念。

20世纪上半叶的元语言研究中,理性主义哲学得到了同样充分的体现,比如:

1922年,德国数学家希尔伯特提出元数学(metamathematics)这一概念,在此基础上,元逻辑学(或者说逻辑学的元语言)发展起来了(Hilbert et al.,2006)。

1933年,波兰逻辑学家 Tarskie 提出"元语言"与"元元语言"的分级理论。

1934年,德国逻辑学家 Carnap(1934)区分了"对象语言"与"形式语言"(即元语言)。

这些思潮和研究发现是逻辑理性被压制了上千年之后的大反弹。但是,理性主义的辉煌并没有妨碍另一种哲学思潮对元语言研究的引领,即经验主义哲学在元语言研究中也起了重要作用。

在经验主义哲学的指引下,20世纪上半叶的元语言研究专家,在没有计算机等现代技术手段作为辅助的条件下,对语料进行人工的词频统计,发现了最早的释义元语言的词频数据,使元语言研究中的纯思辨过程开始有了自己的对立面。

比如1928年,Ogden 在语料观察与手工统计等经验主义研究方法的基础上,开列出850个"基础英语"词汇,并得到了一定程度的应用。比如,1932年出版的《基础英语词典》收录2万词条,全部用这850个词汇来释义。

从两种哲学思潮的作用以及元语言研究的成果来看,概念创新和理论建构的成就明显超过了早期的词频统计和应用,体现了理性主义哲学与经验主义哲学在元语言研究领域的第一次同台献艺,同时也体现了两者的竞争。

1.3.3 理性主义与经验主义平分秋色

第三阶段是指自 20 世纪 50 年代中后期开始并持续了半个世纪的元语言研究,在这一时期,理性主义持续领先经验主义,主要成就是自然语义元语言(NSM)和结构主义语义学的语义成分分析法,这种研究方法和哲学理念主要体现了理性主义哲学,当然不排除在一定范围内对思辨成果的经验验证。

在对语义基元(semantic primitive)词汇的发现方面,Wierzbicka(1972)初步构建了 NSM 的理论框架,提出了 14 个非任意的普遍语义基元以及依据化简释义(reductive paraphrase)进行词义分析的基本方法,后者扩展到 60 多个(Wierzbicka,1996)。NSM 理论体现了六大核心思想,即普遍性、自然性、通译性、可分解性、可验证性和文化中立性。

所谓的"语义成分分析法",也称"语义特征分析"或"语义对比分析",它继承了布拉格学派的音系分析传统,经过 Katz(1964)和 Goodenough(1956)的理论阐释,成为一种成熟的元语言理论。比如,boy 可以分解为[+ ANIMATE]、[+ HUMAN]、[+ MALE]、[-ADULT],括号中的大写词汇就是元语言词汇。

在经验主义的元语言研究方面,这一时期也取得了远比上一阶段更重要的成就,比如:

West(1953)开发了总数为 2 000 个词汇的通用词汇表(General Service List,GSL),是一种基于现代词频统计的词汇数据库,体现了经验主义哲学原理在元语言研究中的应用,所以 Michael West 本人也被 Dolmaci 等(2016)赞誉为"词汇研究的先驱"。

在此之后,美国大学词汇表(American University List,AUL)(Praninskas,1972)和大学词汇表(University Word List,UWL)(Xue et al.,1984)在研制方法上都继承了 GSL 的做法,但它们不是通用词汇(general vocabulary),而是学术英语(English for Academic Purpose,EAP)的词汇表。

在这一时期,中国也开始了基于经验主义取向的释义元语言研究。张津等(1996)的《从单语词典中获取定义原语方法的研究及现代汉语定义原语的获取》成为汉语释义元语言专题研究的第一篇文献,成为后来国内元语言研究的先驱性成果。

与第二阶段相比，这一时期的经验主义元语言研究有了长足的发展，并且中国也开始了同类的研究，但理性主义元语言研究仍然势头猛烈，NSM 理论和语义成分分析法成为 20 世纪元语义学研究的代表性成果，所以可以说，第三阶段理性主义取向与经验主义取向基本上平分秋色。

1.3.4　经验主义反客为主，理性主义退居其次

第四阶段的元语言研究，主要是 21 世纪初的经验主义研究，在各种释义元语言词汇表研制方面，取得了前所未有的成就。在这一阶段，中国的元语言研究空前繁荣，似乎并不逊色于同时期欧美学界的元语言研究。与此同时，理性主义的元语言研究明显逊色，在成就上败给了经验主义。

这一时期，欧美各国开发的各种元语言词汇表，都是基于 GSL 的新成果，所以都体现了经验主义的元语言研究传统。Laufer 等（2010）、Nation（2006）、Schmitt（2008，2010）、Schmitt 等（2014）等的多项研究发现，4 000～5 000 个词汇是大学生阅读和听课所必需的最起码词汇量，而 8 000～9 000 个词族（word family，即基本词汇加上派生词汇构成一个词族）是"最优的门槛"（optimal threshold），对阅读文本的覆盖率可以达到 98%，可以理解 98% 的文本词例。

除了通用词汇，针对学术研究的英语词汇表也出现了多种研究成果，如 Coxhead（2000）的 Academic Word List（AWL），Gardner 等（2014）的 Academic Vocabulary List（AVL），以及 Simpson-Vlach 等（2010）的 Academic Formula List（AFL）。

为了提高学术词汇表对学术文本的覆盖率，Gardner 等（2014）从 1.2 亿字的学术文本中编制出了新的学术词汇表，并认为这个新的 AWL 是"最新、最精准、最全面的学术词汇表"。Coxhead（2000）统计了 400 多个作者的共 414 篇学术文本，总字数达 3 513 330 个词汇实例，共 70 377 个词汇类型，涉及四个大的领域，即艺术、商业、法律、科学，语料涉及学术期刊、大学教材等。Gardner 等（2014）所编制的"新学术词汇表"，以当代美国英语语料库（Corpus of Contemporary American English，COCA）中的学术部分为基础，包括九个学科共 1.2 亿字的学术语料。Dolmaci 等（2016）统计了人文、教育、经济、法律、自然科学等多个领域的 57 本教材，统计出了土耳其语学术词汇（Academic Turkish Wordlist），能覆盖 32% 的学术文本用词。

国内学者也开展了较大规模的释义元语言研究。安华林(2005,2009)等人以经验主义为基础,通过对《现代汉语词典》等辞书的统计,把释义基元扩充为2 950个左右。苏新春(2003,2005)也基于语料统计对释义元语言的研究做出了较大的贡献。李葆嘉(2013)出版了《现代汉语析义元语言研究》(即基于语义成分分析的元语言)。

另外,白丽芳(2006)对比了汉-英语的释义元语言,王洪明(2011)对比了汉-俄语的释义元语言,泰国人韦丽娟(2007)对比了汉-泰语的释义元语言,喀麦隆人艾力(2010)对比了汉-布鲁语的释义元语言,马来西亚人陈添来(2012)对比了汉-马来语的释义元语言,发现中外释义元语言在较大程度上具有普适性,约为85%。

理性主义元语言研究,进入21世纪以来已经退居次要地位,表现为没有明显的理论创新,更没有新的理性体系问世。理性主义的元语言研究,主要表现为实证研究之前的理论设计,以及实证研究成果产出之后的反思。

比如,对于词汇表的适用性和应用领域,元语言研究的学者们(Gardner et al.,2014)[306]认为,它们可以用于确定词汇学习的目标、评估词汇知识及其成长程度、分析文本的难度和文本的信息量、创建与调整阅读材料、设计词汇学习的工具、确定学术课程中的词汇部分、满足各方面的学术需求等等。

在国内,对元语言进行理性思辨取得成就较大的是李葆嘉,他认为元语言具有层级性,包括探讨认知能力的析义元语言、用于辞书编纂和语言教学的释义元语言、用于义场建构和义征(即结构语义学派的语义成分)分析的析义元语言、用于获取人类普遍概念和跨语言对比的认知元语言。在研究方法设计和发现程序设计上,李葆嘉(2013)认为,析义元语言标记集的建构,是在释义元语言的基础上,对词汇的义征(semantic feature)进行标记,再进行梳理和验证,在此基础上进行语义分析,总结出义征标记集。

可见,这一阶段的元语言研究主要是经验主义取向,理性主义的元语言研究已经退居其次了,它只是元语言研究中针对语料统计过程的小范围理论思辨。

1.3.5 经验主义的主导地位持续强化,理性主义进一步式微

在第四阶段,元语言的研究专家们研制出了多种元语言词汇表,包括通用英语词汇表和学术英语词汇表。通用英语词汇表的覆盖率较高,但是对于学术英

语词汇表来说，由于所选用语料涵盖的学科太宽泛，而不是一个词汇表对应一个学科，所以它们对于真实文本的词汇覆盖率并不高，比如：

Hajiyeva(2015)通过对508 802字的学术语料进行统计分析，发现AWL (Academic Word List)词汇只具有6.5%的覆盖率；Chung 和 Nation 对93 445个词汇的应用语言学文本进行统计发现，AWL词汇只覆盖了13.1%；Vongpumivitch 等(2009)对150万字的应用语言学文本进行统计发现，AWL词族只占11.7%。

对于这一局面，国内也有学者提出了自己的看法，比如知网项目负责人董振东等(2007)[5]撰文指出，知网只关注"通用的知识"，而"专门领域的知识只能留待专门领域的专家来研究和建设"。国外的学术词汇集(如AWL)是各种学科共用的词汇，包括经济、教育、科学、人文等学科，专门的单一学科(如语言学、人类学、法学、心理学、社会学、政治学等)的释义元语言研究尚未起步。

我们认为，语言学以语言和元语言为研究对象，应该开启和引领专门领域的释义元语言研究。经验主义作为操作指南和主要的哲学指引，将进一步体现基于语料的归纳和经验实证，理性主义哲学在这一过程中将进一步式微。

具体的操作方法，我们可以做一个初步的设计：

以一本权威的英文版语言学词典为基础语料，比如，可以用Bussmann等(1996)的*Routledge Dictionary of Language and Linguistics*(下文简称为*Routledge Dictionary*，总字数约34万)，扫描后运用OCR软件转换成为doc文档，人工校对后，运用分词软件(如HanLP、Jieba、Thulac等)把句子分解为词或词组，建立"释义元语言词频统计表"。将"释义元语言词频统计表"与West(1953)的"通用词汇表"(General Service List, GSL)中的2 000个词汇进行对比，在总词频表中排除2 000个通用词汇后，即获得语言学语域的专用学术词汇，即"语言学语域的释义元语言词汇表"，再将它与Coxhead(2000)的AWL进行比对，估计两者的交叉部分属于次高频词汇，频率最高部分是语言学语域特有的术语和与研究方法有关的元语言词汇。

再以《现代汉语频率词典》(北京语言学院语言教学研究所，1986)和安华林(2009)的"汉语释义元语言词表"为参照，把英文版的"释义元语言词频统计表"翻译成汉语，将翻译后的目标词控制在3 000个左右，以便进行英、汉释义元语言的比较。对于超出部分，将参照《现代汉语词典》(中国社会科学院语言研究所词典编辑室，2016)和《新编同义词近义词反义词词典》(《新编同义词近义词反义词词典》编委会，2007)，把低频词替换为高频词。如果替换产生明显词义差别，则保留低频词。

我们认为,上述操作方法可以研究出对于语言学语域最有针对性的释义元语言,即语言学领域的学术词汇表,对于指导语言学教材编写、语言学词汇编纂、规范语言学课堂的教学元语言、降低课程难度、改进测试过程的知识点设计、指导硕士生的论文写作等,都有重要意义。而且,可以为其他专门学科领域的释义元语言集的研制做出示范。

1.4 对理性主义和经验主义的深层思考

1.4.1 理性主义和经验主义的作用规律

在上一节,我们分5小节总结了理性主义和经验主义的作用规律。第一阶段是元语言的出世,是一个理性主义的思辨过程,因为当时人们面对的是一个无解的"说谎者悖论",没有经验主义的用武之地。

在此后的四个阶段,理性主义一直与经验主义同在。但是从第二阶段开始,理性主义的作用不断减弱,经验主义不断增强。到第三阶段时,经验主义超过了理性主义。在第四阶段时,经验主义占了绝对优势,理性主义开始式微。到第五个阶段时,经验主义的作用和地位更加不可撼动,而理性主义进一步式微。

第五阶段其实并未开始,是我们对未来走向的预判,这种预判基于第四阶段学术英语词汇表发挥的作用有限,即对于真实文本的针对性和实用性太弱,也基于董振东等(2007)对知识结构编制的设计方案。各个学科的学术词汇集千差万别,只能由专门领域的专家来完成,而且必须在通用知识和通用学术领域的释义元语言完成之后,才有可以借鉴的研究方案,包括哲学取向上的借鉴。

1.4.2 理性主义和经验主义作用规律的原因分析

在元语言研究中,两种哲学取向的作用规律可以从两个方面来解释。

一方面是元语言本身的原因。基于理性思辨的元语言符码的提取,不管是Wierzbicka的释义基元提取,还是结构主义的释义成分提取,在数量上都是有限的,不可能随着时间的延长而成比例地增加。NSM单位的提取在达到60多个词之后,已经达到了最简概念单元对复杂概念单元进行组合所需的基本量。而对于结构语义学语义特征的提取来说,理论本身的缺限制约了理论的持续发展,即对一种自然语言全部词汇的语义特征的穷尽性覆盖。语义特征的总数可能是一个无法想象的巨大量，违背了用有限的元语言成分解释无限的自然语言词汇的初衷。所以，发掘更多语义特征的学术价值不大。因此，理性主义指导下的元语言研究必然包含研究目标和实用价值的边际效应。

与此相反，经验主义哲学取向的元语言归纳有更大的实用性，并能产生持续增值的经济效益和社会效益，能用于语言教学、教材编写、词典编纂、学术论文创作、知识工程（如知网）等领域。所以，经验主义指引下的元语言研究有广阔的研究空间和开发效益。

理性主义让位于经验主义还有一个技术方面的原因：以计算机、互联网和大数据作为技术手段的研究范式为基于各种真实语料的元语言词汇集研制的研究过程提供了诸多方便，这种研究的边界效应至少在目前还没有显现，所以在第四阶段和第五阶段，经验主义的元语言研究发展越来越迅速。

1.4.3 理性主义和经验主义的文化制约

欧美学界的理性主义传统和经验主义传统，是两种并行不悖、互为补充的哲学取向。两者此消彼长，此长彼消，在语言学理论的发展历史上得到体现（罗宾斯，1987）。元语言研究中，也体现了两者的互动。

中国的元语言研究起步较晚，错过了以理性主义为主导的元语言研究阶段。或者说，在历史上，由于东西方文化交流的缺失，中国古代的语言研究者们没有独立地进行具有理性主义特征的元语言研究，而只是在东西方交往频繁并且在计算机和互联网高度普及的条件下，在20世纪末才抓住了元语言研究的发展机遇，即参与了西方学界以经验主义哲学为主导的元语言研究。

这样的发展历程，与文化传统有较大关系。因为国人的形式逻辑和思辨传统相对弱势，使历史上的中国学者们错过了或者说没有进行理性主义指导下的元语言研究。对于这一现象，国内外的相关总结较多，如李约瑟（2006）的《中国古代科学思想史》和汪骆（2009）的《中国人的思维缺陷》。对此，我们不做深入分析。

1.5 结语

元语言研究的历史可以划分为五个阶段，其中，第五个阶段是我们基于第四阶段发展的不足和知识工程领域对于元语言研究的期待。五个阶段的哲学取向体现始终一致的规律,即理性主义从第一阶段的独霸地位开始,作用逐渐减弱,与此相反,经验主义的地位从第一阶段到第五阶段不断抬升。这一发展规律不是偶然的,而是由多方面的因素决定的。从元语言自身发展的规律来看,理性主义的元语言研究有其自身的发展边际,或受到理论自身的缺陷的束缚,很难随着时间的推移而不断产出新的成果;从客观条件来看,计算机技术和互联网的推广为基于经验主义的语料统计和元语言符码提炼提供了技术条件。中西方在元语言研究发展路径上的不对称,在很大程度上取决于国人形式逻辑和思辨传统上的相对弱势。所以,中国的元语言研究到20世纪末才并入欧美学界经验主义研究的主流。

第二章 从元语言研究到释义元语言研究

2.1 导论

释义元语言(definitive metalanguage)是用来解释字词意义的工具性语言,具有单义性、基元性、最低数量等特征,可以规范与优化教材和词典中的释义用词,也是知识本体的基础性研究。

概念单位的释义通常是"种差+邻近的属概念",其中"属"是比"种"高一层次的概念。以"人"为例,它的定义是"人是会创造和使用劳动工具的动物"。其中,"种差"是"会创造和使用劳动工具",这是其他动物所不具有的能力,表示人同其他动物的差别;"邻近的属概念"是"动物",按照生物学的分类,"动物"是"人"的上级概念。

释义元语言以词典和专门领域的教材为适用对象,定义内容不只是"种差+邻近的属概念",一个词条或一个章(节)的内容可以是几百字、上千字,甚至上万字,所以被称作"定性叙述"(黄鸿森,1980)。

到目前为止的释义元语言研究都针对通用知识,而且基本趋于完备,专门学科(如语言学、人类学、法学、心理学、社会学、政治学等)领域的释义元语言研究尚未起步。比如,董振东等(2007)[5]撰文指出,知网先研究"通用的知识","专门领域的知识只能留待专门领域的专家来研究和建设"。事实上,专门学科领域的释义元语言研究对于完善释义元语言的理论成果,扩大其在专门领域的应用研究意义重大。语言学以语言和元语言为研究对象,不仅应该开启语言学语域的释义元语言研究,而且应该引领和指导其他专门语域的释义元语言研究。

2.2 释义元语言的研究回顾

2.2.1 国外的释义元语言研究

释义元语言是元语言研究的一个分支。在国外,元语言最初是为了解释"说谎者悖论"而提出来的。公元前6世纪时,克里特的哲学家埃庇米尼得斯(Epimenides)提出了"说谎者悖论":当一个人说"我在说谎"时,到底"我在说谎"这句话可信不可信。这种困惑的根源是,"我在说谎"既可以是元语言(metalanguage),即对自己(一贯的)言语习惯或言语伦理的总结与评价,也可以是目标语言(target language),即日常话语中的一个句子。目标语言可以为真,但元语言可以否定目标语言的真实性,所以"我在说谎"的真实性成了悖论。

1677年,德国数学家、哲学家莱布尼茨在《通向一种普遍文字》中提出了"人类思想的字母表"(陈乐民,2006),认为人类思想的基本概念组合可构成语言的可能概念,这样的"字母表"就是元语言的隐喻性指代。在"字母表"的基础上,1922年,德国数学家Hilbert提出了元数学(metamathematics)这一概念,并推动了元逻辑学(或者说逻辑学的元语言)的发展(Hilbert et al.,2006)。

逻辑学的元语言,促成了语言学的元语言研究。1933年,波兰逻辑学家Tarskie提出"对象语言"、"元语言"与"元元语言"的分级理论。德国逻辑学家Carnap(1934)区分"对象语言"与"形式语言"(即元语言)。

早在1928年,Ogden开列出850个"基础英语"词汇。1932年出版的《基础英语词典》收录2万词条,全部用这850个词汇来释义。

West(1953)编制了包含2 000个词汇的"通用词汇表"(General Service List, GSL),是一个比较成熟的也被广泛应用的释义元语言词汇表。*Longman Dictionary of Contemporary English*(Procter,1978)就是采用这2 000个基础词汇来解释了5.6万词条,其后再版六次,一直沿用有限的释义词汇。

1955年,法国学者Gouenheim使用1 475个释义词汇来编写基础法语课程课本(Gougenheim,1955)。1958出版的《基础法语词典》也只采用了3 000余个释义词汇。

从 1972 年开始,Wierzbicka 等学者先后提取了 60 多个语义基元(semantic primitive),用来阐释词汇、句子甚至文化内涵(成果可见 Wierzbicka 2009 年的研究)。

在词汇表制作方面,Coxhead（2000）提出了 Academic Word List(AWL), Gardner 等（2014）、Simpson-Vlach 等（2010）也分别研究了 Academic Vocabulary List(AVL)和 Academic Formula List(AFL)。其中,AWL 的影响最大。在 AWL 的基础上,Gardner 等（2014）编制了"新学术词汇表",使得词汇表对于学术文本的覆盖率有了较大提升。

2.2.2 国内的释义元语言研究历史

国内释义元语言的研究,是在国外元逻辑学研究成就的基础上开始起步的,所以跃过了元逻辑学阶段。

张津等(1996)最早开始汉语释义元语言的专题研究,《从单语词典中获取定义原语方法的研究及现代汉语定义原语的获取》成为汉语释义元语言专题研究的第一篇文献。

李葆嘉(2002a)提出元语言具有层级性,包括探讨认知能力的习义元语言、用于辞书编纂和语言教学的释义元语言、用于义场建构和义征(即结构语义学派的语义成分)分析的析义元语言、用于获取人类普遍概念和跨语言对比的认知元语言。

此后,李葆嘉的博士生安华林(2005)归纳了 2 878 个释义元语言(称作释义基元词),在后来的研究(安华林,2009)中又扩充为 3 300 多个。李葆嘉的其他博士生,如黄小莉(2009)、张彩琪(2010)、徐丽(2011)、李小敏(2012)等,在各自的博士论文中,通过对常见词汇类别和常用词汇范畴进行研究,扩展了释义对象,把释义基元(即释义元语言词汇)确定为 2 950 个左右。

与此同时,李葆嘉团队的外籍博士生和个别国内博士生,在他们的博士论文中对汉、外释义基元进行了对比研究,比如韦丽娟(泰国人)(2007)对比了汉-泰语的释义元语言,艾力(喀麦隆人)(2010)对比了汉-布鲁语的释义元语言,陈添来(马来西亚人)(2012)对比了汉-马来语的释义元语言,白丽芳(2006)对比了汉-英语的释义元语言。另外,黑龙江大学的王洪明(2011)对比了汉-俄语的释义元语言。他们发现,每种语言的释义元语言为 2 000～3 000 个,普适率为 85%～86%。另外,苏新春(2003,2005)分别提出元语言研究的三种路径,阐述了释义元语言研究的诸多创见。

2.2.3 国内外释义元语言研究的简评

到目前为止,国内外的释义元语言研究集中在三个方面:一是发掘数量最少的释义元语言集,二是汉语和外语的释义元语言比较,三是运用于教材编写、词典编纂和知识本体。

但是,到目前为止,释义元语言研究仅限于通用知识,而且已经相当完备,但没有针对专门学科的研究。原因有两个:一是此种研究只能由特定领域的专家来完成,二是必须在通用知识的元语言研究基本完成之后进行,并借鉴后者的研究方法和研究成果。

2.3 在语言学语域开展释义元语言研究

2.3.1 语言学语域释义元语言研究的价值

在微观层面,语言学语域的释义元语言研究,不仅可以发现释义元符码,即满足单义性、通用性和数量最少的释义词汇,还可以总结释义元句型,即连接释义内容与被释义词或在释义内容之间起句法连接功能的词块结构,体现词组、句子以及篇章层面的逻辑衔接。

在应用领域,释义元语言研究可以规范和优化教材与词典的释义用词和释义句型,降低教材难度,增加课堂讲解的用词规范和句型多样性、准确性。而且,英、汉语言学教材的释义元语言对比,可以总结两个学科知识体系差异的释义元语言基础,在教材编写上取长补短,培养学贯中西的下一代语言学人才。不仅如此,释义元语言研究还可以用于开发智能水平更高的语言学知识本体工程和语言学文献检索平台,引领各专门学科的释义元语言研究,提高整个互联网(包括知网、词网、百度、谷歌等)的意义计算能力和检索效能。

2.3.2 语言学语域释义元语言研究的思路

以一本权威的英文版语言学词典为基础语料,比如,可以用 Bussmann 等(1996)的 *Routledge Dictionary* 为例。具体的操作方法见本书第 1.3.5 节。

如果核心词和拓展词的词频较高,但在"词频词典"和"基础词汇"中词频都偏低,或者相反,我们则需要逐个分析原因。这可能是 *Routledge Dictionary* 作者不合理的个人用词习惯造成的,解决方法是检索英语同义词词典(如 *The Oxford Thesaurus: An A-Z Dictionary of Synonyms*),并进行同义词替换。如果替换造成明显的词义差别,则保留原词,并可认定词频差异源于语言学学科的语域特异性。在此基础上,选择词频较高的 3 000 词汇编成《语言学语域的释义元符码集与释义元句型集》。

再以《现代汉语频率词典》(北京语言学院语言教学研究所,1986)和安华林(2009)的"汉语释义元语言词表"为参照,把英文版的"释义元语言词频统计表"翻译成汉语,将翻译后的目标词控制在 3 000 左右,以便进行英、汉释义元语言的比较。对于超出部分,将参照《现代汉语词典》(中国社会科学院语言研究所词典编辑室,2016)和《新编同义词近义词反义词词典》(《新编同义词近义词反义词词典》编委会,2007),把低频词替换为高频词。如果替换产生明显词义差别,则保留低频词,参见本书第 1.3.5 节。

最后以 *Routledge Dictionary* 和《语言学纲要》作为英汉语言学的语料样本,分别统计英汉语言学中的释义元语言,既对比英、汉语在释义元语言上的语际差异,又可以分别与"释义元语言词频统计表"(英汉双语)对比,总结英语在释义元语言使用上的现状和不足,对比英、汉语在释义元语言使用上的差异,并探讨产生这种差异的认知、文化与语言类型学根源。

2.4 尝试性的微观研究

为了证明上一节的研究思路的可行性,我们设计了两个微观研究,即针对 *Routledge Dictionary* 中 10 个词条的微研究,以及针对两本教材各一个词条的微研究。

2.4.1 针对 *Routledge Dictionary* 中 10 个词条的微观研究

在 *Routledge Dictionary* 中提取 10 个样本词条:language、langue、parole、lexicon、word、meaning、semantics、pragmatics、linguistics 和 cognitive linguistics,释义文本共 2 403 词。

元符码的提取原则与统计结果:

(1) 词与词组兼取,以词为主,理论名称和研究方法保留词组,如 X-bar theory 和 componential analysis。为确保上述词组不被拆散,在运用分词软件后,必须进行人工校对。

(2) 数目词和代词不列入,如 one、second、several、all、it、we、what、which、other;虚词不列入,如 of、in、but、for、the、a(n)。体现专门学科的释义元语言区别于通用知识的释义元语言并且比后者更专业。

(3) 例词、例句、人名、地名不列入。

(4) 合并各种形态变化,如 linguistic(s)、bind(-ing, bound)。

(5) 统计后,可以发现:10 个样本词产生了 417 个元符码类型,共 948 个实例。其中,linguistic(s)、semantic(s)等 4 个算超高频,pragmatic(s)、concept(s)等 9 个算高频,system(s)、lexical(ly)等 21 个为次高频,interpretation(s)、list(s)等 101 个为中频,abstraction、adjoining 等 282 个为低频。

元句型的提取原则与统计结果:

(1) 主要以词组为提取单位,如 attempt at。系表结构去掉系动词,如 is based on 取 based on。常用介词,如 in、of、at 等,虽然也体现句法结构关系,但为了体现专门学科的释义元语言区别于通用知识的释义元语言并且前者比后者更专业,所以忽略。

(2) 合并相近的元句型,如 used...for...和 used by...for...可以合并为 used(by...)for...,depend on 和 depend upon 合并为 depend(up)on。如果搭配不同,如 attempt to 和 attempt at、concerned with 和 concerning,认定为不同的元句型。

(3) 统计后发现 123 个元句型类型,共 167 个实例。从频率来看,depend(up)on 为超高频,as well as、concerned with 等 6 个为高频,deal with、on the one hand...on the other (hand)等 8 个为次高频;account for、characterized by 等 12 个为中频;above all、and the like 等 96 个为低频。

(4) 123 个元句型类型涵盖 9 类句法功能:体现整体与部分关系、解释与阐述、理论之应用、来源与归属、特征描述、对比与区分、逻辑连接(如因果关系)内容铺陈、举例说明。

2.4.2 针对英汉两本教材各 1 个词条的微型对比研究

在胡壮麟《语言学教程》(第五版)和叶蜚声《语言学纲要》(修订版)中分别提

取"linguistics"和"语言学"的定义文本,并将它们分别与 Routledge Dictionary 中的释义进行对比。前者是词典中的 linguistics 词条,有相对完整的学科内容和学科性质的介绍,后者取前言中的一节(即"语言学的对象和学科性质"),分别是 240 个词和 344 个字,两者具有较大的可比性。对比结果如下:

其一,两书中,词频最高的 10 个释义元符码(按词频从高到低排序)分别是 linguistic(s)、scien(tific)、language、studi(es)、discuss(ing, -ed, -ion)、social、argument(s)、academic(ally)、research、communicat(ion, -ive),以及语言、人(类、们)、世界(上)、社会、生活、现象、沟通、交流、研究、学(会)。两本教材中释义元语言的词频对比表明,英语的释义元语言词语更多地专注于逻辑性特征,所以 scien(tific)、discuss(ing, -ed, -ion)、argument(s)、academic(ally)是高频词;汉语的释义元语言更多地体现人文性特征,所以"人(类、们)""生活""交流""沟通"是高频词。

其二,在"linguistics"释义中提取了 18 个释义元句型,在"语言学"释义中提取了 11 个释义元句型,它们分别有 5 个和 2 个释义元句型出现在基于 Routledge Dictionary 所发现的元句型集中。

从英汉语言的对比来看,"insofar as""because of"和"以便""所以"等因果类元句型有较大的对应性和互译性,但更多的是不对应的释义元句型。比如,be divided into、result from、overlap with 等在英语中以元句型的形式存在,而在汉语释义中,"分为""源于""交叉"则更倾向于是元符码,这体现了英汉语言的表义单位在词汇化程度和释义过程中语义衔接功能上的差异。

2.5 释义元语言研究的依据

上一节是遴选释义元语言的微型试验。接下来,我们要探讨一下研究思路和微型试验的合理性,重点是如下三个问题:

1. 如何证明以 Routledge Dictionary 和英汉教材作为语料来研究释义元语言的合理性?

2. 对"communicat(ion, -ive)"和"沟通"等释义元语言进行语际对比的依据是什么?

3. "人类"和"人们"以及"交流"和"沟通"等同(近)义词汇作为释义元语言

的取舍依据是什么?

2.5.1 如何证明基于语料来研究释义元语言的合理性?

选择 Routledge Dictionary 和英汉教材来遴选语言学的释义元语言,是借鉴了国内同行选用经典著作作为语料的做法,比如安华林(2005,2009)选用的语料是《现代汉语词典》。但是,这种做法的合理性如何证明呢?

上文说到,欧美学界的元语言研究,始自逻辑学界,较晚才进入语言学界。所以,欧美学界的释义语言学研究带有明显的逻辑思辨特征和先验特征。

比如,Gödel(1986)和 Tarski(1956)认为,任何形式的语言都不能体现自身的语义,只能由更丰富的元语言来表示,而更丰富的元语言本身也是元语言(或者称作元元语言),所以也不能表征自身的(元)语义。举例来说,假设理论表示为"theory"(T),T 包含三个不同成分的定义,即 def1,def2,def3。前两个成分的定义分别表示为 a 和 b,第三个不能被定义的成分仍表示为 T,那么 T =［def1(a);def2(b);def3(T)］。如果把 T 用可以定义的成分再次代入,就有 T = ｛def1(a);def2(b);def3［def1(a);def2(b);def3(T)］｝。这种代入具有递归性,将无穷无尽地延伸,但总是有一部分不能被定义,出现了"无限性的鬼魅"(the ghost of infinity)(Galofaro,2012)[74]。

Wierzbicka(2009)等人深受 Tarski 等人的影响,通过对人类知识的概念结构思辨,总结了数量有限的语义基元,作为人类知识最基础的底层概念架构。同样,在语言教育和词典编纂方面,学者们也先验地规定了数量更多的释义元语言,如 Ogden 开列了 850 个"基础英语"词汇,并用于《基础英语词典》的词条释义。

哥本哈根学派的 Hjelmslev(1961)在释义元语言问题上,也秉持了思辨传统和先验的规范主义。假设有人不知道 sheep 是什么,回答说是 animal,就算听话人知道 animal 是什么,也仍然不知道 sheep、human being、cat 等如何区分,他需要更多的百科知识。为了解决这一问题,Eco(1984)认为 Hjelmslev(1961)应该把无限集(如词汇集)转写为有限集,所以 Eco 对于 masculine/feminine 等语义标记情有独钟。他认为:假设我有两件衣物,一件蓝色,另一件褐色,我只要一提到颜色,就能把衬衣和领带区分开来,尽管蓝色和褐色的物品数量不确定。

Eco 的做法和 Hjelmslev 的做法,是不同的思路,前者可以把无限性(即无限的释义词汇)分解为数量有限的释义符码。这两种做法被李葆嘉(2002b)分别称为析义元语言和释义元语言。其中,析义元语言是对释义元语言的深化和细化,带有明显的符号化、人工化痕迹。

但是,不管是 Eco 提取更细微的语义要素的做法,还是 Hjelmslev 使用自然语言词汇释义的方法,都是规范主义的先验做法,与需要被定义的庞大知识结构和更庞大的潜在文本相比,总是存在难以覆盖的问题,这或者是析义元语言与释义元语言数量太大的问题。

为了化解这两类矛盾,可以改变一下思路,即把先验的逻辑思辨转变为基于语料的田野工作(即对实际存在的语料进行分解和词频统计),从规范主义转变为描写主义。具体的做法是从较大规模的经典语料(如词典或教材)出发,运用统计的方法,结合现有的词频数据库,更有效地完成释义元语言的归纳、分类和统计。正是因为采用了语料统计的方法[比如安华林(2005,2009)统计了《现代汉语词典》的释义用词],国内的释义元语言研究在成果的数量和质量上才远胜于国外的基于思辨的释义元语言研究。

2.5.2 对释义元语言进行语际对比的依据是什么?

在叶尔姆斯列夫的语符学中,内容(content)和表达(expression)这种二元划分与 form-substance-purport(形式-实质-意义)的三元划分相互交叉组合,构成内容与表达的六个层面(戚雨村 等,2004;丁信善,2005;王德福,2003,2008;王希杰,2008)。

在六个层面中,"内容实质"(content substance)是特定语言中的意义,即在特定语言中给这个意义赋予了一种"形式"(form)。因此,"内容实质"依赖语言中的"塑形过程"(forming process),并且把"内容实质"称为"语义"(Hjelmslev,1961)[79]。Hjelmslev(1961)[51] 也认为,"实质(substance)高度依赖形式(form),只有仰仗后者,前者才能存在,不然前者绝无存在的可能。"

英汉语是两种不同的符号系统,它们对应着大同小异的主客观世界,所以在两种符号系统中存在大同小异的无定形的意义(unformed purport),通过各自语言的词汇转写,塑形为不同的"内容实质"(content substance),就有了类似 communicat(ive, -ion)和"沟通"等不同的"内容实质",确保了在此基础上的释义元语言的语际比较。

2.5.3 从同义词汇中遴选释义元语言的依据是什么?

同义词汇中释义元语言的遴选,比如对"沟通""交流""交际"等同义词如何进行取舍,并最终确定为释义元语言词汇,我们的理论依据同样是 Hjelmslev (1961)的理论叙述。Hjelmslev(1961)[81] 对于形式-实质-意义(form-substance-purport)的另一种更加抽象的理解,不像第一种理解(见 2.5.2)那样体现形式 (form)和实质(substance)的对立,而是体现两者的统一。或者说,形式和实质构成一个连续体,从一个视角来看是实质,换一个视角它又是形式。

形式和实质之间的这种关系,称作"表现"(manifestation),是恒量 (constant)与变量(variable)的关系,或者说是图式(schema)与用法(usage)的关系。在此基础上,Hjelmslev(1961)[61] 进一步把形式(form)称为不变体 (invariant),把实质(substance)称为变体(variant)。

"人类"和"人们",以及"沟通""交流"和"交际"等词汇变化,正是同一"形式"的不同"实质"表现。词汇换用(即采用同一"形式"的不同"实质"),既体现语言系统和文化系统的历时改变,也体现个体风格上的共时差异。所以,对同义词的包容,并让它们在基础概念内容的参照下构成语义连续体,不仅对释义元语言研究具有现实意义,也能将语言系统和文化背景的变化纳入到"词形动态发展过程"中(morphodynamical development)(Galofaro,2012)[83-84]。

2.6 结语

释义元语言研究是在逻辑学的元语言研究的基础上发展起来的语言学的元语言研究的一部分。现有的释义元语言研究,对通用知识的研究已经相当完备,并且开发了诸如词网、知网、百度和谷歌等具有高度实用价值的知识本体工程。释义元语言研究要进一步突破现有框架,在专门领域的知识研究中大有可为,语言学有责任也有能力成为这一新领域的开拓者和示范者,以实现董振东等人(2007)的设想。以经典的语料(如词典和教材)为基础,运用不同于前人所采用的逻辑思辨和规范主义传统,以较大规模的真实语料为基础,在分词的基础上统计和归纳出高频的释义元符码和释义元句型,再结合现有的词频语料库和同义词词典,就可以提炼出数量最简的释义元符码和释义元句型。虽然释义元语言的提炼方法不同于前人的逻辑思辨和规范主义,但研究方法的合理性、语际比较的可行性以及词汇形态上的连续体特征都可以得到有效的证明。

第三章
释义元语言研究的三个阶段：通用词汇、通用学术词汇与专门学科学术词汇

3.1 导论

元语言（metalanguage）是描述语言的语言。Ellis(2016)认为，广义的元语言包括 word、sentence、subject/predicate、noun/verb 等描述语言的词汇，也包括专业的语言学术语，如 phonotactics、x-bar structure、Gricean maxims 等，还包括描述语言用法的非专业词汇，如 mean、say、correct 等。Widdowson(2003)认为，词汇的词典释义，也可以算作元语言。

语言是人类知识的载体，从知识的专门化程度来看，其可以分为通用知识、通用学术知识和专门学科的学术知识。与此相应，元语言词汇也可以分为三种，即通用词汇、通用学术词汇与专门学科的学术词汇。通用词汇是关乎日常话语的词汇，通用学术词汇是所有学科共用的学术性词汇，专门学科的学术词汇是特定学科的学术词汇。

三种词汇刚好体现了元语言研究的三个阶段，即先有通用词汇表，后有通用学术词汇表，最后才出现专门学科的学术词汇表。而且，三种词汇都体现出对于相关领域知识本体的释义功能，我们把它们统称为释义元语言（definitive metalanguage）。

释义元语言是元语言的下位概念，始于李葆嘉(2002a)对元语言四个等级的划分。李葆嘉(2002a)指出，元语言包括探讨认知能力的习义元语言，用于辞书编纂和语言教学的释义元语言，用于义场建构和义征（即结构语义学派的语义成

分)分析的析义元语言,以及用于获取人类普遍概念和跨语言对比的认知元语言。释义元语言是单义的、数量最简的释义基元。

接下来,我们要分析三类释义元语言的发展顺序。在三类元语言词汇中,前两者已经有了相当完备的发展,但是第三种释义元语言研究还处在起步阶段。我们将以语言学学科为例,探讨针对专门学科领域的释义元语言研究。

3.2 释义元语言的三个发展阶段

3.2.1 通用词汇表

通用词汇表对应通用知识(即百科知识)。最早的通用词汇表出现在1928年。当时,Ogden开列出850个"基础英语"词汇,它的用途是词典释义:1932年出版的《基础英语词典》收录2万词条,全部用这850个词汇来释义。

后来,West(1953)编制了包含2 000个词汇的"通用词汇表"(General Service List,GSL),是一个比较成熟的也被广泛应用的释义元语言词汇表。*Longman Dictionary of Contemporary English*(Procter,1978)就是采用这2 000个基础词汇来解释了5.6万个词条。所以West本人也被Dolmaci等(2016)赞誉为"词汇研究的先驱"。

1955年,法国学者Gougenheim研制了包含1 475个法语词汇的通用词汇表,用来编写《基础法语》课本(Gougenheim,1955)。后来,《基础法语词典》采用了3 000余个释义元语言词汇,词汇量扩大了一倍略多。

中国的通用词汇表研究,始于张津等(1996)的《从单语词典中获取定义原语方法的研究及现代汉语定义原语的获取》,这里的"原语"就是"元语言",该成果是汉语释义元语言专题研究的第一篇文献,并且引领了安华林(2005,2009)、苏新春(2005)等学者在通用知识领域的释义元语言研究。他们研制了高度完备的通用词汇表,数量都在3 000个左右。

3.2.2 通用学术词汇表

从通用词汇表到通用学术词汇表,是一个很自然的发展过程。随着二战后学术的迅猛发展,学术文本的数量也空前地增加。为了指导和规范学术话语,需要开发基于学术英语(English for Academic Purposes,EAP)的通用学术词汇表。认定通用学术词汇的标准,是它们出现在学术语境中的频率远大于非学术语境(Malmstrom et al.,2018)。

从20世纪70年代开始,不同版本的通用学术词汇表一个接一个地出现了。比如,美国大学词汇表(American University List)(Praninskas,1972)和大学词汇表(University Word List,UWL)(Xue et al.,1984)都是用于学术目的的词汇表。进入21世纪以来,又出现了Coxhead(2000)的Academic Word List(AWL),Gardner等(2014)的Academic Vocabulary List(AVL),以及Simpson-Vlach等(2010)的Academic Formula List(AFL)。在这些词汇表中,Coxhead的AWL影响最大,自问世以来,已成为英语教育领域主要的词汇参照表(Gardner et al.,2014)。

学术英语词汇表的用途非常广泛,Gardner等(2014)[306]发现,它们的用途大致可以分为如下几类:(1)确定词汇学习的目标;(2)评估词汇知识及其成长程度;(3)分析文本的难度和文本的信息量;(4)创建与调整阅读材料;(5)设计词汇学习的工具;(6)确定学术课程中的词汇部分;(7)满足各方面的学术需求。

国内学者在这方面所做的工作并不多,经检索可见程齐凯等(2019)的论文《领域无关学术文献词汇功能标准化数据集构建及分析》,所谓的"领域无关"是指"通用学术领域"。作者立足于情报科学这一学科平台,重点关注对研究问题和解决方法的统计,所以没有发现通用学术领域释义元语言的词汇表。

3.2.3 专门学科的学术词汇表

进入21世纪以来,对于通用学术词汇的批评越来越多,批评的焦点是通用学术词汇的学科针对性不够,所以它的有效性,或者说对于专门学科领域文本用词的覆盖率太低。比如,Hyland等(2007)认为"不同学科的文本各不相同,有损词汇表的实用性",Durrant(2016)也认为"没有一个词汇表可以满足各个学科学生的需求"。

在通用学术词汇表的应用方面,Hyland等(2007)以及Ward(2009)还认为,教师和教材不应该误导学生,让学生以为有一个跨越学科的通用学术词汇表。他们认为,除了通用的学术词汇表之外,还应该有各专门学科领域的学术词汇表。

除了定性的批评之外,还有学者做了很多的定量研究,对问题的严重性做了

更清晰和更直接的认定,比如:

Hajiyeva(2015)以 AWL 和 BNC(British National Corpus)的词频语料为基础,通过对 508 802 字的学术语料的统计分析,发现 AWL 词汇只具有 6.5%的覆盖率。

除此之外,还有学者把 AWL 应用于应用语言学著作,或者应用于应用语言学的研究性论文(Khani et al.,2013;Vongpumivitch et al.,2009),或中学理科课本和大学英语课本(Hsu,2009;Greene,2008;Matsuoka et al.,2010;Miller,2011),或医药与农业领域的研究性论文(Chen et al.,2007;Martinez et al.,2009)。各领域的词汇覆盖率各不相同,但总的来看比例都很低,比如:

- 在高年级的专业课本中占 2.1%;
- 在中学的理科课本中占 5.98%;
- 在农业领域的研究性论文中占 9.06%;
- 在医学领域的研究性论文中占 10.7%;
- 在应用语言学文本中占 13.1%(Chung 等 2003 年的数据),或 11.7%(Vongpumivitch et al.,2009),或 11.96%(Khani et al.,2013)。

在中国,知网项目负责人董振东等(2007)[5]撰文指出,知网只关注"通用的知识",而"专门领域的知识只能留待专门领域的专家来研究和建设"。

在实际操作方面,国内学者的研究基本上还没有起步。通过检索唯一可见王世杰等(2012)自建小型的中医英语语料库,统计词汇频率,总结了 1 000 个词的高频英译词汇,这是专门学科领域学术词汇表研制的有益尝试,对于中医领域的翻译工作有一定的指导意义,但它不是中医领域的释义元语言建构。

董振东等(2007)指出了专门学科领域释义元语言研究的发展方向以及研究者的主体认定,即各专门学科领域的释义元语言研究不可能由一个百科全书式的学者来包揽,而只能由各个学科领域的学者自主完成。我们认为语言学可以也应该成为吃螃蟹的先行者,因为语言学以语言和元语言为研究对象,它应该责无旁贷地开启语言学语域的释义元语言研究,研制出一个专门针对语言学学科的数量有限、单义的具有语义基元性质的释义基元词汇表。

3.3 如何实施专门学科的释义元语言研究:以语言学为例

中国内地(大陆)的语言学研究不同于欧美传统,甚至不同于港台,它没有独立的、统一的学科和专业建制，而是分为两部分，一是汉语界的"语言学及应用语言学"研究，二是外语界（主要是英语学科）的"外国语言学及应用语言学"研究。所以，本节也分两个方面来探讨语言学语域的释义元语言研究。

3.3.1 在英语学科中开展释义元语言研究

在英语学科中开展语言学语域的释义元语言研究，在方法上可以借鉴早期通用词汇研究和通用学术词汇研究的方法，即通过真实学术文本的统计，研制出基于释义词汇词频数据的词汇表。这样的方法在通用学术领域中是一种比较成熟的操作手法，比如：

Coxhead（2000）统计了 400 多个作者的共 414 篇学术文本，总字数达 3 513 330 词汇实例，共 70 377 个词汇类型，涉及四个大的领域，即艺术、商业、法律、科学，语料涉及学术期刊、大学教材等，编制了享有盛誉的 AWL。在 AWL 的基础上，Gardner 等（2014）使用了 9 个学科共 1.2 亿字的学术语料，编制了"新学术词汇表"。

又比如，Dolmaci 等（2016）统计了人文、教育、经济、法律、自然科学等多个领域的 57 本教材，统计出了土耳其语学术词汇表（Academic Turkish Wordlist）。

在语料的取舍原则上，也有现成的方法可以借鉴，比如 Hajiyeva（2015）[139] 在统计 11 本大学教材时将语料取舍原则归纳为如下几点：

1. 采取词族（word family）（Bauer et al., 1993）统计方法。一个词族包括一个词的屈折、派生等变体，比如 stimulate、stimulative、stimulation、stimulator、stimulatory 可以算作一个词族。

2. 为了确保词汇统计的可靠性，我们去掉了文本中所有的参考文献、表格、索引、附录。由于所涉及的课程较多，人名、地名、机构名称等专有名词只属于各特定学科，所以也都去掉。

3. 所有用连字符表示的合成词，都拆开来统计，如 long-term, common-sense, decision-making 和 child-friendly。不拆分的合成词如：socio-historical, ad-hoc, grapho-phonemic, walsy-palsy, wishy-washy.

在具体的操作上，可以以一本权威的英文版语言学词典为基础语料，比如以 Bussmann 等（1996）的 *Routledge Dictionary* 作为基础语料（总字数近 34 万），扫描后运用 OCR 软件转换成为 doc 文档，人工校对后，分别运用 HanLP、Jieba、Thulac 三种软件进行分词操作，再通过人工比对和校正，把句子分解为词或词组,建立"释义元语言词频统计表"。将"释义元语言词频统计表"与 West (1953) 的"通用词汇表"(GSL)中的 2 000 个词汇进行对比,在总词频表中排除 2 000 个通用词汇后,即获得语言学语域的专用学术词汇,即"语言学语域的释义元语言词汇表",再将它与 Coxhead(2000) 的 AWL 进行比对,两者的交叉部分属于次高频词汇,频率最高部分是语言学语域特有的术语和与研究方法有关的元语言词汇。

再以胡壮麟(2017)的《语言学教程》(第五版)作为英语语言学的教材样本,在扫描和分词操作后进行释义元语言词汇的统计,对比国外原版语言学词典与国内教材在释义元语言使用上的差异,总结国内教材在释义用词方面有哪些变化,重点关注释义用词的数量和词频数据,并在对比的基础上,优化"语言学语域的释义元语言词汇表"。

3.3.2 在汉语学科中开展释义元语言研究

在"语言学语域的释义元语言词汇表"完成之后,再以《现代汉语频率词典》和安华林(2009)的"汉语释义元语言词汇表"为参照,把英文版的"释义元语言词频统计表"翻译成汉语,将翻译后的目标词控制在 3 000 个左右,以便进行英汉释义元语言的比较。对于超出部分,将参照《现代汉语词典》和《新编同义词近义词反义词词典》,把低频词替换为高频词。如果替换产生明显词义差别,则保留低频词。

英汉语释义元语言的语际对比,拟采用叶蜚声等(2010)的《语言学纲要》作为汉语语言学的语料样本,在扫描和分词操作后进行释义元语言词汇的统计,再将它与胡壮麟(2017)的《语言学教程》(第五版)的释义元语言进行对比,统计英、汉语教材在释义元语言上的语际差异,并与"释义元语言词频统计表"(英汉双语)对比,总结两种教材在释义元语言使用上的现状和不足,对比英、汉教材在释义元语言使用上的差异,并探讨产生这种差异的认知原因、文化原因与语言类型学原因。

英汉语的释义元语言比较,需要克服英语中心主义。所谓英语中心主义,是一种基于种族中心主义(ethnocentrism)的认知取向上的偏好,它使得语义的取向、价值观、范围等偏向特定的人群,并把这些偏向性的内容强加于另一人群。在当今以英语为主导的学术格局中,人们默认认知、心智、颜色、情绪、评估、意识、行为、信息、交流、社会、隐私等都是中立于特定文化的科学工具,它让人们自以为可以通过不带偏见的、客观的方式来谈论人类认知(Wierzbicka,2011)[192]。

在此基础上,Carsten 对于如何避免元语言研究中的英语中心主义做了实际的探索。比如,英语的 mind 一词,在丹麦语中最接近的概念是 sind,但是 sind 和 mind 是两个完全不同的概念单位。mind 包含三个语义特征:①它是人的一部分,与身体(body)相对;②它确保了一个人可以思维,可以知晓;③它是人类思想的加工中心。与此不同的是,丹麦语的 sind 是 19 世纪末 20 世纪初身份种族主义(identity nationalism)文本中的常用词,即一个丹麦人要么具有"丹麦思维"(Danish sind),要么具有"德国思维"(German sind),所以 sind 表示"个性"和"倾向",人们要么具有"轻思维"(lyst sind,对应英语的 light msind),即具有乐观的人生,要么具有"暗思维"(mørkt sind,对应英语的 dark msind),即具有悲观、消沉的人生。所以 sind 体现一个人心理上的平衡,而且与英语的 mind 表示"理智"不同,sind 还表示情感。比如在丹麦语中,当 sind 受到某种挑逗时,它是可以沸腾的。

所以,英语的 mind 只适用于英语,它不是超越文化、认知和语言的普遍概念,sind 在文本中有明显的语义差别,我们在认知语言学中可以谈论 the embodied mind 和 the mind and cognition,但是不能说 the embodied sind 或 the sind and the cognition。

基于上述分析和语例,我们认为,在释义元语言的制订和翻译过程中,必须通盘考虑英、汉两种语言的概念结构。比如,worker 对应"工人",但是"工人"在汉语中显然激活了"工厂"框架,所以 linguistic worker 不能对译为"语言学工人",而必须译成"语言学工作者"。同样,linguist 不严格地对应"语言学家",因为前者可以指任何从事语言工作的人员,包括语言教师,不一定要有很高深的学术造诣,而后者是指语言学研究领域的专家。

3.4 语言学语域释义元语言词汇表的应用价值

3.4.1 降低语言学教材的难度

英语专业本科生的"普通语言学"或"英语语言学"课程,是被学生抱怨最多的一门课。吴庄等(2009)邀请 252 名受访者对课程进行了描述,出现词语计 121 个,共 744 次。词频在 10 次以上的依次为"难"(118)、"枯燥"(92)、"深奥"

(74)、"抽象"(72)、"有用"(36)、"没用"(28)、"乏味"(26)、"复杂"(26)、"晦涩"(18)、"有趣"(16)、"广泛"(16)、"单调"(14)、"理论化"(12)。

不只是学生的负面评价多,外语界的学者也都持有相同的观点,比如王怡宁(2019)认为,"英语语言学课程的理论性很强,基础概念与抽象概念偏多"。梅松竹(2015)也认为,高校英语专业语言学教材,"没有用一些简单易懂的词汇和语句,而是用抽象的理论性语言、原著中的语言或者是用复杂的图表进行解释,这样一来反而加深了教材内容难度,学生学习起来难度很大,只有一小部分同学能够理解"。

可见,语言学教材的释义内容可能确实存在较大的问题,主要表现为教材作者借鉴和引用了语言学研究专家的诸多话语和词汇,没有充分考虑英文原版学术专著和作为非本族语者教材之间的语体和用词差异,使得语言学教材的难度偏大,而且,偏难的教材又影响到教师的课堂话语和词汇选择。所以,对语言学语域的释义元语言词汇进行规范,选取高频释义词汇作为编写教材的基本用词,并且简化和规范课堂话语的释义词汇,才有望改变这一局面。

3.4.2 改进语言学论文撰写的用词数量和用词规范

此前的通用学术词汇,"只能满足学生的接受性需求,即满足学生阅读学术文本的需要,专业性的学术写作所用的是另一种规范"(Nation,2006),所以很难规定出某种学生必须达到的写作水准。

在学术创作上,又可以分为两种情况,一种是"成熟的学科创作",是一种"成熟的目标",另一种是"成长中的学科创作",只能被理解成为一个"过程"(Gardner et al.,2014)[63]。

要完成对于接受性词汇和创作性词汇的区分,以及对于"成熟的学科创作"和"成长中的学科创作"的区分,在现有通用学术词汇表(如 AWL)的基础上是无法实现的,因为它们对于语言学专门领域的覆盖率太低。只有针对语言学的专门学科制订出专门的学术词汇表,并对专门的学术词汇按词频分级,才能实现如下两个目标:一、在创作时能熟练使用高频词,在阅读时要能熟练使用次高频和中频词;二、在初级的专业学术写作中能使用高频词,在较高层次的学术写作中能使用次高频词和中频词。

3.4.3 促进英、汉语言学的学科交流与融合

编制语言学语域的释义元语言,可以促进英语语言学与汉语语言学的交流

与互鉴。在教材编写上取长补短，培养学贯中西的下一代语言学人才，才有望破除吕叔湘（1980）提出的语言研究的"两张皮现象"，即两个学科在研究方法和研究内容上各搞一套。

对"两张皮现象"进行系统化的描述，并且找到两个学科的最大公约数，一个比较可行的切入点是研制两个学科共同的释义元语言词汇表，并在此基础上总结两者所用的释义元语言词汇表的差异，再从认知习惯、文化传统和语言类型学特征等方面分析产生这一局面的原因。

3.5 结语

释义元语言研究经历了三个发展阶段，即从通用知识领域的通用词汇，到通用学术知识领域的通用学术词汇，再到专门学科领域的专门学术词汇。这一发展顺序体现了人类认知的发展顺序，也体现了知识体系从一般到具体、从通用到专用的逻辑顺序。专门学科领域的释义元语言研究尚未起步。语言学由于自身的学科定位和研究专长，应该成为专门学科领域释义元语言研究的领跑者。所以，本章以语言学作为例子分析了专门领域释义元语言研究的操作方法，包括英、汉语对应学科（即英语语言学与汉语语言学）的发展规律，也探讨了它在三方面的应用前景。

对语言学学科的举例性论证，完全适用于其他学科，因为各现代学科（如心理学、社会学、法学、人类学等）的发展轨迹都必须面对欧美学术传统的本土化，以及学术研究与本土人才培养领域高等教育发展的关系问题，所以对语言学学科的个案研究，以及该学科领域的专门化释义元语言研究，能够对其他学科的释义元语言研究起到示范作用，并最终引导释义元语言研究第三个层次（即专门学科领域）的全面展开。

第四章 释义元语言词汇表的研制

4.1 导论

不同的语域使用不同的释义元语言词汇,这是由特定语域的主题和内容所决定的;反过来,不同的释义元语言词汇服务于不同语域的释义需要,如日常话语使用通用词汇来释义,通俗的学术文本使用通俗的学术词汇来释义,专门学科的著作使用专门学科的术语和词汇来释义。本章以语言学著作的用词为例,使用语料库语言学的统计方法,总结语言学著作中的释义元语言。

4.2 自建语料库与语料处理方法

为了研究语言学语域的释义元语言词汇,我们设计了一个自建语料库,包括四本语言学著作:(1) Bussmann 等(1996)的 *Routledge Dictionary*;(2) Kracht (2008)的 *Introduction to Linguistics*;(3) Saussure(1983)的 *Course in General Linguistics*;(4)胡壮麟(2017)的《语言学教程》(第五版)。为了方便,我们把自建语料库称为 LAC(Linguistic Academic Corpus)。通过 Collocate 1.0 软件进行检索,发现 LAC 的形符(token)数为 568 138 个词,类符(type)数为 27 828 个词。

我们使用的语料分析工具是英国兰卡斯特大学语料库研究中心 Paul Rayson 等人开发的基于网络的语料分析工具 Wmatrix,它具备索引生成、搭配、词表生成、主题词表生成功能,它的独特及优于其他软件之处在于其内嵌的工具 USAS(UCREL Semantic Annotation System),可自动为文本进行语义域

(semantic domain /field)赋码(Rayson,2008)。USAS 的语义域赋码集以《朗文现代英语》(*Longman Lexicon of Contemporary English*)为基础,包括 21 个语义域,如表 4-1。

表 4-1　Wmatrix 确立的 21 个语义域

A general and abstract terms	B the body and the individual	C arts and crafts	E emotion
F food and farming	G government and public	H architecture, housing and the home	I money and commerce in industry
K entertainment, sports and games	L life and living things	M movement, location, travel and transport	N numbers and measurement
O substances, materials, objects and equipment	P education	Q language and communication	S social actions, states and processes
T Time	W world and environment	X psychological actions, states and processes	Y science and technology
Z names and grammar			

上述 21 个语义域还可细分为 232 个语义次类并分别标号。例如,语义域 E(情感)包括 E1(一般情感)、E2(喜欢)、E3(平静与生气)、E4(高兴与悲伤)等 6 个次语义域。对 BNC Sampler 赋码的对数似然比进行统计分析(临界值 6.63,$p<0.01$),结果表明语义域赋码的准确率为 91%～92%。

在 232 个语义次类的基础上,把无法匹配的词汇标记为 Z99,把每一个语义次类用 +/- 标记出反义关系,比如 N3.8+(Speed:fast)与 N3.8-(Speed:slow)互为反义词,前者的比较级和最高级分别用 ++ 和 +++ 表示,比如 larger(N3.2++)和 largest(N3.2+++),后者的比较级和最高级分别用 -- 和 --- 表示,比如 shorter(N3.2--)和 shortest(N3.2---),语义次类总数达 446 个。四个 + 或四个 - 表示 as-X-as-possible,如 N5++++(Quantities:many)只有一个类符 as-many-as-possible,六个 + 或六个 - 表示 Xest-possible,如 N3.2++++++(Size:big)也只有一个类符 largest-possible。

Wmatrix 可将研究语料库与参照语料库对比产生主题语义域（key semantic domain），即与参照语料库相比在研究语料库中有超常使用频率或过度使用的语义域（overused semantic domain）和使用更少的语义域（underused semantic domain）。参照语料库为 BNC Sampler，包括 BNC Sampler Spoken（982 712 个词）和 BNC Sampler Written（968 267 个词）。

446 个语义次类可以分为两类，一类是"使用更多"（overuse），即在语言学语料库（LAC）中的使用次数多于作为参照系的 BNC，共 142 类。另一类是"使用更少"（underuse），即在 LAC 中的使用次数小于 BNC，共 304 类。

4.3 语言学语域常用和不常用的释义元语言词汇涉及哪些语义类型？

语言学语域的释义元语言词汇是一个比较笼统的词汇范畴，经过语义鉴别，我们在 Q 类（language and communication）、X 类（psychological actions, states and processes）和 Z 类（names and grammar）中共发现了 8 个语义次类与语言学语域直接相关，它们都属于"使用更多"的语义次类：

（1）Q2.2 Speech acts 类，416 个类符共 8 016 个形符，如 references、reference、called、description、refers、definition、verbal、question、defined、refer。

（2）Q2.1 Speech 类：Communicative 类，181 个类符共 6 348 个形符，如 speech、speakers、say、communication、spoken、discourse、speaker、articulation、said、speaking。

（3）O4.1 General appearance and physical properties 类：98 个类符共 3 628 个形符，如 structure、features、context、feature、characteristics、structures、structural、conditions、characteristic、contexts。

（4）Q1.2 Paper documents and writing 类，229 个类符共 3 836 个形符，如 text、writing、written、clause、corresponding、corresponds、letter、diagram、letters。

（5）Q1.1 Linguistic Actions、States And Processes；Communication 类，74 个类符共 2 647 个形符，如 signs、sign、clauses、means、expressed、utterance、represented、meaning、express、utterances。

(6) X2.1 Thought、belief 类，179 个类符共 4 106 个形符，如 meaning、logiclogical、considered、meanings、think、cognition、viewpoint、logical、consider。

(7) X3.2 Sensory：Sound 类，54 个类符共 1 657 个形符，如 sound、sounds、acoustic、hearer、heard、hear、auditory、listening、listener。

(8) Z99 Unmatched 类，19 186 个类符共 51 827 个形符，出现一次的为 13 355 个，它们基本都是非词，如国际音标、词缀、字母组合、外来词以及我们语料扫描时不清晰或被误判的词汇与非词符号，所以都可以排除，对其余 5 831 个类符进行人工拣选，发现 1 017 个语言学语域的专门词汇，如 ablaut、absolutive、accusative、acoustically、actants、addresser、adessive、adjacency、adjunction、adposition。

上述 8 类词汇构成了语言学语域释义元语言的专门词汇，类符共 2 248 个，在 LAC 语料库 27 828 个类符中占 8.08%；形符共 68 758 个，在 LAC 语料库 568 138 个形符中占 12.10%。至此，我们回答了第二节的第一个问题：语言学语域的专门学科词汇分属 8 个语义类，共 6 608 个类符，共计 68 758 个形符。

除了上述 8 个次类，我们还对比了 21 个大类 446 个次类中的其余 438 个次类。在 21 个大类中，虽然没有一个大类的所有小类都是语言学语域"使用更多"的，但是有 3 个大类中的所有小类都是语言学语域"使用更少"的，即 B 类（the body and the individual）、H 类（architecture, housing and the home）和 K 类（entertainment, sports and games）。这 3 个大类的所有次类都属于语言学语域"使用较少"的范畴，究其原因，是它们与语言学的研究内容和研究方法在概念空间上的距离较远，它们的字面意义和隐喻意义与语言学语域较少交叉。在较少的使用次数中，它所在语言学语域中都是在举例时出现。比如，K6 类 Children's games and toys 这一个次类，包括 player（12 次）、doll（4 次）、toy（2 次）、toys（2 次）、played-out（1 次）等 5 个类符共 21 个形符。以 player 的 12 种用法为例（见表 4-2），第 1～5 种、第 10～12 种用于解释词汇（如 player）在词汇系统中的作用，第 6～9 种解释后缀-er 与词根 play 的关系。

除上述 3 个大类及其所有小类在语言学语域都"使用更少"，其余 18 个大类中，有的大类有较多的次类在语言学语域中"使用更多"，比如在 Q 类（language and communication）的 14 个次类中，有 9 个次类属于 overuse（见表 4-3 的灰色部分），另外 5 个小类属于 underuse。

表 4-2 player 的 12 种用法

```
                                    12 occurrences
's eyes ) much more completely than a novice    player  , since the professional chess player
alone determines the inter-pretation : piano    player  is a player , but a player piano is a
mines the inter-pretation : piano player is a   player  , but a player piano is a piano . in
-pretation : piano player is a player , but a   player  piano is a piano . in the interpretat
r the defeat can be understood as both ? each   player  is responsible ? and ? the team as a
ust posit a vague -er suffix , cf. ( record )   player  vs ( football ) player . References w
uffix , cf. ( record ) player vs ( football )   player  . References word formation instrumen
rmed with the agentive suffix - er : dancer ,   player  . References word formation nomen app
ive elements ( e.g. re- and -er , cf. retry ,   player  ) . The explanation and description o
n the whole system ; it is impossible for the   player  to foresee exactly the extent of the
ve to imagine an unconscious or unintelligent   player  . this sole difference ; however , ma
ditions of the game ? it means nothing to the   player  ; it becomes a real , concrete elemen
```

表 4-3 Q 类词汇 14 个次类中 overuse 与 underuse 的对比(灰色为 overuse)

Q1.1	Linguistic actions, states and processes; Communication
Q1.2	Paper documents and writing
Q1.2-	Unwritten
Q1.3	Telecommunications
Q2.1	Speech: Communicative
Q2.1-	Speech: Not communicating
Q2.1+	Speech: Talkative
Q2.2	Speech acts
Q2.2-	Speech acts: Not speaking
Q3	Language, speech and grammar
Q4	The media
Q4.1	The media: books
Q4.2	The media: newspapers etc.
Q4.3	The media: TV, radio and cinema

　　从语义特征上看,"使用更多"和"使用更少"都有某些相对稳定的语义特征,比如:

　　一、表示各种运动过程和存在状态的语义类,都属于"使用更少"的语义类型,如 follow、movement、go、come、get、set、carry、make 等。与运动过程和存在状态有关的时间(如 begin、origin、establish、start、form)、地点(如 place、international、foreign、area 等)、人物(如 man、boy、male、lad、bachelor、gentlemen

等)等,也都属于"使用更少"的语义类型。这一类词汇,多用于描述日常活动和日常行为,所以在语言学文本中使用较少。

二、在评价类语义(如 A5 evaluation)中,"使用更少"的语义次类都涉及主观的、模糊的评价标准,如 good 和 bad 等,而"使用更多"的次类都涉及客观的、可验证的评价标准,如 true 和 false 等。

三、在对比类语义(如 A6 comparing)中,需要运用智力进行异与同的判别的语义类,都是"使用更多"的次类,如 distinctive、obvious、marked、striking、evident 等,而表示比较本身的次类,如 comparative、in-comparison-to、in-comparison-with、compares 等,都属于"使用更少"的次类。

四、在数量与测量类语义(N numbers and measurement)中,表示顺序(order)、线性(linear)等抽象特征,都是"使用更少"的次类,而表示模糊数量的,如 big/small、far/near、heavy/weight、long/short、wide/narrow、fast/slow、many/much/little 等都是"使用更多"。

五、在钱与工商贸易类语义(I money and commerce in industry)中,I1.1+++(即 Money:affluence)类,如 fortune、megabuck、treasure,还有 I1.3+++(即 expense)类,如 costs-a-fortune,都属于"使用更多"的次类,理由是它们都可以用作隐喻,是更抽象的用法。其余 18 个次类都属于"使用更少"的次类,它们都是商务交易场景中的具体词汇,如 poor、beggar、broke、loan、owe、pay 等,不能直接用于语言学语域,除非是举例用词。

4.4 常用和不常用的释义元语言语义类型与现有的学术词汇表和通用词汇表有什么对应关系?

上文统计发现,在 21 个大类和 446 个小类中,有 142 个小类共 12 929 个类符在语言学语域"使用更多",其余的 304 个小类共 11 903 个类符在语言学语域中"使用更少"。为了探讨它们与现有的学术词汇表和通用词汇表有什么对应关系,我们选择了 GSL(2 284 个词)(West,1953)和 AWL(570 个词)(Coxhead,2000)分别与"使用更多"和"使用更少"进行对比。我们在语言学语料中统计的词汇类符,都包含形态变化,如名词有数的变化、动词有时和体的变化、形容词有比较级和最高级的变化。为了体现可比性,我们把上述类符数进行了词形整合,

整合后的比较结果如下:

一、对于12 929个"使用更多"的释义元语言词汇,经过词形还原之后,发现以基本形式出现的单词为5 952个。将它们与AWL进行对比,发现AWL在5 952个词汇中共现的词汇数为313个词,覆盖率为5.26%。

二、"使用更少"的释义元语言词汇共有304类共11 903个词,将它们与GSL(共988个)对比发现,有580个属于共现词汇,覆盖率为4.87%。

通过上述对比发现,"使用更多"的释义元语言词汇相对于AWL来说占5.26%,这样的比例是正常的,理由是AWL属于通用学科的学术词汇,而不是专门针对语言学学科的释义元语言词汇。检索发现,Hajiyeva(2015)通过对508 802字的学术语料进行统计分析,发现AWL词汇具有6.5%的覆盖率。另外,Greene(2008)对中学理科课本进行统计发现,AWL的覆盖率只有5.98%。所以,我们的数据是基本可信的。至于GSL词汇在语言学语料中的覆盖率为4.87%,也是可以接受的,因为语言学文本不是日常话语,而是学术文本,满足学术文本与日常话语在用词上的差别。

为了归纳语言学语域的文本具体使用哪些专门学科的释义元语言词汇,我们必须对我们的自建语料库进行更深入的归纳和排查,这是我们在下一节中要完成的工作。

4.5 如何研制语言学语域的释义元语言词汇表?

为了研制语言学语域的释义元语言词汇表,我们必须换用另一种语料库检索软件,即AntConc 3.5.8,它是由日本早稻田大学的Laurence Anthony教授于2002年研制。我们通过AntConc的wordlist功能得到一个基于LAC的词频表,形符(token)数为567 327个词,类符(type)为23 880个词[①]。该软件可以将所有单词标记出频率、基本词形及词族情况,如表4-4。在表4-4中,词汇

---

① 在我们此前对同一批语料进行统计时,通过Collocate 1.0检索出来的LAC的形符(token)数为568 138个词,类符(type)数为27 828个词,与本研究中运用AntConc软件的统计结果存在一定出入,这是由于不同软件的分词(parse)及统计机制不同导致的,数据的出入对于最终结论的形成不造成太大影响。

(Lemma)linguistic 是基本形式,它有两种变体形式,一种是它自身,频次是 1 620,另一种是 linguistics,频次是 1 315,两种变体形式的频次之和是 linguistic 的总频次,即 2 935 次。

表 4-4 使用 AntConc 3.5.8 后的例词

Freq	Lemma	Lemma + Word Form(s)
2 935	linguistic	linguistic 1 620 linguistics 1 315

这种把不同形式的词汇整合成为一个词根形式的功能是上文所用软件(即 Collocate 1.0)所没有的,相反,上文所用的 Collocate 1.0 软件最大的优点是可以将我们的语料与软件内嵌的基于 BNC 的 21 类语义范畴进行比较。

为了提高词汇遴选的效率,我们选择了 GSL(2 284 个词)和 AWL(570 个词)作为停止词表(stop list),即可以把不符合要求的词汇加以排除的过滤词表。

具体的操作方法是,将 5 952 个"使用更多"的专门学科学术词汇及其词频数据导入 excel 文本,利用公式查找重复词汇。我们选择了 GSL(2 284 个词)和 AWL(570 个词)作为停止词表,把不符合要求的词进行共现过滤,同时控制潜在术语词汇表和学术词汇表的规模。我们把词频边界确定为 40,即只把词频高于或等于 40 的词汇保留下来成为潜在的学术词汇和术语词汇,遴选结果是 469 个语言学语域的专门学科学术词汇表,见附录 4-1。

我们知道,任何一个学科都会借用一部分日常词汇作为该学科的专业术语,为了找回 AWL 和 GSL 中被排除了的语言学术语,我们采用人工筛选的方法,从 GSL 和 AWL 中找回了 73 个词汇(见附录 4-2)作为学术词汇的补充。

附录 4-1 语言学语域的释义元语言词汇表(469 个)

Freq	Lemma	Lemma + Word Form(s)
2 935	linguistic	linguistic 1 620 linguistics 1 315
1 830	conjurer	conjurer 1 830
1 525	semantic	semantic 886 semantics 639
1 272	two	two 1 272
1 251	english	english 1 251

（续表）

Freq	Lemma	Lemma + Word Form(s)
1 203	meaning	meaning 1 071 meanings 132
1 195	its	its 1 195
835	their	their 835
819	l	l 819
749	analysis	analyses 40 analysis 709
737	speaker	speaker 297 speakers 440
713	phonetic	phonetic 378 phonetics 335
680	syntactic	syntactic 680
589	syntax	syntax 589
583	phrase	phrase 426 phrased 4 phrases 153
480	following	following 480
473	syllable	syllable 298 syllables 175
455	german	german 445 germans 10
453	lexical	lexical 453
447	his	his 447
447	natural	natural 447
443	them	them 443
435	phonology	phonology 435
422	constituent	constituent 226 constituents 196
416	distinction	distinction 365 distinctions 51
414	characteristic	characteristic 145 characteristics 269
401	european	european 388 europeans 13
398	french	french 398
379	latin	latin 377 latins 2
378	information	information 378
376	writing	writing 344 writings 32
362	relationship	relationship 233 relationships 129
360	phonological	phonological 360

（续表）

Freq	Lemma	Lemma + Word Form(s)
355	communication	communication 348 communications 7
347	three	three 347
345	consonant	consonant 168 consonants 177
341	transformational	transformational 341
339	historical	historical 339
338	formation	formation 304 formations 34
333	discourse	discourse 329 discourses 4
331	cannot	cannot 331
330	construction	construction 177 constructions 153
329	development	development 290 developments 39
316	dialect	dialect 133 dialects 183
303	representation	representation 215 representations 88
295	generative	generative 295
287	pronoun	pronoun 131 pronouns 156
283	logical	logical 283
283	functional	functional 283
279	american	american 273 americans 6
278	morphology	morphology 278
269	definition	definition 215 definitions 54
269	acquisition	acquisition 269
259	greek	greek 248 greeks 11
253	verbal	verbal 253
252	us	us 252
251	our	our 251
246	predicate	predicate 202 predicated 1 predicates 43
245	morphological	morphological 245
245	utterance	utterance 140 utterances 105
239	argument	argument 159 arguments 80

(续表)

Freq	Lemma	Lemma + Word Form(s)
237	cognitive	cognitive 237
235	interpretation	interpretation 199 interpretations 36
233	pragmatic	pragmatic 91 pragmatics 142
231	articulation	articulation 223 articulations 8
229	usually	usually 229
227	bibliography	bibliographies 43 bibliography 184
221	proposition	proposition 105 propositions 116
214	reading	reading 155 readings 59
211	phonemes	phonemes 211
205	adjective	adjective 90 adjectives 115
202	germanic	germanic 202
189	generally	generally 189
188	structural	structural 188
187	comparative	comparative 179 comparatives 8
183	approx	approx 183
180	linguist	linguist 66 linguists 114
175	itself	itself 175
175	million	million 171 millions 4
175	phoneme	phoneme 175
171	disorder	disorder 78 disorders 93
166	thought	thought 148 thoughts 18
166	lexicon	lexicon 165 lexicons 1
164	combination	combination 96 combinations 68
161	computer	computer 128 computers 33
158	morpheme	morpheme 158
158	movement	movement 128 movements 30
157	teaching	teaching 154 teachings 3
152	agreement	agreement 149 agreements 3

(续表)

Freq	Lemma	Lemma + Word Form(s)
151	original	original 151
150	actually	actually 150
150	criterion	criteria 96 criterion 54
149	morphemes	morphemes 149
146	central	central 146
146	occurrence	occurrence 101 occurrences 45
145	handbook	handbook 143 handbooks 2
145	theoretical	theoretical 145
144	articulatory	articulatory 144
143	constraint	constraint 52 constraints 91
141	voiceless	voiceless 141
139	distinctive	distinctive 139
139	binding	binding 139
139	variation	variation 106 variations 33
137	langue	langue 137
137	node	node 84 nodes 53
135	independent	independent 135
135	semantically	semantically 135
134	van	van 133 vans 1
132	typology	typology 132
131	understanding	understanding 130 understandings 1
129	differ	differ 65 differing 18 differs 46
129	my	my 129
129	conjunction	conjunction 76 conjunctions 53
129	derivation	derivation 102 derivations 27
128	distribution	distribution 127 distributions 1
128	me	me 128
128	aphasia	aphasia 128

(续表)

Freq	Lemma	Lemma + Word Form(s)
128	synchronic	synchronic 128
127	accent	accent 117 accented 3 accents 7
127	diachronic	diachronic 127
127	suffix	suffix 77 suffixes 50
127	vocabulary	vocabularies 7 vocabulary 120
126	diagram	diagram 104 diagrams 22
126	third	third 125 thirds 1
126	statement	statement 75 statements 51
126	transformations	transformations 126
125	four	four 125
125	towards	towards 125
125	competence	competence 125
124	dependency	dependencies 22 dependency 102
123	implication	implication 90 implications 33
122	primarily	primarily 122
121	government	government 120 governments 1
120	chinese	chinese 120
119	nominal	nominal 119
118	nasal	nasal 118
118	slavic	slavic 118
117	him	him 117
117	procedure	procedure 51 procedures 66
117	simply	simply 117
117	alphabet	alphabet 108 alphabets 9
116	evidence	evidence 110 evidenced 6
115	characterize	characterize 15 characterized 83 characterizes 15 characterizing 2
114	sanskrit	sanskrit 114
114	singular	singular 114

(续表)

Freq	Lemma	Lemma + Word Form(s)
113	inflectional	inflectional 113
112	communicative	communicative 112
111	corpus	corpora 34 corpus 76 corpuses 1
109	addition	addition 101 additions 8
109	sociolinguistics	sociolinguistics 109
108	her	her 108
107	cultural	cultural 107
104	psychological	psychological 104
104	negation	negation 104
103	arc	arc 101 arcs 2
102	classical	classical 102
102	reconstruction	reconstruction 91 reconstructions 11
102	metaphor	metaphor 71 metaphors 31
102	oral	oral 100 orals 2
102	preposition	preposition 54 prepositions 48
102	syllabus	syllabus 84 syllabuses 18
98	activity	activities 50 activity 48
98	concrete	concrete 96 concretes 2
98	adverb	adverb 36 adverbs 62
98	maxim	maxim 55 maxims 43
98	variant	variant 36 variants 62
97	comprehension	comprehension 97
97	unification	unification 97
97	vocal	vocal 97
96	descriptive	descriptive 96
96	psycholinguistics	psycholinguistics 96
96	stylistic	stylistic 42 stylistics 54
95	mood	mood 89 moods 6

(续表)

Freq	Lemma	Lemma + Word Form(s)
94	marker	marker 46 markers 48
94	regularity	regularities 64 regularity 30
94	romance	romance 94
94	traditional	traditional 94
94	idiom	idiom 56 idioms 38
93	interaction	interaction 93
93	learner	learner 44 learners 49
93	nominative	nominative 92 nominatives 1
92	evolution	evolution 92
92	ergative	ergative 92
91	inflection	inflection 81 inflections 10
90	acoustic	acoustic 89 acoustics 1
89	assumption	assumption 54 assumptions 35
89	completely	completely 89
89	personal	personal 89
89	viewpoint	viewpoint 75 viewpoints 14
89	intonation	intonation 88 intonations 1
89	notation	notation 86 notations 3
88	associate	associate 10 associated 70 associates 2 associating 6
88	designate	designate 33 designated 25 designates 24 designating 6
88	exactly	exactly 88
88	parole	parole 88
88	propositional	propositional 88
88	structuralism	structuralism 88
87	clearly	clearly 87
87	lower	lower 68 lowered 8 lowering 11
87	perception	perception 83 perceptions 4
87	teacher	teacher 43 teachers 44

(续表)

Freq	Lemma	Lemma + Word Form(s)
86	reality	realities 5 reality 81
86	modal	modal 84 modals 2
86	thematic	thematic 86
86	valence	valence 86
85	conceptual	conceptual 85
85	transformation	transformation 85
84	beginning	beginning 82 beginnings 2
84	affix	affix 39 affixed 3 affixes 42
84	ending	ending 45 endings 39
84	usage	usage 77 usages 7
83	indirect	indirect 83
83	cognition	cognition 83
83	reader	reader 50 readers 33
83	transitive	transitive 83
82	explanation	explanation 62 explanations 20
82	your	your 82
82	arabic	arabic 82
82	syntactically	syntactically 82
82	syntagmatic	syntagmatic 82
81	themselves	themselves 81
81	categorial	categorial 81
81	transcription	transcription 70 transcriptions 11
80	relatively	relatively 80
80	hearer	hearer 69 hearers 11
80	spanish	spanish 80
79	developmental	developmental 79
79	genitive	genitive 79
79	prefix	prefix 41 prefixes 38

(续表)

Freq	Lemma	Lemma + Word Form(s)
79	restriction	restriction 27 restrictions 52
79	tone	tone 57 tones 22
79	variable	variable 48 variables 31
78	computational	computational 78
78	frequently	frequently 78
78	similarity	similarities 38 similarity 40
77	embed	embed 1 embedded 55 embedding 21
77	russian	russian 77
77	segment	segment 35 segments 42
76	investigation	investigation 76
76	organization	organization 74 organizations 2
76	motivate	motivate 1 motivated 71 motivates 1 motivating 3
75	assimilation	assimilation 75
75	marking	marking 68 markings 7
75	originally	originally 75
75	participant	participant 18 participants 57
73	necessarily	necessarily 73
73	observation	observation 44 observations 29
73	onset	onset 73
73	relational	relational 73
73	auxiliary	auxiliaries 34 auxiliary 39
72	conversational	conversational 72
72	implicature	implicature 72
72	rhetoric	rhetoric 72
72	semitic	semitic 72
72	terminology	terminology 72
71	adverbial	adverbial 71
71	anaphora	anaphora 71

(续表)

Freq	Lemma	Lemma + Word Form(s)
71	japanese	japanese 71
71	presupposition	presupposition 51 presuppositions 20
70	directly	directly 70
70	postulate	postulate 15 postulated 30 postulates 25
70	etymological	etymological 70
69	finally	finally 69
69	namely	namely 69
69	particularly	particularly 69
69	really	really 69
69	italian	italian 68 italians 1
69	stimulus	stimuli 16 stimulus 53
68	creole	creole 44 creoles 24
68	interrogative	interrogative 53 interrogatives 15
67	making	making 67
67	typical	typical 67
67	accusative	accusative 67
67	celtic	celtic 67
66	analyzed	analyzed 66
66	durative	durative 66
66	relevance	relevance 66
65	determiner	determiner 47 determiners 18
64	inference	inference 46 inferences 18
64	reconstruct	reconstruct 13 reconstructed 36 reconstructing 13 reconstructs 2
64	similarly	similarly 64
64	dative	dative 64
64	imperative	imperative 50 imperatives 14
64	selection	selection 59 selections 5
64	spelling	spelling 56 spellings 8

(续表)

Freq	Lemma	Lemma + Word Form(s)
63	differentiation	differentiation 63
63	five	five 63
63	substitution	substitution 63
63	blend	blend 31 blended 5 blending 13 blends 14
63	lingua	lingua 63
62	binary	binary 62
61	analytic	analytic 26 analytical 35
61	identity	identities 11 identity 50
61	inventory	inventories 1 inventory 60
61	linear	linear 61
61	mathematical	mathematical 61
61	infinitive	infinitive 60 infinitives 1
61	rheme	rheme 61
61	script	script 46 scripts 15
60	british	british 60
60	criticism	criticism 52 criticisms 8
60	immediately	immediately 60
60	instruction	instruction 57 instructions 3
60	probably	probably 60
60	performative	performative 60
60	schema	schema 52 schemata 8
60	semiotics	semiotics 60
59	coming	coming 59
59	investigations	investigations 59
59	working	working 56 workings 3
59	negative	negative 59
59	signify	signified 50 signifies 5 signify 1 signifying 3
59	transition	transition 41 transitions 18

(续表)

Freq	Lemma	Lemma + Word Form(s)
58	dissertation	dissertation 55 dissertations 3
58	philosophical	philosophical 58
58	ambiguity	ambiguities 7 ambiguity 51
58	dutch	dutch 58
58	prepositional	prepositional 58
58	temporal	temporal 58
57	borrowing	borrowing 38 borrowings 19
57	formulate	formulate 12 formulated 33 formulates 4 formulating 8
57	generalize	generalize 1 generalized 48 generalizing 8
57	nucleus	nuclei 3 nucleus 54
57	phonemic	phonemic 57
56	opening	opening 50 openings 6
56	proceeding	proceeding 5 proceedings 51
56	aspirate	aspirate 6 aspirated 43 aspirates 7
56	etymology	etymologies 3 etymology 53
56	paraphrase	paraphrase 27 paraphrased 10 paraphrases 19
56	parse	parse 1 parsed 3 parses 1 parsing 51
56	syllabic	syllabic 56
55	consequence	consequence 26 consequences 29
55	consideration	consideration 34 considerations 21
55	independently	independently 55
55	projection	projection 50 projections 5
55	morphologically	morphologically 55
55	pidgin	pidgin 29 pidgins 26
55	saying	saying 53 sayings 2
54	alternation	alternation 54
54	attest	attest 2 attested 50 attests 2
54	secondary	secondary 54

(续表)

Freq	Lemma	Lemma + Word Form(s)
54	systematic	systematic 54
54	tendency	tendencies 10 tendency 44
54	dialectal	dialectal 54
54	dialectology	dialectology 54
54	fricative	fricative 54
54	ipa	ipa 54
54	user	user 34 users 20
53	contribution	contribution 34 contributions 19
53	essay	essay 20 essays 33
53	genetic	genetic 52 genetics 1
53	possibility	possibilities 30 possibility 23
53	airstream	airstream 53
53	alveolar	alveolar 53
53	componential	componential 53
53	fricatives	fricatives 53
53	intensional	intensional 53
52	arrangement	arrangement 50 arrangements 2
52	closely	closely 52
52	intransitive	intransitive 52
52	narrative	narrative 45 narratives 7
52	signifier	signifier 52
51	collective	collective 49 collectives 2
51	diversity	diversity 51
51	regional	regional 51
51	trait	trait 17 traits 34
51	ablaut	ablaut 51
51	diphthong	diphthong 28 diphthongs 23
51	entry	entries 31 entry 20

(续表)

Freq	Lemma	Lemma + Word Form(s)
51	indefinite	indefinite 51
50	mainly	mainly 50
50	optional	optional 50
50	typically	typically 50
50	arbitrariness	arbitrariness 50
50	contrastive	contrastive 50
50	illocutionary	illocutionary 50
50	referential	referential 50
50	synonym	synonym 35 synonyms 15
49	automaton	automata 22 automaton 27
49	participle	participle 39 participles 10
49	respectively	respectively 49
49	antecedent	antecedent 44 antecedents 5
49	associative	associative 49
49	glossematics	glossematics 49
48	geographical	geographical 48
48	ghost	ghost 34 ghosts 14
48	himself	himself 48
48	motivation	motivation 48
48	purely	purely 48
48	deixis	deixis 48
48	paradigmatic	paradigmatic 48
48	pronominal	pronominal 48
48	response	response 38 responses 10
47	conclusion	conclusion 28 conclusions 19
47	scholar	scholar 8 scholars 39
47	territory	territories 10 territory 37
47	derivational	derivational 47

(续表)

Freq	Lemma	Lemma + Word Form(s)
47	diachrony	diachrony 47
47	extralinguistic	extralinguistic 47
47	iranian	iranian 47
47	modality	modality 47
46	conventional	conventional 46
46	correspondence	correspondence 30 correspondences 16
46	impression	impression 29 impressions 17
46	institution	institution 17 institutions 29
46	cavity	cavities 5 cavity 41
46	coda	coda 46
46	emphasize	emphasize 16 emphasized 18 emphasizes 7 emphasizing 5
46	matrix	matrices 2 matrix 44
46	modifier	modifier 26 modifiers 20
46	sentential	sentential 46
46	synchrony	synchrony 46
45	african	african 45
45	aryan	aryan 45
45	ten	ten 42 tens 3
45	useful	useful 45
45	deletion	deletion 45
45	modification	modification 33 modifications 12
45	palate	palate 45
45	pitch	pitch 40 pitched 1 pitches 4
45	plane	plane 42 planes 3
45	sociolinguistic	sociolinguistic 45
44	convey	convey 27 conveyed 7 conveying 9 conveys 1
44	finnish	finnish 44
44	reflexive	reflexive 44

(续表)

Freq	Lemma	Lemma + Word Form(s)
44	rhyme	rhyme 37 rhymes 2 rhyming 5
44	stratum	strata 16 stratum 28
43	aperture	aperture 41 apertures 2
43	specifically	specifically 43
43	adjunct	adjunct 22 adjuncts 21
43	coherence	coherence 43
43	encode	encode 7 encoded 16 encodes 2 encoding 18
43	unmarked	unmarked 43
42	atlas	atlas 40 atlases 2
42	gothic	gothic 42
42	indian	indian 36 indians 6
42	unknown	unknown 42
42	dual	dual 42
42	kinship	kinship 42
42	markedness	markedness 42
42	neurolinguistics	neurolinguistics 42
41	additional	additional 41
41	analogical	analogical 41
41	bibliographie	bibliographie 41
41	complementary	complementary 41
41	europe	europe 41
41	formally	formally 41
41	partial	partial 41
41	researcher	researcher 1 researchers 40
41	dental	dental 41
41	lexeme	lexeme 41
40	bracket	bracketed 3 bracketing 13 brackets 24
40	closure	closure 38 closures 2

(续表)

Freq	Lemma	Lemma + Word Form(s)
40	interdisciplinary	interdisciplinary 40
40	oh	oh 40
40	programme	programme 1 programmed 3 programmes 1 programming 35
40	reaction	reaction 27 reactions 13
40	simultaneously	simultaneously 40
40	species	species 40
40	throughout	throughout 40
40	faculty	faculties 2 faculty 38
40	listener	listener 28 listeners 12
40	orthography	orthography 40
40	phonic	phonic 40
40	quantifier	quantifier 40
40	static	static 40
40	structuralist	structuralist 40
40	tonal	tonal 40
40	utter	utter 7 uttered 18 uttering 14 utters 1

附录 4-2　从 GSL 和 AWL 中找回来的释义元语言词汇(73 个)

Freq	Lemma	来源	Lemma + Word Form(s)
7 223	language	GSL	language 5 343 languages 1 880
2 788	word	GSL	word 1 686 wording 5 words 1 097
1 962	reference	GSL	reference 437 references 1 525
1 867	grammar	GSL	grammar 1 683 grammars 184
1 760	use	GSL	use 668 used 828 uses 119 using 145
1 611	form	GSL	form 894 formed 168 forming 42 forms 507
1 388	theory	AWL	theories 148 theory 1 240
1 379	structure	AWL	structure 1 092 structured 37 structures 240 structuring 10
1 365	sound	GSL	sound 796 sounded 2 sounds 567

(续表)

Freq	Lemma	来源	Lemma + Word Form(s)
1 342	sentence	GSL	sentence 866 sentences 475 sentencing 1
1 140	verb	GSL	verb 680 verbs 460
1 062	term	GSL	term 696 termed 26 terms 340
1 031	system	GSL	system 752 systems 279
979	study	GSL	studied 71 studies 399 study 466 studying 43
848	case	GSL	case 663 cases 185
751	function	AWL	function 458 functioned 1 functioning 53 functions 239
724	feature	AWL	feature 291 featured 3 features 429 featuring 1
644	say	GSL	said 205 say 375 says 64
641	noun	GSL	noun 405 nouns 236
636	expression	GSL	expression 299 expressions 337
616	object	GSL	object 434 objects 182
612	type	GSL	type 339 typed 2 types 265 typing 6
606	text	AWL	text 447 texts 159
598	vowel	GSL	vowel 322 vowels 276
596	base	GSL	base 67 based 525 basing 4
591	speak	GSL	speak 77 speaking 192 speaks 41 spoken 281
569	sign	GSL	sign 319 signed 8 signing 5 signs 237
527	category	AWL	categories 254 category 273
510	subject	GSL	subject 445 subjected 10 subjects 55
509	refer	GSL	refer 151 referred 45 referring 64 refers 249
502	mean	GSL	mean 92 means 355 meant 55
477	number	GSL	number 418 numbered 2 numbering 3 numbers 54
459	class	GSL	class 294 classed 10 classes 152 classing 3
442	context	AWL	context 350 contexts 92
425	clause	AWL	clause 262 clauses 163
424	group	GSL	group 266 grouped 24 groups 134
422	aspect	AWL	aspect 175 aspects 247

第四章 释义元语言词汇表的研制

（续表）

Freq	Lemma	来源	Lemma + Word Form(s)
422	write	GSL	write 88 writes 18 written 295 wrote 21
381	concept	AWL	concept 256 concepts 125
372	question	GSL	question 245 questioned 6 questioning 3 questions 118
372	voice	GSL	voice 156 voiced 160 voices 12 voicing 44
370	dictionary	GSL	dictionaries 95 dictionary 275
368	description	GSL	description 301 descriptions 67
352	express	GSL	express 109 expressed 152 expresses 59 expressing 32
335	describe	GSL	describe 141 described 129 describes 38 describing 27
312	learn	GSL	learn 61 learned 43 learning 201 learns 6 learnt 1
304	define	AWL	define 48 defined 188 defines 28 defining 40
302	name	GSL	name 139 named 31 names 107 naming 25
294	represent	GSL	represent 96 represented 117 representing 22 represents 59
267	stress	AWL	stress 210 stressed 54 stresses 3
223	talk	GSL	talk 107 talked 12 talking 33 talks 71
208	denote	AWL	denote 88 denoted 34 denotes 48 denoting 38
200	pattern	GSL	pattern 80 patterned 1 patterning 16 patterns 103
200	root	GSL	root 143 rooted 3 roots 54
196	letter	GSL	letter 105 letters 91
179	understand	GSL	understand 91 understands 9 understood 79
172	idea	GSL	idea 101 ideas 71
162	component	AWL	component 67 components 95
159	compound	AWL	compound 79 compounded 1 compounding 15 compounds 64
159	force	GSL	force 91 forced 10 forces 55 forcing 3
146	error	AWL	error 55 errors 91
144	move	GSL	move 64 moved 33 moves 20 moving 27
142	test	GSL	test 81 tested 9 testing 20 tests 32
138	suggest	GSL	suggest 29 suggested 49 suggesting 5 suggests 55
132	attribute	AWL	attribute 64 attributed 28 attributes 37 attributing 3

(续表)

Freq	Lemma	来源	Lemma + Word Form(s)
128	item	AWL	item 48 items 80
125	pronounce	GSL	pronounce 22 pronounced 92 pronounces 1 pronouncing 10
106	govern	GSL	govern 18 governed 39 governing 29 governs 20
97	interpret	AWL	interpret 23 interpreted 50 interpreting 21 interprets 3
91	modify	AWL	modified 53 modifies 7 modify 26 modifying 5
79	imply	AWL	implied 15 implies 41 imply 20 implying 3
65	coin	GSL	coin 6 coined 46 coining 10 coins 3
65	dominate	AWL	dominate 5 dominated 24 dominates 24 dominating 12

第二篇

释义元语言的外延拓展：
学术词组与学术词组库的研制及其特征

第二篇是第一篇的深化研究，也是研究内容上的外延拓展。但是这种拓展不是偏离本体的另辟蹊径，而是体现释义元语言与拓展对象的紧密逻辑关联，同时也体现释义元语言的适用功能以及在文本中的实体性表征，即在学术文本中，释义元语言以学术词组的形式存在，并且可以提炼出适度规模的学术词组库。学术文本概念的引入，不是要在语域上对释义元语言的内涵和外延做出某种限定，因为释义元语言的概念默认了或者说隐含了日常话语与非日常话语的二元对立，这种对立体现为 Wierzbicka(1972)的数十个有限的释义基元与更广义的文体类型之间的释义目标对比，这种对比体现了二元互补的特征。正是在这个意义上，"学术文体"与"日常话语"体现一种有效的二元结构对比。所以，学术词组与学术词组库的研制及其特征研究就可以理所当然地看成是释义元语言的外延拓展。

第二篇的内容也比第一篇更加丰盈，包括三章，从第五章到第七章。从第五章开始,我们使用了较大规模的语料库和多种语料分析软件。第五章运用语料库语言学方法和软件分析方法,首先总结了语言学语域 249 个常用学术词组,发现它们与学术词组库(Academic Formulaic List, AFL)的差别在于后者包括大量的自然科学语料,偏重于词组教学值(Formula Teaching Worth, FTW),在同义词词组选择上有不同的偏好。在语言学语域内部,词典比教材更接近 AFL,更多地指向背景的抽象框架属性,偏重于时空指示,多用同位结构,突出对信息本身的呈现,通过联想拓宽知识面,呈现给读者更多的学术资源而不是总结差异,更多地使用被动结构,不挑明较深层的因果关系而是由读者自己去领悟和发现。

第六章又是纯理论的研究,我们以 AFL 的 407 个学术词组为基础,运用型式语法和构式语法的研究方法,发现学术词组的内部结构具有连续体特征,词汇、语法和准构式构成从简单到复杂的连续体,互动模式包括连续体两端的双向互动,以及中间环节对连续体两端的衔接与互动。互动源于连续体各环节内部以及三个环节之间各种力量的动态作用。

最后一章,即第七章,对《英语专业四、八级词汇表》的元语言有效性及其对英专教材的覆盖率进行研究。我们发现,《英语专业四、八级词汇表》具有元语言特性。将它与英专教材双向比较,可以初步测试词汇表的元语言有效性以及其对于教材的覆盖有效性。对词汇表的修订必须借用大型语料库的词汇统计,也必须参照国外的各种词汇表,如 GSL 和 AWL。本章以《语言学教程》作为语料,采集其中的 A 部分词汇(即以 A 开头的词汇)并与《英语专业四、八级词汇表》、GSL 和 AWL 等词汇表的 A 部分进行了比对和考证,证明了研究思路的有效性。

第五章 语言学语域的学术词组研究

5.1 导论

Sinclair(1991)发现,语言使用大量的准预制词组(semi-preconstructed phrases),它们是口头话语和书面文本中相对约定俗成的语块。构成语块的词汇数量从两个至五个不等,所以被统称为 n-gram①,其中 n 是词汇数,如二词词组和三词词组分别称为 2-gram 和 3-gram。由于不同学科在表述内容和表述习惯上的特殊性,以及学科之间的相对封闭性,每个学科都有一批在本学科使用频率较高的学术词组。本章的任务,是从现有的学术词组库出发,通过语料对比,归纳出语言学语域的学术词组库,在此基础上再考察语言学语域内部的不同文体(如语言学词典与语言学教材)在学术词组选用上的差异,探讨差异产生的原因。

5.2 学术词组研究的历史

学术词组研究,是在通用词组(General Service Phrase, GSP)基础上的专门化研究。通用词组被冠以不同的名称,如词汇束(lexical bundle)(Breeze, 2013; Gilmore et al., 2018; Hyland, 2008a, 2008b, 2008c),或词簇(word cluster)(Le et al., 2015),或者是词组框架(phrase frame, p-frame②)(Römer, 2010)。在通用

---

① n-gram 是计算机语言学和概率论范畴内的概念,是指给定的一段文本或语音中 n 个项目(item)的序列。
② p-frame 指带有变量空位(variable slot)的可反复出现的词汇序列,比如 the aim of this study、the goal of this study、the focus of this study,这些词组共同构成一个 p-frame,即 the * of this study,空位可以是 aim、goal 和 focus。

词组库的研制方面，较著名的成果是 Martinez 等（2012）的"词组库"（PHRASal Expressions List，PHRASE List），包括 505 个非透明的多词词组。

在通用词组库研制的基础上，学术界开启了对于学术词组库的研制，比如 Simpson-Vlach 等（2010）的学术词组库（Academic Formulaic List，AFL），Ackermann 等（2013）的学术搭配词组库（Academic Collocations List，ACL），Morley（2014）的学术词组库（Academic Phrasebank），Green 等（2019）基于 8 个学科中学课本的中学课本词组库（Secondary Phrase List，SPL）。

近年来，学术词组研究又进入到专门学科学术词组领域，比如 Gilmore 等（2018）从大量的土木专业论文中提取 3 至 6 个词的词汇束，列出了包括 257 个词组的土木专业学术词组库。Cunningham（2017）对 128 篇数学论文中的词组框架进行统计，梳理出包括 180 个数学专业学术词组的清单。Le 等（2015）以 124 篇应用语言学实证性研究论文中的讨论部分为语料选择词组，研制了一个包括 64 个学术词组的词组库。

综上所述，词组研究经历了从通用词组到学术词组的演进，又经历了从通用学术词组到专门学科学术词组的变化。但是我们发现，语言学作为词组学（phraseology）的学科母体，语言学语域学术词组的研究几乎是一片空白（Le 和 Harrington 2015 年的研究除外），既没有归纳出语言学语域的学术词组库，也没有对语言学语域各种文体学术词组的使用状况做对比研究。

5.3 语言学语域学术词组库的研制方法

研制语言学语域的学术词组库，可以有两条路径：方法之一是选择一种在学术界被普遍认可的通用型学术词组库，排除不属于语言学语域的那一部分学术词组，建立语言学语域的学术词组库；另一种方法是另起炉灶，从大规模的语料中遴选出语言学语域的学术词组。我们选择了前一种相对简单的办法，后一种办法留给后来诸贤去完成。

被普遍认可的通用型学术词组库，我们挑选了 AFL（Academic Formula List）。Golparvar 等（2020）在赞誉 AFL 时说，在制作的合理性和有用性上，AFL 可以与 AWL 媲美。

Simpson-Vlach 等（2010）在制作 AFL 时使用了约 210 万字的语料，涉及人文与艺术诸学科（约 36 万字）、各门社会科学（约 89 万字）、自然科学与医药学（约 51 万字）、技术与工程科学（约 35 万字）。所以，AFL 是一个贯通各个学科的通用型学术词组库，具有普遍的代表性和完整性。正因为如此，它的学术词组数量必定远多于语言学语域实际使用的学术词组数量，这就为我们排除不属于语言学语域的学术词组提供了研究思路。

在遴选的原则上，AFL 不仅要考虑词频，同时也关注词组内部的语义连贯性（coherence），即词组内部的相互信息期待（Mutual Information，MI①）。当 MI 与词频冲突时，前者优先于后者。另外，Simpson-Vlach 和 Ellis（2010）还邀请 EAP 和 ESL 教师对候选的 AFL 词组的三个因素逐一进行评分，即它们是否足够程式化（formulaic），是否有明确的语义功能，是否具有较高的"词组教学值"（Formula Teaching Worth，FTW）。

在统计学术词组时，AFL 的两位作者 Simpson-Vlach 和 Ellis（2010）采用了排除最低收录范围的做法，即每百万字中出现次数小于等于 10 次的词组不计入 AFL 中。

最终的 AFL 词组库分为三部分：第一部分是 207 个"核心 AFL 词组"，包括在书面学术语话和口头学术报告中均常用的词组；第二部分是 200 个"书面 AFL 词组"，第三部分是 200 个"口头 AFL 词组"，总数为 607 个。由于我们采样的语言学语料都是书面文体，所以我们只采用"核心 AFL 词组"和"书面 AFL 词组"作为对比的参照系，总数是 407 个，见本章附录 5-1。

在研制语言学语域的学术词组库时，我们选择了如下四种著作作为语料：

1. Bussmann 等（1996）的 *Routledge Dictionary*（下文简称为"词典"），扫描后通过 OCR 软件转换成 doc 文本，人工校对后再去掉标题、前言、序跋、页眉、参考文献等内容（下面几种教材的处理遵循相同的原则，教材还去掉了目录、脚注、课后作业和文本中的大段举例等），统计该书字数约为 22.8 万字；

2. Kracht（2008）的 *Introduction to Linguistics*，字数近 7 万字；

3. Saussure（1983）的 *Course in General Linguistics*，字数约 3 万字；

4. 胡壮麟（2017）的《语言学教程》（第五版），字数近 12 万。

我们选择 Bussmann 等（1996）的词典的理由，是为了把它作为语言学著作的样本，因为在涉及语言学内容的全面性、句型结构的多样性以及语言表达的专

---

① MI 是信息科学中常用的统计测量工具，它考察的是一个词组中的个体词汇在多大程度上共现在一起而不是偶尔的组合。

业性等方面,它都是语言学语域的典范。后三本都是普通语言学教材,其中,*Introduction to Linguistics* 是 Marcus Kracht 根据自己在 UCLA 讲授普通语言学时编写的教材,*Course in General Linguistics* 是根据 F. de Saussure 在日内瓦大学三次讲授普通语言学的课堂讲义整理出版的遗著,至于胡壮麟(2017)的《语言学教程》(第五版),是国内读者熟悉的普通语言学经典教材,其在内容和语言的经典性方面不次于国外同类教材。

三种教材的总字数约 22 万,与词典的 22.8 万字基本接近,便于对比语言学词典与语言学教材中学术词组的规律。

我们的统计方法,是用 AFL 的 407 个词组分别在词典的 22.8 万字和三本教材的 22 万字中进行匹配和统计,见表 5-1。右侧两列是把词典和三种教材中的统计数据折算成 100 万字篇幅时的数值并取整数,以便与 AFL 词频对比。

表 5-1 四本著作的部分统计数据与"核心 AFL 学术词组"的对比

序号	AFL 词组	每百万字词频	词典中出现的次数	胡壮麟教材中出现的次数	Kracht 教材中出现的次数	Saussure 教材中出现的次数	词典折算成百万字词频	三本教材总数折算成百万字词频
1	in terms of	282	19	59	13	0	83	352
2	at the same time	98	14	9	3	3	61	73
3	from the point of view	14	1	0	0	0	4	0
4	in order to	255	28	39	8	8	123	269
5	as well as	255	260	18	4	3	1 139	122

在词典和教材中匹配成功的学术词组,与 207 个"核心 AFL 词组"和 200 个"书面 AFL 学术词组"的比较结果如表 5-2。

表 5-2 词典和教材与 AFL 比较的 t 值与显著性差异

	核心 AFL 词组 207 个	书面 AFL 学术词组 200 个
词典中匹配成功的学术词组	$t(206) = 0.692$ sig $= 0.490 > 0.05$	$t(199) = 2.015$ sig $= 0.045 < 0.05$
教材中匹配成功的学术词组	$t(206) = -3.237$ sig $= 0.001 < 0.05$	$t(199) = 1.287$ sig $= 0.199 > 0.05$

如表 5-2 所示,在词典中匹配成功的 207 个词组,与 207 个"核心 AFL 词组"的出现频率对比没有显著性差异(sig $= 0.490 > 0.05$),但是词典中匹配成功的 200 个

词组与 200 个"书面 AFL 学术词组"对比有显著性差异(sig=0.045<0.05);另一方面,在教材中匹配成功的 207 个词组与"核心 AFL 词组"对比,有显著性差异(sig=0.001<0.05),但是在教材中匹配成功的 200 个词组与"书面 AFL 学术词组"对比却没有显著性差异(sig=0.199>0.05)。在显著性差异上的这种矛盾局面,证明了 AFL 数据库并不完全适用于语言学语域,我们必须找到其中的原因。

所以我们改变了统计方法:我们参照 Simpson-Vlach 等(2010)过滤超低词频的标准,设计了我们的过滤标准,即当四本著作的词频总次数小于或等于 10,并且有两本著作的统计次数同时为 0;或者,四本语料统计的总次数小于或等于 5,并且有两本语料的统计次数小于或等于 1 时,超低词频的词组不计入语言学语域的学术词组库。

按照这一标准,207 个"核心 AFL 词组"中,排除 36 个,余下 171 个;200 个"书面 AFL 学术词组"排除 122 个,余下 78,两类共余下 249 个,它们就是语言学语域常用的学术词组,见附录 5-1。

SPSS 统计发现(见表 5-3):词典中的学术词组与 171 个"核心 AFL 词组"相比没有显著性差异(sig=0.144>0.05),与 78 个"书面 AFL 学术词组"相比,也没有显著性差异(sig=0.056>0.05);但是教材与 171 个"核心 AFL 词组"相比,有显著性差异(sig=0.001<0.05),与 78 个"书面 AFL 学术词组"相比,也有显著性差异(sig=0.001<0.05)。

表 5-3 排除超低词频后的比较

	171 个核心 AFL 词组	78 个书面 AFL 学术词组
词典匹配成功的学术词组	$t(170)=-1.469$ sig$=0.144>0.05$	$t(77)=-1.937$ sig$=0.056>0.05$
教材匹配成功的学术词组	$t(170)=-4.344$ sig$=0.001<0.05$	$t(77)=-3.383$ sig$=0.001<0.05$

对比表 5-2 和表 5-3 的数据,可以得出结论:语言学词典更能体现语言学语域学术文体的特征,而教材与学术文体有较大差异,是不够典型的学术文本。另一方面,由于词典与 171 个"核心 AFL 词组"和 78 个"书面 AFL 学术词组"都没有显著性差异,同时,教材与 171 个"核心 AFL 词组"和 78 个"书面 AFL 学术词组"都有显著性差异,所以在下文的比较中,我们把 171 个"核心 AFL 词组"和 78 个"书面 AFL 学术词组"累加成 249 个 AFL 词组,并分析 249 个 AFL 词组的各种功能范畴在词典和教材中的分布和频次对比。

5.4 语言学语域学术词组的功能类型对比

Simpson-Vlach 等(2010)把学术词组的语言功能类型分为三种,即指称词(referential expression)组、态度词(stance expression)组和话语连接词(discourse organizing expression)组,每一种功能类型又细分为多种次类,共 18 个次类[①],见表 5-4。

表 5-4 还体现了 18 个次类在 AFL、词典与教材中的分布情况。表 5-4 中的"不相上下",是指在词典和三本教材的词频上相差小于或等于 20 的学术词组。列出"不相上下"的学术词组,是为了对比"在词典中更多"和"在教材中更多"的学术词组,总结词典和教材这两种文体在学术词组选用上的差别,这一内容留待第 6 节来分析,本节只关注功能类型的对比。

表 5-4 AFL 学术词组的功能分类及在 AFL、词典与教材中的分布情况

AFL 学术词组的功能分类		AFL 两类学术词组中的共现个数(407 个)	语言学语域的学术词组中的共现个数(249 个)	"在词典中更多"的学术词组中的共现个数	"在教材中更多"的学术词组中的共现个数	在词典和教材中"不相上下"的学术词组中的共现个数
A 指称词组	A1 无形框架特征 (Intangible framing attributes)	102	82	29	27	25
	A2 有形框架特征 (Tangible framing attributes)	22	11	4	3	4
	A3 数量确认 (Quantity specification)	37	17	2	8	7
	A4 认定与焦点 (Identification and focus)	57	49	5	39	5
	A5 对比与比较 (Contrast and comparison)	30	23	6	13	4
	A6 指示与方位 (Deictics and locatives)	7	3	2	1	0
	A7 模糊标记 (Vagueness markers)	1	1	0	1	0

---

① Simpson-Vlach 等(2010)的功能分类分为三个等级,为了便于制表时节省篇幅,我们将二级分类和三级分类的终端类型合并起来,所以表中只有两个等级。

(续表)

AFL学术词组的功能分类		AFL两类学术词组中的共现个数（407个）	语言学语域的学术词组中的共现个数（249个）	"在词典中更多"的学术词组中的共现个数	"在教材中更多"的学术词组中的共现个数	在词典和教材中"不相上下"的学术词组中的共现个数
B 态度词组	B1 模糊限制（Hedges）	25	5	1	3	1
	B2 认知态度（Epistemic stance）	9	9	1	3	5
	B3 义务与指令（Obligation and directive）	10	3	0	3	0
	B4 能力与可能性（Ability and possibility）	30	12	6	5	1
	B5 评估（Evaluation）	18	6	2	3	1
	B6 意图/意志与预言（Intention/volition）	2	2	0	2	0
C 话语连接词组	C1 元话语与文本指称（Metadiscourse and text reference）	12	1	0	1	0
	C2 引入话题与焦点（Topic introduction and focus）	5	2	1	1	0
	C3 非因果性（Non-causal）	6	4	2	2	0
	C4 原因与结果（Cause and effect）	25	12	2	9	1
	C5 话语标记语（Discourse markers）	9	7	2	2	3

我们先看 A 类词组，可以发现三条规律：

一、在 A 类词组中，A1、A4、A5 在"AFL 两类学术词组"中的出现个数和在"语言学语域的学术词组"中的出现个数比较接近（另有 A7 相同）。以 A1 为例，大部分词组都包含或隐藏了一个抽象的框架特征，比如[a/the] form of 中的 form，(as) a function (of) 中的 function，(on) the basis (of) 中的 basis，in relation to 中的 relation，这几十种框架特征是所有学术文本不可缺少的，受特定语域的影响较小。同样，所有的学术文体都需要对研究对象的认定（如 is the case、in terms of）和对研究内容的聚焦（如 with respect to、such as the）（见附录 5-1 中的 A1 和 A4），也离不开各种求异的对比（如 as opposed to、the difference between）等，以及求同的比较（如 the same as、in the same）（见附录 5-1 中的

A5)。这些共同点是由学术文体共同的使命和研究方法所决定的。

二、A2、A3等次类体现了语言学语域的特异性。比如,对"A2有形框架特征"来说,AFL包含了the rate of、the amount of、(the) size of (the)、an increase in、the high levels of、over a period of等词组;同样,对"A3数量确认"来说,AFL中有(a) small number (of)、(a) wide range (of)、little or no、in a number of、in both cases、a high degree、(the) total number (of)、(there) are a number (of)等词组。这两种次类在语言学语域出现次数为0或因词频超低而被过滤,原因是AFL的语料中包括了大量的自然科学语料,自然科学研究中的量化研究传统要求对客体的速度、型号、数量、等级有明确的概括,但是对于语言学来说,量化研究只有少数的实证研究才有涉及。

三、AFL中的许多A类词组,它们的词频较低,只是因为它们有较高的"词组教学值"(即FTW)才被AFL选中。在表5-5中,有灰色底纹的词组是AFL所有但是不属于语言学语域的学术词组。

表5-5 被过滤的AFL词组(有灰色底纹)与被保留的语言学语域学术词组的比较

序号	AFL词组	FTW	每百万字词频	胡壮麟教材中出现的次数	Kracht教材中出现的次数	Saussure教材中出现的次数	词典中出现的次数	词典中的出现次数折算成百万词频后的次数	三本教材中的出现次数折算成百万词频后的次数
1	from the point of view	2.44	14	0	0	0	1	4	0
	the point of view of	1.89	15	0	0	0	1	4	0
	point of view of	1.22	15	0	0	0	1	4	0
	the point of view	1.13	15	0	0	0	1	4	0
	point of view	1.41	60	9	5	0	10	44	69
2	as a result of	1.58	75	3	0	0	5	22	15
	as a result of the	1.55	17	0	0	0	1	4	0
	the result of	−0.31	47	5	2	2	27	118	44
	a result of	0.46	86	3	0	0	9	39	15
3	as a function of	1.19	36	1	0	0	4	18	5
	a function of	0.29	60	3	4	1	7	31	39
	function of the	−0.37	35	3	1	2	16	70	29

我们发现,FTW 较高的词组,内部往往隐藏了另一个更高词频的词组,比如 from the point of view 因为 FTW 值高(2.44)而被遴选进入 AFL 中,它的内部结构包含了另一个词组 the point of view,后者又包含了第三个词组 point of view,三者的百万字词频分别是 14 次、15 次、60 次。从统计原理来看,from the point of view 的 14 次全部包括在 the point of view 的 15 次中,而 the point of view 的 15 次又全部包括在 point of view 的 60 次中,因为词组的核心成分概括性更强。所以,对于长度更大的词组来说,它的程式化(formulaic)程度依赖内部结构中的词组,在语义功能上与内部结构中的词组相同,所以 Simpson-Vlach 等所坚持的两个标准,即是否程式化和是否有明确的语义功能,都是内部结构程式化程度和语义功能的派生形式,不体现多个词组间的程式化区分度和语义区分度。所以,定义学术词组时更合理的做法,是把它们整合成单一的含有变量的形式,比如(from)(the) point of view(of)可以涵盖表 5-5 中的 5 个词组。表 5-5 中的另外 2 组,也可以分别整合成为[a/the] result of、(as) a result(of)和(as) a function(of),其中弧括号是可选的,方括号是二者必选其一。这样一来,语言学语域只包含 point of view、the result of、a result of 等少数几个词组,与加括号的提议异曲同工,而且体现了学术词组列表在数量上的简约性。

至于 B 部分和 C 部分的词组,我们发现,不同学科对同一功能类型的同义词词组有不同的取舍偏好,比如对于"B1 模糊限制"语来说,语言学语域更多地使用 it may be 和 there may be 等形式,is likely to、it is likely that、it appears that 等同义词却因为词频太低而被过滤了,说明它们在语言学以外的语域中更常用;同样,对于"C4 原因与结果"来说,due to the 和 due to the fact that 是语言学语域的常用学术词组,for this reason、as a consequence、as a result of the 等同义词也是在语言学以外的语域中更常用。

产生上述对比的原因,是 A 类词组的"指称"性质决定了它可以有不同的指称内容和指称方式,比较能体现不同语域文本的内容差异,而 B 类和 C 类不体现态度内容和话语连接内容的差别,但是在表达相同内容时,不同语域体现了对同义词词组的不同取舍,这种不同取舍是由于某些语用传统在学科内部的封闭式传播造成的。当然也有部分例外,比如在"C1 元话语与文本指称"这一类词组中,in table 1、in the next section、in the present study、in this article、(in) this paper (we)、shown in figure、shown in table、the next section 等词组由于通常出现在研究性论文中,在词典和教材中较少见,所以在我们的语料中没有被包含。

5.5 "在词典中更多"与"在教材中更多"的比较

接下来,我们要对比表 5-4 中的两种类型,即"在词典中更多"与"在教材中更多"的学术词组。我们挑选了表 5-4 中数量最大的五种词组类型来进行比较,即 A1 无形框架特征、A4 认定与焦点、A5 对比与比较、B4 能力与可能性、C4 原因与结果。

5.5.1 "无形框架特征"的比较

"无形框架特征"的学术词组数量最大,在词典和三本教材中共出现了 82 个(见附录 5-1),占 249 个学术词组的近 33%,其中"在词典中更多"的词组有 30 个,"在教材中更多"的词组有 27 个,说明在词典中常用的词组在教材中较不常用,相反,在教材中常用的词组在词典中较不常用。具体来说,体现了如下三种差别:

一、"在词典中更多"的词组,比如 on the basis of、based on the、is based on、based on a、depending on the、depends on the 等,它们的补语是指称关系的背景(ground),比如 on the basis of X 只有在 X 这种无形框架的基础上才能谈论无形框架特征 basis。相反,"在教材中更多"的词组,比如 with respect to、by virtue of、in terms of a 等,它们的补语都是指称关系的图形(figure),比如 with respect to X 中的 X 是无形框架特征,无形框架本身是 with respect to。这种对比说明"在词典中更多"的词组具有更宏观的视野和背景,而"在教材中更多"的词组具有更具体的范围和指称对象。

二、"在词典中更多"的词组使用时空指示较弱的定冠词,如 the form of、the basis of、the distribution of。"在教材中更多"的词组可以包含当下的时空指示语,即使用 this 等限定语,如 in this case、in this way 等。说明词典中学术词组的抽象框架特征更普适,而教材中学术词组的抽象框架特征更具体。

三、"在词典中更多"的词组关注宏观的概念结构,包括结构、功能、语境、分布与能力等,如 the structure of、function of the、form of the、in the context、the distribution of、the ability to。"在教材中更多"的词组多用指向具体概念的同位结构,如 the fact that、in the sense that、the idea that、the notion of、fact that the、the issue of、such a way that。其中的原因是,教材面对的是学生,学生需要更多

的解释,同位结构既具有解释功能又可以最大限度地节省篇幅;相反,词典可以直接呈现抽象的描述性概念,默认了读者有较高的专业水平。

5.5.2 "认定与焦点"的比较

"认定与焦点"类词组在词典和教材中反差最大,"在词典中更多"的词组只有 5 个,"在教材中更多"的词组有 39 个,见附录 5-1。

"在教材中更多"的词组包含了几乎所有的关系过程词组,如 this is a、is that the、is not a、that this is、this is an、which is not、that we are、is to be、is that it、is that there、is not the、that is the、it is not、it can be、this is not、that there is no、it has been、which can be、is that it is 等,"在词典中更多"的词组只有 is the case 和 is for the。

系统功能语言学(Thompson,2000)[39-40]认为,关系过程体现信息的给予,教材作者在提供语言学语域的相关信息时,其心中有一群范畴确定、身份明确的听话人,即语言学学习者,隐含了明确的给予和被给予的授受关系,语言学知识是教材作者让渡给语言学学习者的信息内容。这种给予与被给予、让渡与被让渡的关系在词典中较少出现,因为词典的查阅者与词典作者是语言学领域知识水平较高的同行,突出的是对信息本身的呈现,较少使用及物性系统中的关系过程,可能更多地使用物质过程(material process)等句型,以体现语言形式、概念内容、各种理论和研究方法之间的相互作用。物质过程所涉及的动词形式是无限多样的,所以在词频统计时很难像关系过程那样因为词频高而被提取。

5.5.3 "对比与比较"的比较

表示"对比与比较"的词组,"在词典中更多"的词组主要总结相同点(如 have the same、with the same、and the same),在 5 个中占了 3 个。"在教材中更多"的词组主要表示差异(如 different…)或对比(如 the other… 或 much more…),13 个中占了 9 个,详见附录 5-1。

"求同"(comparison)词组的功能旨在拓宽知识内容的视阈,是一种基于知识关联度的联想,词典更多地借助这种功能来呈现知识。与此不同,"求异"(contrast)是比"求同"更深入的思维过程,因为求同可以凭借感官(如视觉)完成,而求异必须有更深层的归纳和推理,是作者代替读者完成的一种分析性工作。教材中更多地使用求异的词组,是因为教材的读者是语言学的初学者,思辨能力较弱,需要教材作者代替读者完成辨析的过程;相反,词典的查阅者与作者都是较高水平的学术同行,词典作者只需通过联想(即求同)尽可能地拓宽知识面,呈现给读者更多的学术资源,而不必给查阅者先入为主的差异总结,况且差异的归纳取决于观察和分析的方法和视角。

5.5.4 "能力与可能性"的比较

表示"能力与可能性"的词组,"在词典中更多"的有6个,"在教材中更多"的有5个。对比发现,词典更多地使用被动结构,在6个词组中有5个是被动结构,即can be used、can be used to、can be found in、can be found、can also be,说明词典更多地采用他者的视角和客观的判断,不直接对能力与可能性进行评价。教材更多地使用主动形式,5个词组中有4个是主动形式,即to use the、it is possible to、it is possible、are able to,体现了作者与读者之间信息交流的现场感和亲昵性特征,体现了类似教师向学生面对面授课的人际交流模式。

5.5.5 "原因与结果"的比较

"原因与结果"词组,"在词典中更多"的词组只有2个,即due to the 和the result of,"在教材中更多"的词组有9个,如in order to、as a result、whether or not、the effect of、the reason for、because it is、so that the、due to the fact that、whether or not the 等。原因是,教材比词典更多地使用因果推理,而词典更多地偏重于事实和理论的客观呈现。教材读者是初学者,需要更多的解释和推理;而词典的检索者是较高水平的学者,词典作者不必把较深层的因果关系挑明,可以由读者自己去领悟和发挥。

从上面五种类型的对比可以看出,词典和教材在选用学术词组时,前者专注于呈现信息本身,较少给予读者(查阅者)先入为主的引导、解释和因果推理,信息呈现以客观的方式进行。后者面对的读者是语言学的初学者,需要更多的解释和带有倾向性的主观灌输和逻辑引导。这些都是由词典和教材的功能定位和编读双方的人际关系所决定的。

5.6 结语

语言学语域的学术词组研究,可以从一种权威的通用型学术词组列表出发。

本章通过语料比较,排除不属于语言学语域的学术词组,建立了包括249个学术词组的列表。语言学语域的学术词组列表与AFL的不同之处,是由于后者包括太多的自然科学语料,偏重于FTW,在同义词组选择上有不同的偏好等造成的。词典与教材的比较表明,词典中常用的学术词组更多地指向背景的抽象框架属性,偏重于时空指示语,多用同位结构,突出对信息本身的呈现而不是体现师生之间的授受关系和让渡关系,尽可能地通过联想(即求同)拓宽知识面,呈现给读者更多的学术资源而不是总结差异,更多地使用被动结构,不挑明较深层的因果关系而是由读者自己去领悟和发现。

附录 5-1 语言学语域的学术词组(共249个)

语言学语域的学术词组共分为18类,每一类分为A、B、C三部分,分别代表"在词典中更多"、"在教材中更多"和"不相上下"。另外,每一类的D部分是AFL所包含但是语言学语域所没有的,总数为158个。所以,四部分的总和是AFL核心和书面学术词组的总数,为407个。

A1 无形框架特征(82个):A. 30个: on the basis, on the basis of, in the case of, based on the, is based on, the development of, the basis of, based on a, in which the, the concept of, such a way, the ability to, in the context, the form of, the distribution of, view of the, a form of, the order of, function of the, the structure of, the work of, form of the, on the basis of the, is based on the, in the context of, with regard to, in the form of, depends on the, depending on the, are based on; **B. 27个**: in terms of, the fact that, with respect to, in this case, in the sense that, the case of, ways in which, the fact that the, the role of, terms of the, in this way, the nature of, the idea that, nature of the, the notion of, fact that the, the meaning of, the issue of, the problem of, the study of, the definition of, of the fact, such a way that, with respect to the, by virtue of, the nature of the, in terms of a; **C. 25个**: point of view, the extent to which, in such a way, the use of, in terms of the, the way in which, the presence of, extent to which, in relation to, in the case, way in which, a function of, the existence of, the context of, in the sense, the process of, the question of, in such a, the way in, in accordance with, in this case the, the presence of a, to the fact that, in the course of, depend on the; **D. 20 个**: from the point of view, the point of view of, point of view of, as a function of, the point of view, from the point of, as a function, in response to, focus on the, from the point, the way that, of view of, was based on, degree to which, an attempt to, on the part of, in the absence of, in such a way that, insight into the, in accordance with the.

A2 有形框架特征(11 个): **A. 4 个**: the level of, the frequency of, value of the, the area of; **B. 3 个**: part of the, parts of the, the value of; **C. 4 个**: as part of, the sum of, part of a, the change in; **D. 11 个**: as part of the, high levels of, over a period, an increase in the, over a period of, the size of the, the rate of, size of the, the part of the, the size of, the amount of.

A3 数量确认(17 个): **A. 2 个**: the number of, two types of; **B. 8 个**: a list of, a set of, each of the, the first is, there are no, a series of, large number of, and the second; **C. 7 个**: a number of, there are three, of the two, of the second, a large number of, a large number, in most cases; **D. 19 个**: both of these, of these two, each of these, a wide range of, there are a number of, a wide range, there are a number, wide range of, little or no, a high degree, there are several, are a number of, in some cases, total number of, a small number, in both cases, small number of, in a number of, the total number.

A4 认定与焦点(49 个): **A. 5 个**: such as the, is the case, is for the, can be seen in, can be seen; **B. 39 个**: that in the, there is a, this is a, there is no, is that the, there is an, is not a, that this is, this is an, which is not, that we are, is to be, is that it, means that the, example of a, is that there, is not the, that is the, the example of, that in a, it is not, it can be, that there is a, that there is, referred to as, it does not, that there are, as an example, this is not, has also been, does not have, this means that, this does not, that there is no, it has been, they do not, there has been, which can be, is that it is; **C. 5 个**: a variety of, different types of, an example of, this type of, which is the; **D. 8 个**: if this is, here is that, this would be, as can be seen, his or her, they did not, that it is not, none of these.

A5 对比与比较(23 个): **A. 6 个**: as opposed to, the relationship between, have the same, with the same, and the same, may not be; **B. 13 个**: the difference between, exactly the same, difference between the, between the two, is much more, the same as, different from the, on the other, same way as, on the other hand, the same way as, the other hand, the difference between the; **C. 4 个**: the same time, in the same, related to the, of the same; **D. 7 个**: more likely to, associated with the, on the other hand the, the other hand the, similar to those, is more likely, be related to the.

A6 指示与方位(3 个): **A. 2 个**: the real world, a and b; **B. 1 个**: of the system; **C. 0 个**; **D. 4 个**: the united kingdom, at this stage, at the time of, b and c.

A7 模糊标记(1 个): **A. 0 个**; **B. 1 个**: and so on; **C. 0 个**; **D. 0 个**.

B1 模糊限制(5 个): **A. 1 个**: at least in; **B. 3 个**: it may be, may not be, there may be; **C. 1 个**: as a whole; **D. 20 个**: likely to be, we can see, to some extent, are likely to, is likely to be, it is likely that, does not appear, be regarded as, we assume that, less likely to, appears to be, be explained by, it appears that, can be considered, appear to be, is likely to, have shown that, been shown to, be argued that, be considered as.

B2 认知态度(9 个): **A. 1 个**: according to the; **B. 3 个**: to show that, assume that the, we have seen; **C. 5 个**: be the case, be seen as, assumed to be, is determined by, if they are; **D. 0 个**.

B3 义务与指令(3 个): **A. 0 个**; **B. 3 个**: should not be, need not be, be noted that; **C. 0 个**; **D. 8 个**: it should be noted, take into account the, take into account, should be noted, to ensure that, to ensure that the, needs to be, should also be.

B4 能力与可能性(12 个): **A. 6 个**: can be used, can be used to, can be found in, carried out by, can be found, can also be; **B. 5 个**: to use the, it is possible to, it is possible, are able to, be used to; **C. 1 个**: has been used; **D. 18 个**: it is not possible to, it is not possible, been carried out, was carried out, to carry out, it is possible that, be carried out, is not possible to, be used as a, allows us to, carried out in, can easily be, most likely to, can be achieved, can be expressed, their ability to, could be used, be achieved by

B5 评估(6 个): **A. 2 个**: the most important, important role in; **B. 3 个**:

the importance of, it is clear, it is difficult; **C. 1 个**: it is impossible; **D. 12 个**: it is interesting, the validity of the, it is necessary, it is worth, it is important, it is clear that, it is interesting to, it is impossible to, it is obvious that, it is important to, it is necessary to, is consistent with.

B6 意图/意志与预言(2 个): **A. 0 个**; **B. 2 个**: we do not, to do so; **C. 0 个**; **D. 0 个**.

C1 元话语与文本指称(1 个): **A. 0 个**; **B. 1 个**: as shown in; **C. 0 个**; **D. 11 个**: at the outset, shown in table, in this paper, in the present study, shown in figure, in this paper we, in the next section, the next section, this paper we, in this article, in table 1.

C2 引入话题与焦点(2 个): **A. 1 个**: for example in; **B. 1 个**: what are the; **C. 0 个**; **D. 3 个**: for example if, for example the, see for example.

C3 非因果性(4 个): **A. 2 个**: such as those, are as follows; **B. 2 个**: but this is, out that the; **C. 0 个**; **D. 2 个**: factors such as, in more detail.

C4 原因与结果(12 个): **A. 2 个**: due to the, the result of; **B. 9 个**: in order to, as a result, whether or not, the effect of, the reason for, because it is, so that the, due to the fact that, whether or not the; **C. 1 个**: for this reason; **D. 13 个**: as a result of, a result of, the effects of, due to the fact, give rise to, as a result of the, for the purposes of, to determine whether, the purpose of this, it follows that, as a consequence, for this purpose, is affected by.

C5 话语标记语(7 个): **A. 2 个**: as well as, and in the; **B. 2 个**: in other words, even though the; **C. 1 个**: at the same time, at the same, in conjunction with; **D. 2 个**: in other words the, other words the.

第六章 学术词组中词汇语法连续体的双向互动研究

6.1 导论

学术词组(academic phrase)是学术文体特有的高频词组,在结构上大于词汇小于子句,在固化程度上大于自由组合,但不一定是惯用语。本章以学术词组内部的词汇语法(lexicogrammar)为研究对象,探讨词汇、语法与准构式组成的连续体内部的互动规律。

6.2 文献回顾

学术词组研究是词组学(phraseology)(Sinclair, 1991)研究的重要内容,产生了多种学术词组库,比如 Simpson-Vlach 等(2010)的学术词组库(Academic Formulaic List, AFL)、Ackermann 等(2013)的学术搭配词组库(Academic Collocations List, ACL)、Morley(2014)的学术词组库(Academic Phrasebank)、Green 等(2019)基于8个学科中学课本的中学生词组库(Secondary Phrase List, SPL)。近年来,学术词组研究又进入到专门学科学术词组领域,比如 Gilmore 等(2018)从大量的土木专业论文中提取3至6个词的词汇束,列出了包括257个词组的土木专业学术词组库。Cunningham(2017)对128篇数学论文中的词组框架进行统计,梳理出包括180个数学专业学术词组清单。Le 等(2015)以124篇应用语言学实证性研究论文中的讨论部分为语料选择词组,研制了一个包括64个学术词组的词组库。

在本章的研究中，我们挑选了 Simpson-Vlach 等（2010）的 AFL（Academic Formula List）作为学术词组的语料来源，因为它在学术界享有盛誉。比如，Golparvar 等（2020）在赞誉 AFL 时说，在制作的合理性和有用性上 AFL 可以与 AWL（Academic Word List）（Coxhead，2000）媲美。我们选择 AFL 中的 207 个核心学术词组和 200 个在书面文本中最常用的学术词组（见附录 6-1），共 407 个，探讨它们在 18 种语义类型中，词汇、语法与准构式（Bonnefille，2006）的互动关系。

要了解准构式及其研究历史，必须先介绍一下型式语法和构式语法。

型式语法（Willis et al.，2002）是一种语料库驱动的对英语中词汇和语法进行描述的方法，它沿袭了英国功能语言学的研究传统，利用语料库把词汇经常出现在其中的语境提取出来，用于指导教学和研究。型式（pattern）是词组学的术语，也常称作"语法型式"（grammatical pattern），是指一个词的某种意义与某些介词、词组、子句经常同时出现的规律，比如"V + n + as + n"是一种语法型式，这种型式的案例包括 I consider him as a friend；They chose her as their representative（Willis et al.，2002）。

构式语法（Goldberg，1995，2019）是与型式语法有诸多共性的语言理解框架，但它起源于美国，而且它与认知语言学而不是语料库语言学关系更密切。构式语法认为，像词汇选择一样，语法选择也是有意义的。比如，当说话人需要一种表达物品或服务转移的型式时，双及物构式就应运而生了。发展中的构式就是"准构式"，准构式是与词汇的特定用法有关的语法型式。比如，Bonnefille（2006）发现，go 与 subject-verb-adjective 的型式结合在一起，构成 He went crazy for the idea 中的准构式结构，它的意思是 X changes state to Y。

近年来，型式语法与构式语法有合流的倾向，比如 Hunston 等（2019）发现有"利用构式语法来解释型式语法"的做法。型式语法和构式语法结合起来，成为解释学术词组的理论框架，它强调词汇和语法在语言系统的每一个层面进行互动，所以了解学术词组就必然包括了解它的词汇语法（lexicogrammar）。

词汇与准构式的关系对于词汇教学颇有借鉴意义。词汇教学既包括词汇知识的广度（breadth of vocabulary knowledge），也包括词汇知识的深度（depth of vocabulary knowledge），即了解词汇的各种语法语境的知识。Richards（1976）指出，"了解一个词包括了解它的句法行为"，所谓的"句法行为"就是"语法型式"。

对语法型式的描述可以让人了解一种型式可以与哪些词汇搭配,比如 det + N + that 这种型式可以组合成 the fact that、the idea that、the suggestion that 等词组。同时,单一词汇可以出现在多种型式中,比如 explain 可以组合成 explain why、went on to explain about、explain it to (Willis et al., 2002)[46]。在教学上,Willis 等(2002)认为,重视型式语法有利于教师的职业发展,语法型式可以成为教师的词典、工具书和语法书。

到目前为止,在学术词组的准构式研究方面,Green(2019)用捆绑(colligation)与共现词素分析(collexeme analysis)相结合的方法来研究学术词组,归纳了"学术词汇的词汇语法"列表(Lexicogrammar of Academic Vocabulary,LAV)。比如,consist 的语法型式是 n(subj)-v-prep(of),其中 v 是动词 consist 的位置,它左侧是名词 n 做主语 subj,右侧是介词 prep,即 of,同时也总结了学术词组库中语法型式的类型和出现频率。

但是,就我们的检索所及,还没有学者注意到词汇、语法与准构式的连续体特征,也没有分析过连续体三个环节之间的互动规律。我们的研究发现,在学术词组中,词汇、语法、准构式三个环节连成一体,连续体内部的互动模式包括连续体两端的双向互动,以及中间环节与连续体两端的衔接与互动。

6.3　连续体两端的双向互动

连续体两端的双向互动指连续体的词汇端和准构式之间的互动。互动一方面表现为词汇对准构式的决定功能,分为三方面:词汇决定了准构式结构的统一性,词汇决定了准构式的区别性特征,词汇决定了准构式结构的多样性。连续体的另一端,即准构式,对词汇的反制作用可以分为两类:一是将过时的词汇语义固化在准构式中,使准构式具有惯用语的语义非透明性,另一种反制作用是准构式对于词汇羡余和语义羡余的包容。接下来,我们逐一来分析。

6.3.1　词汇决定准构式结构的统一性

词汇决定准构式结构的统一性,在 18 类准构式中都有体现。我们以 A1(见附录 6-1)为例,它的语义类型是"无形框架特征"(intangible framing attributes),可以找到大同小异的结构形式,比如 on the basis、on the basis of、in the case of、the development of、the basis of、in which the、the concept of、the ability to、in the context、the form of、the distribution of、view of the、a form of、the order of、function of the、the structure of、the work of、form of the、on the basis of the、in the context of、with regard to、in the form of 等数十个词组的准构式型式可以概括为：(介词＋)(冠词＋)名词＋(介词＋)(修饰成分)，括号中是可选成分。这些准构式的型式构成连续体的一端，另一端是单个的词汇。每个准构式由三个或更多词汇组成，体现了向上的组合性和向下的分解性这两种结构关系。

具体来说，准构式左侧的介词体现意象图式(image schema)的结构特征，比如 on the basis 体现"接触"类意象图式中地基与建筑物的上下结构关系，所以 basis 这一基础选用了表示纵向接触的介词 on；in the case of 体现了 case 被隐喻为容器，体现了"包含"类意象图式结构的里外关系，所以介词选用了 in。当抽象框架特征表征为有边界的整体性"实体"意象时，则不需要左侧的介词，如 way in which、a function of 和 fact that the。冠词的有无取决于名词的数量特征和有无后置修饰成分。一般来说，有后置修饰语并且名词为单数时，加定冠词，如 on the basis of 和 in the case of。

6.3.2　词汇决定准构式的区别性特征

词汇决定准构式的区别性特征，是指准构式的主体部分相同，但是个别词汇单位足以改变准构式的结构特征和语义内容，使它们分属不同的语义类型。接下来，我们就介词和连词对准构式的区别功能分别探讨。

我们先看介词在准构式的结构和语义中的构造功能，我们以 on 和 to 为例。

先看 on 的用法：on the part of 和 part of the、parts of the、as part of、part of a、the part of the 等的比较，前者包含介词 on，属于 A1"无形框架特征"这一范畴，后几个都没有介词 on，属于 A2"有形框架特性"这一范畴。两者的区别是，介词 on 将它后面的名词成分 the part 抽象化了，即把 the part 置于"接触"类意象图式框架的下方，使其从"有形"变成了"无形"，所以词组的准构式类型和语义关系都改变了。

再看 to 的用法：to some extent 和 the extent to which、extent to which 的比较，同样，前者包含介词 to，属于 B1 类"模糊限制语"，后几个没有介词 to(或者说 to 前置于内嵌定语从句的句首)，属于 A1 类"无形框架特征"。Extent 是抽象名词,它的语义本来是虚化的,表示"无形"的框架特征,加上介词 to 后,其语义进一步被虚化,所以 to some extent 成了"模糊限制语",语义关系从表示对于抽象特征的指称变成了对于认知态度的表述,体现有保留的认可。

除了介词在准构式构成中的结构和语义对比,连词也体现同样的对比:

我们先看 same 和 as 的搭配:at the same time 和 at the same 不包含连词 as,与包含连词 as 的另一类词组形成对比,即 same way as 和 the same way as。前一组词组中没有 as,same 的语义虚化,即不体现与某参照物的比较,属于 C5,即"话语标记语";后一组包含了 as,same 体现与某参照物的比较,所以它们属于 A5,即"对比与比较"。

接下来我们看 such 和 as 的搭配:such a way、such a way that、in such a way、in such a 这一类词组不包含与 such 呼应的连词 as,另一组 such as the、such as those、factors such as 都包含 as,所以它们的准构式类型各不相同。前一组属于 A1(即"无形框架特征"),后一组都有 as,要么属于 A4(即"认定与焦点"),是对具体的、单一对象的指认,并使之成为当下的谈论焦点,如 such as the;要么属于 C3(即"非因果类的话题阐释"),后续的名词是复数,焦点的特征丧失,成为一个泛化的话题,如 such as those 和 factors such as。单复数这一语法要素的干预,我们在第 4 节再讲,在此只是一提。

case 的各种用法,如 in the case of、in this case、in the case 等,都属于 A1 类(即"无形框架特征")。但是,动词的各种形式可以改变 case 类词组的语义类型:当 the case 与 is 搭配时,is the case 属于 A4 类,即"认定与焦点",体现对事实的认定;当 the case 与原形形式 be 搭配时,be the case 前面隐含了情态动词 may 或 must,体现了作者的"认知态度",即 B2 类。同样,动词的不同形式与补语子句搭配,也决定了准构式在语义类型上的区别性特征。比如,we assume that、it appears that、have shown that、be argued that 等都含有 that,由于动词都隐含模糊的陈述义或者体现某种争议性,所以它们都是 B1 类(即"模糊限制")。但是,be noted 和 to ensure 体现说话人让听话人承担某种义务或发出某种指令,所以准构式都属于 B3 类(即"义务与指令"),如 be noted that 和 to ensure that。

6.3.3 词汇决定准构式结构的多样性

由于介词在意象图式中具有结构化的功能,所以部分词组可以有不同的变体形式,以体现准构式结构的多样性,比如除了 on the basis 和 on the basis of，还可以有 is based on 和 based on a 等形式，两类词组体现同样的意象图式结构。

在上述两类词组中，意象图式结构的不同表达，体现了名词词组和动词词组的结构对称性，但是对于另外一些词组来说，这种对称性可能因为词频不对称而被破坏，增加了准构式结构的不对称性和多样性，比如 depends on the 和 depending on the 是被 AFL 收录的表示"抽象框架特征"（A1）的词组，但是与它们对应的 dependence on（the）却因为词频太低而被淘汰。

另一方面，意象图式不是确定同义词组的唯一依据。词组除了表达不同的意象图式之外，还可以表达各种命题结构，即词组可以从不同的语义侧面表达同一语义结构。以 C4 为例，它的准构式义是"基于因果关系阐释话题"，准构式的结构形态可以是连词词组（如 whether or not）、介词词组（如 for this purpose）、动词词组（如 give rise to）、压缩的子句形式（如 it follows that）、名词词组（如 the effects of）等等。

上面三种情况是词汇对准构式的决定作用，接下来，我们看看准构式对词汇的反向作用。

6.3.4　准构式对词汇语义的固化功能

我们发现，有些词汇的语义内容在历时的演化中发生了改变，即语义内容已经过时，不再常用，但是它们所构成的准构式却并没有消亡。相反，准构式把过期的词汇语义固化在结构体中，体现了准构式结构对于词汇语义的锁定，是准构式对于词汇语义的反向作用。

比如，with regard to（关于）中的 regard 在准构式中是语义不透明的，因为 regard 的语义不是最常用的义项，或者说原本常用的语义过期了。检索《新英汉词典》（1985 年第二版）发现：with regard to 是 regard 的第六个义项下的惯用语，前六个义项依次是：1. 注重，注意；2. 注视，凝视；3. 尊敬，尊重；4. 关系；5.［复］问候；6. 理由，动机。

又比如，with respect to（关于）是 respect 的第四个义项下的惯用语，前四个义项依次是：1. 尊敬，尊重；2.［复］敬意，问候；3. 考虑，重视；4. 关系，方面，着眼点。

同样，by virtue of（依靠...的力量，凭借，由于）是 virtue 第五个义项下的惯用语，前五个义项依次是：1. 善，德；2. 美德，贞操；3. 优点，长处；4. 功效，效能；5.（男子的）力，英勇，刚毅。

6.3.5 准构式对词汇羡余与语义羡余的包容

准构式中的个别词汇被语法型式的结构和语义所忽略,成为结构和语义上的羡余(redundancy),体现了准构式端对于词汇端的结构包容和语义包容。

比如在 B4 中,can be found 和 can be found in 都是表示"能力与可能性"的准构式,前者不包括介词 in,后者有介词 in。准构式把有介词 in 和没有介词 in 的结构型式都纳入自己的范畴中,体现了准构式整体的型式对于单个词汇的包含。语法型式的包容可以从事件结构和题元框架对单个题元角色的激活能力中得到解释:准构式的主体结构是 can be found(可以被找到),"找到"这一事件类型蕴含了事件的"处所",它可以是隐含的,所以不包含 in,也可以是显性的,所以包含 in。但是在语义和结构上看,它是一种羡余。

又比如,means that the 和 this means that 都是 A4 类准构式(即"认定与焦点")中的案例,前者包括了补语子句中的一个成分 the,后者包含了主语 this。不管是前者的 the,还是后者的 this,都是 mean 概念框架中的潜在成分。相对于框架的事件本体来说,它们都属于羡余,体现了准构式的语法型式对词汇羡余的包容。

6.4 连续体中间环节对两端的衔接与互动

上一节我们谈了连续体两端的互动关系,接下来我们探讨连续体的中间环节如何与准构式的两端衔接与互动。我们选择两种型式作为例子:一是形容词的原级、比较级与最高级如何与词汇互动并决定准构式的语义类型,二是名词的单数与复数如何与词汇互动并决定准构式的语义类型。

6.4.1 原级/比较级/最高级与形容词词汇互动并影响准构式的语义类型

我们先看 likely 在不同准构式中的用法。likely 最常见的用法是 is likely to、likely to be、are likely to、is likely to be、it is likely that,它们都体现 B1(即"模糊限制")的语义功能。当 more 修饰 likely 时,如 more likely to 和 is more likely,语义类型变成了 A5(即"对比与比较"),这是由比较级引发了语义类型的

改变,体现了中间环节的语法形态对准构式语义功能的决定功能。再看 most likely to,最高级 most 修饰 likely 时,词组的语义类型又变成了"能力与可能性",likely 的语义中保留的模糊限制功能被 most 抹平了,变成了对能力与可能性的表述。不管是 more 还是 most,都强调更多的数量或更深的程度,与 likely 概念结构中对数量或程度等的保留相反,两者体现相反的语义向度,所以 more 和 most 改变了 likely 的语义指向,产生了新的语义类型。

当 less 修饰 likely 时,由于 less 强调更少、更差、更弱等负向的语义内容,它与同样表达保留的负向语义是一致的,所以两者搭配时,语义不会顶撞,而是在同一向度上的叠加,即只是在同一语义向度上强化了 likely 的语义功能,所以 less likely to 的语义类型并未改变,仍然表示"模糊限制",而且"模糊限制"的程度更深了。

上面我们分析的是比较级和最高级对词组语义类型的决定,是组合型(即从下到上)的决定关系。反过来,不同语义类型的准构式对比较级和最高级有不同的选择模式,体现了准构式对于词汇语法形式的反向作用。

6.4.2 单/复数与名词词汇互动并影响准构式的语义类型

我们再看单数与复数与名词及相关准构式的互动对比。我们先看这一组:there is a、there is no 和 there is an 属于 A4 类(即"认定与焦点"),其中的 is 是单数,它启动对"有"与"无"的认定,并成为当下的话题焦点。当 is 变成复数形式时,如 there are no、there are three、there are a number of、there are a number、there are several 等,复数启动了"数量"这一语义特征,是"多"与"少"的对比,而不再是对"有"与"无"的认定,所以属于 A3 类,即"数量认定"类。

同样的对比也出现在与 case 有关的各种词组中,比如 in the case of、in this case、in the case、in this case the 都是 A1 类词组,表示"无形框架特征",但是当 case 以复数形式出现时,如 in most cases、in some cases、in both cases 等,这些词组都属于 A3 类,表示"数量确认",是复数形式触发了"数量"特征,并且使"数量"关系成为词组意义的核心。

但是,当 there be 内嵌于子句中时,即前面出现标句词 that 时,如 that there is 和 that there are,单数与复数的对比被中和了,它们都属于 A4 类,即表示"认定与焦点",与单数形式的 there is a、there is no 和 there is an 同属一类。

单数与复数的上述差别对比(在非内嵌的条件下),在其他的词组中也有体现,比如 such as the 属于 A4(即"认定与焦点"),但是 such as those 和 factors such as 则属于 C3,即"阐述非因果性的话题"。它们的对比,不管是"认定与焦点"还是"阐述非因果性的话题",都仰仗 such as 的举例功能。当 such 后没有 as 时,词组的语义类型又改变了,比如 such a way、such a way that、in such a way、in such a、in such a way that 等,都属于 A1,即"无形框架特征"。对此,上文已经分析过了,在此不再赘述。

6.5 连续体双向互动的发生原理

连续体的双向互动,产生了词汇语法这一稳态结构。要解释连续体为什么互动,即互动的发生原理,我们可以从稳态结构的内部状态入手。我们认为,这种稳态结构的维持是词汇、语法、准构式三环节之间吸附力与排斥力达到平衡的结果。

先看词汇端。各种词汇范畴之间,常规的搭配关系使得不同词类之间产生了语义和结构上的吸附力。以 on the basis of 为例,冠词 the 的特指功能与名词 basis 的指称不确定性之间产生一种语义吸附特性,名词 basis 的归属宽泛性与 of 的归属明确性之间也产生修饰关系上的吸附性,介词 on 的隐喻性语义拓展产生了"接触"类意向图式的上下接触的空间结构,而 the basis 作为空间结构中处于下方位置的语义特征(由词汇语义所明确),刚好与 on 的意象图式结构之间产生了一种语义和结构的吸附关系。词汇成分之间的这些吸附关系,可以表征为(介词＋)(冠词＋)名词＋(介词＋)(修饰成分)这种语法型式,这种型式又因为每一个位置上的词汇单位具有可替换性而使语法型式的吸附力和结构稳定性得到强化。比如,on the basis of 因为和 in the context of 结构相似而使得它们共享的语法型式得到固化,体现了词汇单位对于准构式的建构性,或者说体现了语法型式对于词汇单位的吸附力。

但同时,语法型式中的各个词汇单位又存在朝向离散的结构排斥力,这种排斥力与吸附力同时存在,并且因为词汇单位的改变以及语境的不同,吸附力和排斥力之间会产生各种临时的改变,以致准构式的语法型式也可以被迫拆散和改变。比如,on the basis of 可以因为上下文的衔接需要而破坏各成分之间的吸附力,变体的形式可能是 the basis on which。当排斥力大于吸附力时,词汇之间就会产生新的吸附力的稳态结构,并且成为词汇决定准构式的区别性特征的决定力量。

与词汇间结构和语义吸附力相应的,是由词汇语义激活的事件结构的惯常性和熟知性在人类认知中产生的事件图式,它以题元框架的形式对各种题元成分产生格式塔效应。当题元框架中的部分题元被激活时,剩下的题元角色也处于半激活状态,所以 can be found 和 can be found in 其实属于同一个事件框架,不同的是部分题元角色的激活状态(即侧面化 profiling)决定了显、隐状态上的差别。而且,在同一事件框架中,子事件以及环境等的不同,也可以决定对同一事件内部逻辑的不同描述,所以就产生了诸如连词词组(如 whether or not)、介词词组(如 for this purpose)、动词词组(如 give rise to)、压缩的子句形式(如 it follows that)、名词词组(如 the effects of)等的不同表达,它们同样体现了词汇形式对于准构式形态的不同决定力量。

另一方面,准构式的整体性和稳定性,以及相同类型的语法型式因为共存而产生的基于类比的结构稳定性,可以强化语法型式的约定俗成特性,即结构稳固性。结构稳固性越强,对于词汇间排斥力所造成的破坏结构稳固性的抵抗力也越强,以致词汇的过期语义也不能破坏型式的整体性和稳固性。同样,型式的稳固性还可以包容个别词汇的羡余特性。

总的来说,词汇间的结构吸附力与事件结构的格式塔力量,与准构式的结构稳定性,是双向作用、互相维持的力量,一方的改变受制于另一方的结构稳定性。所以,任何的改变都是双方稳定性较量和让步的结果。语法型式在共时层面的稳定性要求两者之间体现相对的平衡,但是语法型式的动态演变,又要求词汇和准构式在吸附力与排斥力的平衡上为对方留下改变的潜在空间。

连续体中间环节与连续体两端之间的互动,源于语法形式的双重特性:语法形式一方面依附于词汇,比如比较级和最高级依附于形容词,单数和复数依附于名词;另一方面,又因为语法结构本身是有意义的,语法意义与词汇意义的互动决定了准构式整体的语义类型。比如,most 修饰 likely 时,most 的最高等级特征与 likely 的不确定性之间的语义叠加与互动,一方面体现了语法与词汇的互动,另一方面又决定了 most likely to 表达的是"能力与可能性"这一语义类型,而不是"模糊限制"或"对比与比较"等语义类型。所以,语法单位的中介性决定了它与连续体两端有平等的互动机遇。

6.6 结语

学术词组的研究是词组学研究的重要内容,以 AFL 的 407 个学术词组为基础,运用型式语法和构式语法研究方法,可以发现学术词组的内部结构成分具有连续体的特征,词汇、语法、准构式构成从简单到复杂的连续体,互动模式包括连续体两端(即词汇和准构式)的双向互动,以及连续体中间环节与词汇端的互动,并决定准构式的语义类型。语法型式的稳固性取决于连续体三个环节之间吸附力与排斥力的相对平衡,而互动则源于吸附力与排斥力此消彼长的潜在可能,在词汇端体现为词汇的多种搭配潜能,在准构式端体现为准构式对于过期词汇语义的压制力量以及对于词汇羡余的包容力量。

附录 6-1 AFL 的 18 类词组(含核心词组和书面词组,共 407 个。方括号表示其中必选一,弧括号表示可选)

A1. Intangible framing attributes 无形框架特征:[a/the] form of, (as) a function (of), based on [a/the], focus on the, form of the, (from) (the) point of, view (of), in relation to, in response to, (in) the case (of), in the context (of), in the sense (that), (in) such a (way), (in) terms of (the), in which the, is based on (the), nature of the, of the fact, (on) the basis (of), the ability to, the concept of, the context of, the definition of, the development of, the distribution of, the existence of, (the) extent to which, (the) fact that (the), the idea that, the issue of, the meaning of, the nature of (the), the notion of, the order of, the presence of (a), the problem of, the process of, the question of, the role of, the structure of, the study of, (the) way (s) in (which), the way that, the work of, the use of, with respect to (the), an attempt to, [are/was] based on, by virtue of, degree to which, depend ([ing/s]) on the, in accordance with (the), (in) such a way that, in terms of a, in the absence of, in the course of, in the form of, in this case the, insight into the, on the basis of the, on the part of, to the fact that, with regard to.

A2. Tangible framing attributes 有形框架特征：(as) part of [a/the], the amount of, the area of, the change in, the frequency of, the level of, (the) part(s) of the, the rate of, the sum of, (the) size of (the), (the) value of (the), Written AFL, an increase in the, high levels of, over a period of.

A3. Quantity specification 数量确认：a list of, a series of, a set of, [a/large/the] number of, and the second, both of these, each of [the/these], of [the/these] two, of the second, the first is, there are three, a high degree, a large number (of), (a) small number (of), (a) wide range (of), little or no, in a number of, in both cases, in most cases, in some cases, (the) total number (of), (there) are a number (of), there are no, there are several, two types of.

A4. Identification and focus 认定与焦点：a variety of, [an/the] example of (a), as an example, different types of, here is that, if this is, is for the, is not [a/the], is that [it/the/there], is the case, is to be, it can be, it does not, it is not, means that the, referred to as, such as the, that in [a/the], that is the, that there [are/is (a)], that this is, that we are, there is [a/an/no], this is [a/an/not], this type of, this would be, which is [not/the], (as) can be seen (in), does not have, has also been, his or her, it has been, none of these, that it is not, that there is no, there has been, they [did/do] not, this does not, this means that, which can be.

A5. Contrast and comparison 对比与比较：and the same, as opposed to, associated with the, between the two, different from the, exactly the same, have the same, [in/of/with] the same, is much more, related to the, the same as, (the) difference, between (the), the relationship between, be related to the, is more likely, (on) the other (hand) (the), similar to those, the difference between the, (the) same way as, to distinguish between.

A6. Deictics and locatives 指示与方位：a and b, the real world, of the system, at the time of at this stage b and c, the united kingdom.

A7. Vagueness markers 模糊标记：and so on.

B1. Hedges 模糊限制：(more) likely to (be), [it/there] may be, may not be, to some extent, appear(s) to be, are likely to, as a whole, at least in, does not appear, is likely to (be), it appears that, it is likely that, less likely to.

B2. Epistemic stance 认知态度：according to the, be the case, assume that the, out that the, to show that, we can see, assumed to be, be argued that, be explained by, be regarded as, be seen as, been shown to, can be considered, be considered as, have shown that, if they are, is determined by, we assume that, we have seen.

B3. Obligation and directive 义务与指令：(it should) be noted (that), need not be, needs to be, should also be, should not be, take into account (the), to ensure that (the).

B4. Expressions of ability and possibility 能力与可能性：can be used (to), to use the, allows us to, are able to, be achieved by, [be/been/was] carried out, carried out [by/in], be used as a, be used to, can also be, can be achieved, can be expressed, can easily be, can be found (in), could be used, has been used, (it) is not possible (to), it is possible ([that/to]), most likely to, their ability to, to carry out.

B5. Evaluation 评估：the importance of, important role in, is consistent with, it is difficult, it is important (to), it is impossible to, it is interesting to, it is necessary (to), it is obvious that, it is worth, (it) is clear (that), the most important.

B6. Intention/volition, prediction 意图/意志与预言：to do so, we do not.

C1. Metadiscourse and textual reference 元话语与文本指称：as shown in, at the outset, in table 1, in the next section, in the present study, in this article, (in) this paper (we), shown in figure, shown in table, the next section.

C2. Topic introduction and focus 引入话题与焦点：for example [if/in/the], what are the.

C3. Topic elaboration 话题阐释 a) non-causal 非因果性：but this is, are as follows, factors such as, in more detail, see for example, such as those.

C4. Topic elaboration 话题阐释 b) cause and effect 原因与结果：[a/the] result of, (as) a result (of), because it is, due to the, in order to, so that the, the effect(s) of, the reason for, whether or not (the), as a consequence, as a result of the, due to the fact (that), for the purposes of, for this purpose, for this reason, give rise to, is affected by, it follows that, to determine whether.

C5. Discourse markers 话语标记语：and in the, as well as, at the same (time), (in) other words (the), even though the, in conjunction with.

第七章

《英语专业四、八级词汇表》的元语言有效性及其对英专教材的覆盖率研究

7.1 导论

《英语专业四、八级词汇表》(以下称《四、八级词汇表》)是《高等学校英语专业英语教学大纲》的配套附件,2001年由上海外语教育出版社(以下简称"外教社")出版,包含12 000个左右词汇,2004年再版时增加到近13 000个词汇(其中8 700多个属于四级词汇,3 800多个属于八级词汇)。《四、八级词汇表》具有元语言特性,可以用于"细化教学大纲对词汇的要求","为教学、教材编写、测试与评估"提供依据,体现元语言对于目标文本的覆盖率。覆盖率取决于词汇表的基数,基数越大覆盖率也越高,但是,对于特定的覆盖能力来说,词汇表的规模越小,元语言的有效性越高。在元语言有效性的各种表现中,本章只关注《四、八级词汇表》对于英专教材的覆盖有效性。

在进入正题之前,我们先谈一下《四、八级词汇表》的地位。2018年4月12日,教育部、国家语委发布了《中国英语能力等级量表》(以下称《量表》),包括语言能力总表,以及听力理解、阅读理解、口头表达、书面表达、组构、语用、口译和笔译等各项能力总表,分为三个阶段九个等级。《量表》自颁布以来,在国内外获得了良好的反响。2019年1月,雅思和普思宣布了与《量表》测试结果的等级对接。颁布《量表》的目的,是要解决目前英语考试种类繁多、标准各异、难以比较、互不衔接等问题,所以可以预见,英语专业四、八级考试将成为统一的等级考试中的两个环节,而英语专业四、八级考试本身将退出历史舞台。但是,《量表》

没有有关词汇量的九等级清单,估计以后可以编制出新的词汇表,比如根据《量表》中的"阅读理解能力"的描述,可以确定九级词汇所对应的语料文体类型和难易程度(见表 7-1),再通过相应文体和相应语域的大规模语料统计,就可以编制出九等级的词汇表。所以,在目前阶段,《四、八级词汇表》仍是一份权威的文献。

表 7-1 "阅读理解能力"所规定的文体类型和难易程度

	九级	八级	七级	六级	五级	四级	三级	二级	一级
材料与文体	语言复杂、内容深奥的相关专业性材料	语言复杂、熟悉领域的学术性材料	文学原著、科技文章、社会时评	文学作品、新闻报道、商务公文	有关教育、科技、文化等的题材,社会时评、书评	简短故事、书信	书信、通知、告示等	语言简单、话题熟悉的简短材料	儿歌和童谣
要求	读懂、综合鉴赏、批判性评价	深度的思辨性评析	整合相关内容,分析作者观点立场	推断作者的情感态度	理解主题思想,分析语言特点,领会文化内涵,分辨不同观点	提取细节信息,概括主旨要义	提取关键信息	获取具体信息、理解主要内容	辨认常见词

接下来,我们要对《四、八级词汇表》的合理性进行审视,然后就如何论证它的合理性提出一个方案,并进行尝试性的检验。

7.2 《四、八级词汇表》数量规定的合理性

《四、八级词汇表》把词汇量确定为 12 000 个到 13 000 个之间,属于应然词汇量,这个数量有没有合理性和必然性,必须从国内外英语教育的文献来考察。

多位学者(如 Nation, 2006; Laufer et al., 2010; Schmitt et al., 2014)认为,4 000~5 000 个的词汇量是大学生阅读和听课所必需的最起码词汇量,而 8 000~9 000 个词族[①]是"最优的门槛"(optimal threshold),对阅读文本的覆盖

[①] 词族(Bauer et al., 1993)包括一个词的屈折变化和派生形式(如 stimulate, stimulative, stimulation, stimulator, stimulatory)。我们发现,《专业四、八级词汇表》中的词条是"半词族",因为很多词的派生形式是单独罗列的,比如 accept/acceptable/acceptance 是三个不同的词汇,但是不包括屈折形式,比如 accept 不包含 accepts/-ed/-ing 等屈折变化。我们下文统计的语料,既包括派生形式,也体现屈折变化。

率可以达到98%，这也是应然词汇量。但是，国外学者的统计发现，大部分以英语作为外语的学习者都没有达到这个数量（Schmitt et al., 2011）。Laufer(2000)对8个非英语国家的研究发现，大一和大二学生的实际词汇量在1 000～4 000个之间，可见实然词汇量与应然词汇量之间有较大的差距。

Thornbury(2002)所认定的应然词汇数量更少，他认为阈限词汇量，或者说用于大多数情况的核心词汇（core vocabulary）量是2 000个词群，这个数据与Laufer(2000)的统计更为接近。

在国内，多位学者对大学新生的实然词汇量展开过研究。桂诗春(1985)测定的大学新生的平均英语词汇量为1 166个词。大学英语教学大纲项目组1982年至1983年进行的全国大学新生平均英语词汇量调查结果为1 600个词，1996年至1997年第二次大规模调查的结果是，全国大学新生的平均英语词汇量为1 800个词（黄建滨，1999）。邓昭春等(1998)测定的南京农业大学1995级新生的词汇量为3 500个词左右，周大军等(1999)测定的海军航空工程学院1995级新生的词汇量为2 404个词，邵华(2002)对三所普通高师院校新生测定的英语词汇量为2 574个词，马广惠等(2006)对一所重点师范大学393名2005级新生词汇量的测量结果为2 247个词。当然，国内的这些词汇检测数据，针对的是学习大学英语（即公共英语）的非英语专业学生，但也具有较大的参考价值。

从国内外学者的统计来看，《四、八级词汇表》把词汇数量设定为12 000个至13 000个明显偏多。当然，对词汇量的数量认定，不能只看学生的实际习得能力，还要考虑国外现有的各种词汇表。同时，也要考虑对教材内容的词汇覆盖能力。所以，我们先看看国外的各种词汇表。

7.3 从国外词汇表来看《四、八级词汇表》的合理性

欧美各国词汇表的研制历史已有约80年。1928年，Ogden开列出850个"基础英语"词汇[①]，1932年出版的《基础英语词典》收录2万词条，全部用这850个词汇来释义。West(1953)编制了包含2 284个词汇的"通用词汇表"

---

① 见http://ogden.basic-english.org/wordalph.html，可免费下载。

(General Service List,GSL),是一个比较成熟的也被广泛采用的释义元语言词汇表。Longman Dictionary of Contemporary English(Procter,1978)就是采用这2 000多个基础词汇来解释了5.6万个词条,其后再版六次,一直沿用有限的释义词汇。

在通用词汇表的基础上,欧美学界又开始了通用学术词汇表的研究,比如Coxhead(2000)的学术词汇表(Academic Word List,AWL),只包含566个词汇。在AWL的基础上,Gardner等(2014)编制了新学术词汇表,只包含963个词汇。

从国外的这些词汇表来看,《四、八级词汇表》的规模也明显偏大。接下来,我们再考察一下《四、八级词汇表》的实用性,即它对于教材或某一语域知识的覆盖率,这是考查词汇规模及其有效性的重要维度。

7.4 《四、八级词汇表》对英专教材的覆盖有效性

为了检测《四、八级词汇表》对于英专教材的覆盖有效性,我们做了一个微型的尝试性验证。我们选择了胡壮麟的《语言学教程》(2018年版)作为英专教材样本。

验证工作的第一步是对《语言学教程》全书扫描(在下文中简称"胡书"),转换成doc文本,再删除序跋、目录、例句、页眉、脚注、练习、附录等内容,运用分词软件把文本拆分为词,经过人工校对后,发现全书用词8 215个,我们选择了A部分的词汇(共683个)作为测试样本。

以同样的方法对外语与教学研究出版社2004年版的《四、八级词汇表》进行扫描、字体转换和校对,区分四级和八级词汇(在书中分别称为"基础阶段词汇"和"高年级词汇",其中"高年级词汇"以星号标注),统计发现四级词汇共8 753个,八级词汇共3 838个,与该书"使用说明"中所说的"8 000个基础阶段词汇"和"5 000个左右高年级词汇"的模糊说法略有出入。

对于四、八级词汇同样各取A部分,发现四级词汇有598个,八级词汇有183个。在词汇认定和统计方面,我们发现标准略有差异,比如《四、八级词汇表》把accept和acceptance、abide和abiding、able和ably等基础词汇和派生词汇分别计算,而胡书的统计结果不仅如此,还把屈折变化的词汇也分别计算,所以《四、八级词汇表》中的accept对应胡书中的accept、accepts、accepted、accepting

第七章 《英语专业四、八级词汇表》的元语言有效性及其对英专教材的覆盖率研究

等四个词。这里的不对应并不妨碍我们的检测,因为我们的检测工具是专四词汇表、专八词汇表、GSL 和 AWL,可以判断《四、八级词汇表》相对于 GSL 和 AWL 的覆盖有效性。结果如表 7-2。

表 7-2 《四、八级词汇表》相对于 GSL 和 AWL 的覆盖有效率

检测对象(胡书)与工具(四个词汇表)	整体词汇	A 部分	与胡书交叉的词汇和词族	对胡书的覆盖率	词汇表的元语言有效率
胡书	8 215 个词	683 个词			
专四词汇表	8 753 个词	598 个词族	273 个词族,429 个词	$429 \div 683 \times 100\% = 62.8\%$	$273 \div 598 \times 100\% = 45.6\%$
专八词汇表	3 838 个词	183 个词族	18 个词族,23 个词	$23 \div 683 \times 100\% = 3.4\%$	$18 \div 183 \times 100\% = 9.8\%$
GSL	2 284 个词	144 个词族	108 个词族,167 词	$167 \div 683 \times 100\% = 24.5\%$	$108 \div 144 \times 100\% = 75.0\%$
AWL	566 个词	55 个词族	45 个词族,66 词	$66 \div 683 \times 100\% = 9.7\%$	$45 \div 55 \times 100\% = 81.8\%$

从上面的列表可以看出:

一、专四词汇表和 GSL 都是通用词汇表,它们对胡书的覆盖率分别是 62.8%和 24.5%,差距较大。但是由于两个词库的基数差距较大,即与胡书的交叉词族分别是 273 个词族和 108 个词族,所以各自词库的元语言有效率分别是 45.6%和 75.0%。产生这个差距的重要原因,是胡书是专业类书籍,所以对于专四词汇的有效性测定必须采用其他教材(如精读或泛读教材)。但是,相对于 GSL 词汇来说,专四词汇表的缺陷是明显的。我们的初步结论是,GSL 的有效性远高于专四词汇表。改进的措施是:专四词汇必须精减,也必须把部分词汇转入到专八词汇中。

二、AWL 对胡书词汇的覆盖率达到 9.7%,与国外同行对于学术词汇的覆盖率结论基本相当。比如,Khani 等(2013)和 Vongpumivitch 等(2009)把 AWL 应用于应用语言学的研究性论文,发现覆盖率分别达到 11.96%和 11.7%;Martinez 等(2009)将其应用于医药领域的研究性论文,覆盖率是 10.7%。但是专八词汇对于胡书词汇的覆盖率只有 3.4%,远低于 AWL 的统计结果。在元语言有效率方面,AWL 高达 81.8%,而专八只有 9.8%。改进的建议是:较大降

低专八词汇的规模,同时增加有效的学术词汇量。

三、专四词汇表对胡书的覆盖率 62.8% 远高于专八词汇表的 3.4%,说明专四词汇表元语言的有效性远高于专八词汇表,在数值上的表现分别是 45.6% 和 9.8%,所以相对于专四词汇表来说,专八词汇表必须做更大的改进。

上述数据证明了我们第 2 节和第 3 节得出的初步结论,即《四、八级词汇表》规模太大,同时它们作为元语言的有效性太低。当然,我们的结论只基于 A 部分的词汇,随着语料样本的放大,定量层面的结论会更加精确。《四、八级词汇表》的制订在较大程度上是基于现有通行教材和制订者自己的语感认定的,而这种语感又在较大程度上来自通用教材,所以在较大程度上具有循环论证的嫌疑。为了打破这种循环论证的怪圈,在修订《四、八级词汇表》时,更好的办法是借助大规模语料库,如英国国家语料库(BNC),从中提取较大规模的日常话题语篇,以及语言学、文学、经济学、传播学、教育学、管理学、经贸、法律、科技、外交、政治、军事等 12 个语域各 20 万字的语篇,这些语域是《四、八级词汇表》所涵盖的 ESP 领域。语料出现时间可以控制在 2010 年至 2020 年,以体现语料的时效性。在提取语料之后,从语料中分别统计词汇数量和词频,作为修改《四、八级词汇表》的依据。

还有一个问题:能不能直接用 GSL 和 AWL 来代替《四、八级词汇表》呢?我们认为不可以,因为英语教育不只是词汇学习,还承担人文素质培养和文化习得的任务,这一任务的完成必须依赖较大规模的各类文本的学习。自然状态下的各类文本必须涉及更大的词汇覆盖,在数量上必定远超 GSL 和 AWL 的总和。所以,对英语专业四、八级词汇量进行精简并且提高对真实文本的覆盖有效性,只能从大型语料库入手,但可以借用 GSL 和 AWL 作为参照。从理论上讲,《四、八级词汇表》可以包涵 GSL 和 AWL 的全部(或大部分)词汇,再进行有效的扩容。但扩容不是越大越好,因为规定的应然词汇量太大,不仅会增加英语学习的时间成本,还会降低整体高等教育的效率,使学生在专业学习以外的其他领域的发展受到制约。

7.5 结语

《四、八级词汇表》具有元语言特征,可以满足教学、教材编写与测试等多种需求，包括对于教材词汇覆盖率的测量。词汇表的规模是决定教材词汇覆盖率的重要指标，但是过大的词汇规模会增加教学的压力，也降低了它作为元语言的有效性。通过与现有通用教材的双向比较，可以初步测试词汇表的元语言有效性以及其对于教材的覆盖有效性。但是打破这种循环论证的方法是借用大型语料库的词汇统计，这可以更有效地测试《四、八级词汇表》的元语言有效性并提出具体的修订建议，同时也可以为教材用词的合理性评判提供大数据支撑。现有的国外词汇表，如 GSL 和 AWL，可以成为有用的参照系，为《四、八级词汇表》与教材的双向互证过程提供参考和佐证，在借用大型语料库进一步测试和具体修订方案的确定中也是有力的支撑。在操作设计的基础上，本章以《语言学教程》作为语料蓝本，采集其中的 A 部分词汇，并与《四、八级词汇表》、GSL 和 AWL 等的 A 部分词汇进行了比对和考证，证明了我们设计的研究思路的有效性。

第三篇

释义元语言的语域固化：
术语表的研制方法、
术语的语义功能与理据类型

术语的身份是受限于特定学科领域的，比如"水"是日常话语的词汇，在日常话语中，我们很难承认"水"是一个专门术语，但是在"自然资源""环境科学""营养成分"等领域，"水"当然是一个术语，而且是最基础的术语，它的基础特性体现在它总是必须用于解释比它更复杂的概念单元或知识结构，所以它就成了释义元语言。基于这一认知，我们提出一个断言：术语是释义元语言在特定语域的固化知识单元，同时，术语表是释义元语言在特定语域的清单。所以，释义元语言研究无法忽略术语的功能与相关特性。第三篇正是在这一共识的基础上对于释义元语言的深化研究，它探讨的内容包括术语的语义功能、理据类型、术语表与学术词汇表的研制方法、术语表研制的四个步骤。接下来，我们分别介绍上述四章的内容。

第八章首先探讨科技术语的语义功能，我们的研究对象是语言学术语 linguistics。通过对 Saussure 的著作 *Course in General Linguistics* 中语言学术语 linguistics 的全部 86 次使用进行甄别和统计，我们发现它们一部分以"词汇搭配"为主，体现了学科本体的知识构架和学科体系、学科内部的特征以及学科之间的关系，表征了术语 linguistics"名"与"实"的二维语义功能；另一部分体现上述三方面与研究者的互动，具有"语法搭配"的特征，体现"名"、"实"与"人"的三维语用功能。各种语义功能既有对应性又有互补性。

第九章以科技术语的理据类型为题，探讨了语言学术语的各种理据类型，将其大致分为4大类、14小类。第一类，把现有语言资源用作术语，包括日常词汇的术语化、日常词汇隐喻化之后成为术语、外来词汇被借用成为术语；第二类，利用现有语言资源进行部分创新，包括常规派生、比照派生、合成、缩略、逆生；第三类是创造新的术语，包括借用变量、借用数字、仿造；第四类是非常规的术语创新，包括借用人名来编造术语、术语的原创—转让—再造、词汇讹变产生的术语。

接下来的第十章，基于计算机软件来研制科技术语表与学术词汇表，同样以语言学语域为例。这一章采用 AntConc 3.5.8 等软件，对约 56 万字的语言学语料进行统计，创建了包括 469 个词的语言学学术词汇表（Linguistic Academic Word List，LAWL）和包括 338 个词的语言学术语词汇表（Linguistic Terminological Word List，LTWL）。LAWL 是排除了通用词汇表（GSL）和学术词汇表（AWL）之后的专门学科词汇。LTWL 不必排除通用词汇表和学术词汇表，所以除了与 LAWL 有 265 个词交叉之外，还包括 GSL 和 AWL 的 73 个词。

本篇的最后一章（第十一章）同样是研制术语表，但是所用的研制方法体现更多的人文性，在国外学者的词频研究方法、语境研究方法和语料对比方法的基础上，以英语语言学约 56 万字的语料为基础，提出了四个步骤的术语表研制方法，并且归纳出了 359 个英语语言学术语。这种研究不仅是对英语语言学术语的第一次尝试性归纳，而且研究方法上的创新可以应用于其他学科的术语研究和术语表的研制。具体的操作方法包括四个步骤。步骤一：运用词频统计方法进行初步筛选。步骤二：运用停止词列表进行二次筛选。步骤三：运用互信息熵（MI）和词组教学值（FTW）来进行第三次筛选。步骤四：基于人工语义判断的筛选。操作方法的不同，以及术语表规模的差异，决定了本章产出的术语表与上一章（即第十章）的术语表既有交叉，也有不同。我们的研究偏重于研究程序和研究方法的探索，而不是获得一个固定的、普遍使用的术语表本身。固定的、普遍使用的术语表本身只是一种理想，因为语料规模和语料文体是一个较大的变量，术语表的规模和用途同样是一个较大的变量。不同的学科、不同的人可以根据实际的需要来设定自己的研究程序、研究方法和研究产品。

第八章 科技术语的语义功能：以语言学术语 linguistics 为例

8.1 导论

词汇搭配（collocation）和语法搭配（colligation）是两种互补的搭配形式，是词汇语义结构和句法功能在语境中的体现。对于科技术语来说，词汇搭配和语法搭配体现它们在科技文本中对于专门概念和知识体系的指称，体现研究者与研究内容、研究范围、研究方法和研究目标等的关系，表明语言学与其他相关学科的关系与互动。为了体现科技术语研究的针对性和完备性，我们以一本经典语言学著作中 linguistics 的全部出现次数为统计对象，对所有用法进行词汇搭配和语法搭配的甄别，逐一判别和统计它们的语义功能，并总结它们在体现各种语义功能时的规律。

8.2 文献回顾与研究

科技术语是科技文本中的元语言（metalanguage），但它们也是普通的词汇单位，必须借助一定的语义规则和句法手段才能成为科技文本中的语言结构单位。所以，要了解科技术语的语义功能，必须从它们在科技文本中的搭配关系入手。

搭配（collocation）是一种具有较高频率的词汇组合形式，最初是由英国功能主义语言学派的鼻祖 Firth 提出的语言学术语。Firth（1957）认为，"要了解一个词的意义,只要看它与什么样的词结伴",所以"我主张提出一个专门术语,叫collocation(搭配),并且主张进行可搭配性(collocability)的测试"。

在 Firth 之后,Halliday(1966)和 Sinclair(1966)对搭配关系进行了更深入的探讨,认为搭配型式(pattern of collocation)构成了词汇分析的基础,并且独立于语法分析,词汇分析和语法分析具有互补性。McIntosh(1961)和 Mitchell(1971)也认为,词汇搭配和语法基础相互依存。Mitchell(1971)的观点是,"词汇搭配应该在语法基础上来研究,而语法基础又依赖词汇搭配的相似性来加以认定。"再往后,Lewis(1993)和 Hardie(2008)把搭配定义为文本中的词汇共现(occur together)。

正式提出 colligation(语法搭配)这一术语的是 Marco(1999),他认为"语法搭配"就是词汇的语法组合(grammatical combination)。再后来,colligation 被 Baleghizadeh 等(2011)定义为"语法层面的搭配"(grammatical collocation)。Hoey(2001)借鉴 Firth(1957)对"词汇搭配"的定义方法,把"语法搭配"定义为"词汇在语法关系上结伴"以及"词汇乐于出现于其中的语法位置"。

在语法搭配的实际应用方面,Bahns 等(1993)认为 account for、advantage over、adjacent to 等是语法搭配的范例,它们都包含一个动词、名词或形容词,其后都跟着一个介词、不定式或子句;相反,词汇搭配不包含介词、不定式或子句,而是体现动词、名词、形容词之间的组合关系。Benson 等(1997)对词汇搭配和语法搭配的结构形式进行了严格的区分,认为语法搭配主要包括这些类型:

1. 名词+介词,如 pride in, connection between, lack of;
2. 介词+名词,如 in advance, on the alert, in demand;
3. 形容词+介词,如 famous for, confident about, afraid of;
4. 动词+介词,如 accuse of, depend on/upon, charge with;
5. 名词+that 子句,如 there is indication that..., he denied the accusation that...;
6. 动词+that 子句,如 she admitted that he..., we regret that we...;
7. 名词+不定式,如 it is a pleasure to do it。

另一方面,词汇搭配主要包括:

1. 动词+名词,如 perform an operation, launch a missile;
2. 形容词+名词,如 strong/weak tea, crushing defeat, hard currency;

3. 名词+名词，如 an act of violence, a bouquet of flowers[①]；
4. 副词+形容词，如 strictly accurate, keenly aware；
5. 动词+副词，如 appreciate sincerely。

本章的研究，完全认可上文对词汇搭配和语法搭配的定义和举例。但是，我们针对的不是普通词汇，而是语言学的学科术语名称 linguistics，所以它的各种搭配，尤其是语法搭配，可能与更复杂的其他词组结合在一起，这是由科技文本的词汇密度(lexical density)和句法复杂性(syntactic complexity)所决定的。比如，当 linguistics 与介词组合时，可能是与包含介词的其他词组搭配，在结构上明显比上文的举例更复杂；而且，当 linguistics 在主语位置时，它可以与谓语结构搭配。谓语结构中包含时体特征以及介词等语法成分。

我们的语料是 Saussure 的语言学著作 *Course in General Linguistics* 的电子版。Saussure 被誉为"现代语言学之父"，他的遗著 *Course in General Linguistics* 不仅标志着现代语言学的开端，也深刻地影响了现代人文学科和各门社会科学的各个领域。该书第一次对现代语言学的学科定性、研究范围、研究方法、与传统的关系以及与其他学科的相互借鉴等诸多问题做了最深刻的阐述，所以包含了学科术语 linguistics 各种可能的语义属性和语义功能。我们把书中包含 linguistics 这一术语的句子全部挑选出来，排除书名和页眉，共计出现 70 种搭配。其中，有几种多次出现，如 static linguistics 出现了 6 次，或者是 linguistics 的一次使用同时体现两种不同的搭配，比如 science must not be confused with linguistics proper，术语 linguistics 左侧与 be confused with 搭配，右侧与 proper 搭配，所以总共有 86 次搭配。我们把 86 次搭配分为三类，体现三类语义功能，每一类又包含两个语义维度：

一是体现学科本体的知识体系和学科等级，表征为词汇搭配，同时又体现研究者与学科本体的关系，属于语法搭配。

二是表征学科内部的知识内容、学科范围、研究方法和研究目标等，以词汇搭配的形式出现，同时又涉及对学科内部各个方面的描写和解释，以语法搭配的形式出现。

三是语言学与其他学科之间的静态联系，属于词汇搭配，同时又涉及语言学

[①] Benson 等(1997)说"词汇搭配"不包含介词，但是名词与名词之间的 of 似乎不在他们的考虑之列，也许是因为 x of y 的结构可以转换为没有介词的 yx 形式，所以他们才这样认定吧。但不管怎样，他们的定义和举例还是不够严谨。既然学术界接受了他们的不严谨，所以本章也姑且包容。

与其他学科之间的比较与互动,属于语法搭配。

下面我们将对上述三类语义功能逐一阐述。

8.3 与学科本体有关的词汇搭配和语法搭配

8.3.1 词汇搭配表征学科本体的知识体系

语言学术语 linguistics 在学科本体领域的词汇搭配,主要构成了语言学的知识体系和学科等级划分,如下面列举的 1~18。为了节省篇幅,同一种搭配只举了一个例子,比如 8~9 和 11~16 分别代表在 Course in General Linguistics 中出现了 2 次和 6 次,但只列出了一个例子。第 19 个例子体现学科本体内部各分支之间的联系,它虽然不同于下文中语言学与其他学科的关系,但也是表征学科本体关系中词汇搭配的一种类型。

1. general linguistics(普通语言学),如 the fundamental problems of general linguistics still await solution;

2~7. static linguistics(静态语言学),如...approaching the more special problems of static linguistics;

8~9. historical linguistics(历史语言学),如...is generally much more difficult than the study of historical linguistics;

10. Indo-European linguistics(印欧语语言学),如...is the first chapter in the history of Indo-European linguistics;

11~16. external linguistics(外部语言学),如 But external linguistics deals with many important things;

17. internal linguistics(内部语言学),如 In internal linguistics, the picture differs completely;

18. general synchronic linguistics(普通共时语言学),如 The aim of general synchronic linguistics is to...;

19. both...and...(既……又……),如 Doubtless the distinction between internal and external linguistics seems most paradoxical here。

学科本体的知识体系和学科等级体现词汇搭配,都是名词和形容词的组合,体现了术语对于(部分)学科知识构架的承载功能。图 8-1 中的线条表示学科分支之间的静态连接。

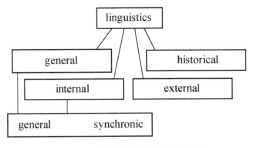

图 8-1 学科本体的词汇搭配

另外,元语言用法也必须借助词汇搭配,如 20～22：

20. linguistics proper(语言学本身),如...science must not be confused with linguistics proper；

21. the term linguistics(语言学这一术语),如 One might, if really necessary, apply the term linguistics to each of the two disciplines；

22. the science of linguistics(语言学这门科学),如...the true science of linguistics。

上述 22 次用法满足 McIntosh(1961)和 Mitchell(1971)以及 Marco(1999)和 Benson 等(1997)对词汇搭配的定义和举例,即它们都体现动词、名词、形容词之间的组合关系。

学科本体除了体现学科知识构架和学科体系的词汇搭配之外,也有体现学科本体内部结构的语法搭配,如：

23～24. in...linguistics(在某种语言学内部),如 In internal linguistics, the picture differs completely；

25. of linguistics(语言学的),如...all of static linguistics。

8.3.2 语法搭配体现研究者与学科本体的关系

研究者对学科本体的研究,体现了研究者与学科本体的关系,在搭配类型上属于语法搭配。下面 26～34 共 9 种语法搭配包含介词、不定式或子句等语法形式,体现了它们与动词、名词、形容词之间的组合关系：

26. ...fixed on linguistics(聚焦于语言学的),如 the interest that is fixed

on linguistics;

27. linguistics is the prerogative of...（语言学是……的特权），如...linguistics should continue to be the prerogative of a few specialists;

28. ...outline the whole of linguistics（……勾勒出语言学的全貌），如 I have also outlined the whole of linguistics;

29. bringing linguistics nearer to...（使语言学更接近……），如 bringing linguistics nearer to its true object;

30. ...place linguistics on...（把语言学置于……上），如 he placed linguistics on its true axis;

31. ...deal（only）with linguistics（……只针对语言学），如 I shall deal only with linguistics of language;

32. to divide linguistics into...（……把语言学分为……），如 A similar necessity obliges us to divide linguistics into two parts;

33. ...in linguistics might be...（语言学的……可能……），如 an important chapter in linguistics might be written;

34. ...separating the two linguistics（……区分两种语言学），如 to prove the necessity of separating the two linguistics。

图 8-2 是体现研究者与学科本体互动的语法搭配,体现了研究者与学科本体之间的双向联系,比如 Linguistics is interesting to A 可以表达为 A likes linguistics,又比如 Linguistics is difficult to A 可以表达为 A is frustrated by linguistics,所以在图中我们采用表示方向的箭头。为了节省篇幅,在图中,我们只画了三组箭头,它们分别是 26～28 中的语法搭配,29～34 没有在图中表达。

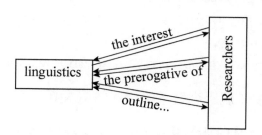

图 8-2　体现研究者与学科本体互动的语法搭配

上述两类搭配(如图 8-1 和图 8-2 所示),体现了 linguistics 的两类功能,一是对学科本体知识构架、学科体系或元功能的指称功能,二是对研究者与学科本体进行互动的描述功能。前者通过词汇搭配来实现对学科本体的指称,在语言形式上使用名词、动词、形容词的组合就可以实现。当学科本体与研究者产生互动时,由于互动的两个主体在概念范畴上具有异质性,需要更抽象的句法手段来实现,所以介词、不定式或子句结构等语法形式与名词性术语的语法搭配才能实现异质主体的互动。

8.4 与学科内部各要素相关的词汇搭配与语法搭配

8.4.1 词汇搭配表征学科内部各要素

与上一节对学科本体的研究一样,linguistics 对学科内部内容、范围、方法和目标的指称必须通过词汇搭配来实现。同样,其对学科内部各方面更抽象的描写与解释,也只有通过更抽象的语法搭配才能实现。

我们先看对学科内部内容、范围、方法和目标的指称,共有 35~45 共 11 种词汇搭配:

35. a linguistics of ...(对……语言学研究),如 ... and speak of a linguistics of speaking;

36. the scope of linguistics(语言学的范围),如 the scope of linguistics should be...;

37. the subject matter of linguistics(语言学的主题),如 the subject matter of linguistics comprises all manifestations of human speech;

38. the study of... linguistics(……领域的语言学研究),如 the study of historical linguistics;

39. outline the whole of linguistics(勾勒出语言学的全貌),如 I have also outlined the whole of linguistic;

40. the parts of linguistics(语言学的各部分),如 the parts of linguistics find their natural place;

41. the linguistics of language(某语言现象的语言学研究),如 Principle I

dominates all the linguistics of language;

42. all of... linguistics(某种语言学的全部领域),如 the central question that dominates all of static linguistics;

43. the ... method of linguistics(语言学的某种研究方法),如 in view of the faulty method of linguistics;

44. the ... object of linguistics(语言学研究的某类目标),如 What is both the integral and concrete object of linguistics?

45. the aim of ... linguistics(某类语言学的研究目标),如 The aim of general synchronic linguistics is to set up。

图 8-3 表示的是学科内部的词汇搭配。图中与 linguistics 相连接的分别是内容(content)、范围(scope)、方法(method)、目标(object)这四个方面,它们与 linguistics 这个术语之间的词汇搭配,体现了 linguistics 与学科内部各方面之间的搭配关系。在图中,我们用线条表示这种搭配关系,体现了学科的各种定义性特征,即学科的内涵要素。图 8-3 也是一种简化的示意图形,linguistics 代表整个学科,其实它应该包括图 8-1 的各个下级学科,下文的图 8-4 也是如此。

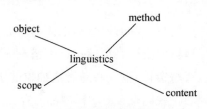

图 8-3　学科内部的词汇搭配

8.4.2　语法搭配描述学科内部各要素的属性

对学科内部内容、范围、方法和目标更抽象的属性描写,只有通过更抽象的语法搭配才能实现,涉及 46～69 共 24 种语法搭配:

46. linguistics is difficult(语言学难学),如 linguistics is generally much more difficult;

47. ...peculiar to linguistics(语言学特有的……),如 ...creates difficulties peculiar to linguistics;

48. linguistics presents difficulties(语言学太难了),如 But the linguistics that penetrates values and coexisting relations presents much greater difficulties;

49. linguistics works in the borderland(语言学介乎两者之间),如 linguistics then works in the borderland;

50～52. the ... problems of ... linguistics(语言学的……问题),如 the

第八章 科技术语的语义功能：以语言学术语 linguistics 为例

more special problems of static linguistics；

53. ... have no place in linguistics（……在语言学中没有地位），如 which have no place in linguistics except through their relation to language；

54. linguistics is of ... use（语言学具有……用途），如 Finally, of what use is linguistics?

55. linguistics find ... natural place（……语言学得天独厚），如 the parts of linguistics find their natural place；

56. linguistics needs ... for ...（语言学用以实现……），如 ... set up all the classifications that linguistics needs for arranging all the facts；

57. ... belong to linguistics（……属于语言学），如 dialectal splitting belongs to external linguistics；

58. linguistics adds...（语言学提供……），如 External linguistics can add detail to detail without being caught in the vise of a system；

59. ... help linguistics to...（……帮助语言学……），如 ... phonology can help linguistics to escape the delusions of writing；

60～61. ... dominate linguistics（……掌控语言学），如 Principle I dominates all the linguistics of language，又如 the central question that dominates all of static linguistics；

62. linguistics works with...（语言学与……协作），如 linguistics accordingly works continuously with concepts；

63. linguistics studies...（语言学研究……），如 Diachronic linguistics, on the contrary, will study relations that signs and their relations are what linguistics studies；

64. linguistics fulfills...（语言学完成……任务），如 synchronic linguistics would completely fulfill its task；

65. linguistics should put... into...（语言学应将……置于……中），如 linguistics should put them into a special compartment for observation；

66. any basic notion in linguistics（语言学的任何基础概念），如 any basic notion in static linguistics depends directly on...；

67. linguistics penetrates...（语言学深入探讨……），如 But the linguistics that penetrates values and coexisting relations presents much greater difficulties；

68～69. linguistics deals with...（语言学应对某现象……），如 But external linguistics deals with many important things，又如 One might also say that static linguistics deals with eras。

上述 24 种语法搭配涉及对语言学学科内部各方面的描述，被描述的内容不仅不等同于语言学本体，而且涉及语言学研究者对于这种描述过程的介入，所以不能通过名词、动词、形容词等的词汇搭配来实现。相反，其必须借助各种复杂的语法搭配来实现，必须借助冠词、介词以及动词的时体特征来实现。

图 8-4 体现的是 linguistics 这个术语与学科内部各方面之间的语法搭配，体现了对学科的各种定义性特征的描述，比如对于内容（content）来说，它可以是"难学的"，也可以是"容易学的"，还可以是"独特的"；对于范围（scope）来说，它可以确定"语言学与某学科交界"，它可以"属于"或"不属于"某学科。所以，在图 8-4 中，我们用两个方向相反的箭头表示学科的各种定义性特征与 linguistics 之间的双向描述与互动。

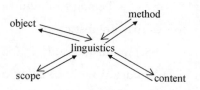

图 8-4　学科内部的语法搭配

8.5　表征学科之间横向联系的词汇搭配与语法搭配

8.5.1　词汇搭配表征学科之间的横向联系

语言学是众多学科中的一个，它像任何其他学科一样，在研究方法、研究手段和研究结论等方面有局限性，所以它必须与其他学科进行比较与互动，借鉴其他学科的研究方法、研究手段和研究结论等。因此，它必然与其他学科产生两个层面的联系：一是与其他学科的横向联系，这种联系以词汇搭配为实现手段；二是与其他学科的互动，体现为语法搭配。

在 Course in General Linguistics 中，学科之间的横向联系包括如下词汇搭配类型：

70. both... and...（既……又……），如 Kuhn, whose works dealt with both linguistics and comparative mythology；

71~72. between... and...（介于……和……之间），如 What are the relationships between linguistics and social psychology? 又如 The ties between linguistics and the physiology of sounds。

图 8-5 表示的是上述的连接关系,用线条联系,其中 Extra-linguistics 是指语言学以外的任何其他学科,可以是社会学、心理学、神经科学、人类学或哲学等。

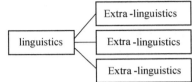

图 8-5　学科之间的词汇搭配

8.5.2　语法搭配实现学科之间的比较与互动

上述两种词汇搭配（即 both... and... 和 between... and...）是简单的罗列。学科间的比较与互动,不仅涉及两个学科的静态连接,而且涉及两个学科全方位的比较和互动,还有研究者对比较和互动的介入,所以对比较和互动的描述必须借助更复杂的"语法搭配",如：

73. linguistics borders on...（语言学与……交界），如 First and foremost come all the points where linguistics borders on ethnology；

74. linguistics is (very closely) related to...（语言学与其他学科紧密相连），如 linguistics is very closely related to other sciences；

75. ...(must not) be confused with linguistics（……不能和语言学混淆），如 science must not be confused with linguistics proper；

76. linguistics (must) be combined with...（语言学必须与……结合在一起），如 But must linguistics then be combined with sociology?

77. assigning linguistics a place among...（在……给语言学指定一个位置），如 succeeded in assigning linguistics a place among the sciences；

78. ...distinguish linguistics from...（把语言学与……区分开来），如 linguistics must be carefully distinguished from ethnography；

79. linguistics (can) become the master-pattern for...（语言学可以成为……的首要型式），如 in this sense, linguistics can become the master-pattern for all branches of semiology；

80. the importance of linguistics to...（语言学相对于……的重要性），如 Still more obvious is the importance of linguistics to general culture；

81. ..., but not linguistics（……,但语言学并非如此），如 Other sciences

work with objects that are given in advance and that can then be considered from different viewpoints, but not linguistics;

82~83. ... is distinct from linguistics（……不同于语言学），如 it (philology) is distinct from linguistics, 又如 several sciences-psychology, anthropology, normative grammar, philology, etc. which are distinct from linguistics;

84. linguistics is... a part of...（语言学是……的一个组成部分），如 linguistics is only a part of the general science of semiology;

85. linguistics provides... with ...（语言学给……提供某内容），如 linguistics provides social psychology with such valuable data;

86. be applicable to linguistics（对语言学适用），如 the laws discovered by semiology will be applicable to linguistics。

在图 8-6 中，学科之间体现动态的、双向的互动，所以用两个方向相反的箭头表示它们之间的关系。当然，潜在的互动内容必定多于 73~86 所描述的互动方式，因为学科之间的互动方式无法在一本著作中穷尽性地体现。

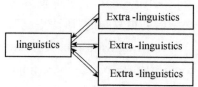

图 8-6　学科之间的语法搭配

8.6　linguistics 语义功能的完备性与互补性

在上文中，我们对 *Course in General Linguistics* 中全部 86 种用法进行了分析。在本节中，我们要分析这种分类的完备性与互补性。

我们先看词汇搭配。学科本体的词汇搭配（如图 8-1），体现了学科术语 linguistics 对知识构架和学科体系的构建功能，是术语的外延性功能。学科内部的词汇搭配（如图 8-3），指向学科内部的内容、范围、研究方法和研究目标，是术语的内涵性功能。另外，linguistics 与其他学科（如心理学、社会学等）的关系（如图 8-5），体现了学科之间的静态联系。学科本体、学科内部、学科之间，体现了词汇搭配借助名词、动词、形容词等实词在构建学科知识体系时的三种类型。

在术语体现学科本体、学科内部、学科之间静态联系的同时，一旦有了研究者的参与，上述三个维度就从静态的结构关系，变成了动态的操作过程。操作过程同样分为三个方面：一、当学科本体与研究者结合时，可以体现研究者与语言学及其下级学科体系的互动，如图 8-2 所示；二、当学科内部的内容、范围、研究方法和研究目标与研究者结合时，就体现了对于内容、范围、研究方法和研究目标的归纳、分析与解释；三、当学科之间的静态关系有了研究者的介入，静态的学科关联就变成了跨学科研究的实际操作。所以，静态的知识联系就变成了动态的研究过程，体现了术语对于研究者研究过程的动态描述。

在静态的词汇搭配中，不管涉及学科本体、学科内部还是学科之间，linguistics 通过与其他名词、动词、形容词的组合，体现了术语与所指对象之间的连接，是"名"与"实"之间的二元关系，体现经典的语义学模式（即形式与意义的连接模式）。对于动态的语法搭配来说，不管是研究者与学科本体的结合，还是研究者与学科内部或学科之间的互动，"名"与"实"的二元联系扩展为"名""实""人"的三元联系。"人"作为语言学学科的建立者、发展者和受益者，全方位地参与了学科发展的全过程，体现了经典的语用学模式（即形式、意义与使用者的三元关系）。"人"对于学科的介入是高级智能活动，必须借助结构和意义更抽象、表达力更强的语言单位，如介词、不定式、子句结构等，才能对"人"的介入过程进行描述。这一过程也体现了术语更高等级的功用，即从对静态关系和知识体现的表征功能嬗变为对动态的参与与操作过程的描述，体现了语法搭配比词汇搭配更复杂的结构特征和语法功能。

8.7 结语

本章的研究以语言学术语 linguistics 为考察对象，通过对"现代语言学之父"Saussure 的著作 *Course in general Linguistics* 中 linguistics 的全部 86 种用法进行甄别和统计，发现它们一部分体现学科本体的知识构架和学科体系，学科内部的内容、范围、方法和目标，以及语言学与其他学科的关系，它们主要以名词、动词、形容词的词汇搭配为主；另一部分体现上述三方面与研究者的互动，体现研究者对语言学学科本体、学科内部与学科之间各种研究工作的参与，属于语法搭配的范畴，是动态的双向互动关系。这些用法体现了 linguistics 作为学科术语全方位的语义功能，既有"名"与"实"的二维语义功能，也有"名"、"实"与"人"的三维语用功能。各种功能既有对应性又有互补性。

第九章 科技术语的理据类型研究：以语言学学科为例

9.1 导论

术语学（terminology）是一门为术语标准化工作服务的新兴学科，主要研究各知识领域专门概念的命名和规范化问题，并且在术语的单义性、纯概念性、理据性、简洁性、系统性、构词上的能产性、稳定性与国际性等方面展开研究（朱伟华，1987）。本章以语言学术语的理据类型作为研究对象，尽可能穷尽性地涵盖语言学语域所有术语的理据形式，并挑选比较典型的术语案例进行分析。

9.2 已有的相关研究

语言学语域的术语研究是语言学研究中一个重要的领域。黄忠廉（2010）发现，国内的外语界有一支分散于全国的术语学研究队伍，他们擅长国外术语学理论的引介，近年来开始形成研究中心。郑述谱（2005）认为，"术语学与语言学的关系较之与其他学科相比，历史是最长的。语言学实际上是术语学赖以产生的土壤"。冯志伟（2012）也认为，术语学是"语言学中一个不容忽视的学科"，他还总结了术语学发展的历史过程。戴卫平等（2010）概括了语言学术语的独特性，认为语言学术语除具有术语的一般特征之外，还具有双重性特征，它既是语言学研究对象的组成部分，又是语言学研究的元语言。

在语言学具体理论的术语研究方面，赵淑芳（2014）对认知语言学术语的元语言特征展开研究,产生了一些量化的数据总结。比如,她发现认知语言学(包括认知语义学和认知语法)共有 431 个术语,术语的源域主要涉及两个方面:一是语族,二是学科领域。戴卫平等(2010)对生成语法术语的一词多译现象展开研究,认为对于同一个术语,多个译名无疑会引起概念上的混淆、误读,给读者在理解和使用上造成费解和混乱。侯国金(2009)发现,argument 有 15 种译法,如变元、动元、主目、谓介等。术语翻译的混乱局面影响了学术交流。

但是,就我们的检索所及,没有发现对语言学术语理据的研究,更没有对语言学术语的理据类型做穷尽性的类型归纳,其他学科的术语研究也没有做过类似的研究,所以本章将在这一被忽略的领域展开研究。我们的研究不仅对语言学的初学者理解术语的产生过程有较大的帮助,而且对其他学科领域术语的理据研究有较大的借鉴意义。

9.3 我们的研究

本章对语言学术语理据类型的研究,不是简单的造词法(word formation)研究,而是一种更广泛的知识溯源。下文的理据类型分为 4 大类,每一类包括若干个小类,共 14 个小类。

9.3.1 把现有语言资源用作术语

把现有语言资源用作术语的做法可以分为三小类,即日常词汇的术语化、日常词汇隐喻化之后成为术语、外来词汇被借用成为术语,下面我们分别来阐述。

1. 日常词汇的术语化

很多语言学术语,是由日常话语中的词汇转用来的,排除或忽略它原本的歧义和非理性的内涵意义。比如,error(过错)和 mistake(错误)都是日常话语的词汇,应用语言学(applied linguistics)把它们用作术语,赋予它们元语言的特征:error 指由于语言能力(competence)发育不足而产生的语言错误,是自己在当下不能发现但是可以在以后自行消失的错误;而 mistake 是与语言能力无关的错误,是在语言使用中由于粗心、身体患病、心理状态不佳等原因产生的错误,可以自己发现并改正。

类似的术语在语言学语域数不胜数,如 determiner(限定词)、complement

（补语）、move（语言成分移位）、class（词类）、productive（规则等的能产性强）等等。

2. 日常词汇隐喻化之后成为术语

日常词汇隐喻化之后成为术语，在语言学术语中是数量较多的形式，是把日常话语中词汇的语义加以隐喻性拓展，使其从日常语域进入到语言学术语域。比如，head（头）隐喻为"中心词"，是指包含一个或多个修饰成分的词组中的核心成分，如 a good boy 和 think very carefully 中的 boy 和 think。类似的还有 liquid（液体）指"流音"，government（政府）指句法结构中的"管辖关系"，explosive（爆炸）指"爆破音"，fricative（摩擦）指"摩擦音"，source（来源）和 target（目标）分别指翻译中的"源语"和"目标语"，或者是隐喻映射中的"源域"和"目标域"等等。

3. 外来词汇被借用成为术语

外来词汇被借用成为术语，是指从其他语言借用某些本族语中没有或虽有但语义不对等的术语，比较典型的是从法语借用了 langue（语言）和 parole（言语）。这两个术语是 Saussure 在 *Course in general Linguistics* 中初次使用的法语词汇，它们都是英语词汇 language（语言）的下义词：langue（语言）是抽象的语言系统，而 parole（言语）是抽象语言系统的运用，即实际说出或写出的话语。又比如，semantics（语义学）是法国语言学家 Breal（1897）生造的术语（在法语中写作 la semantique）（Barwise et al.，1984），一旦进入英语，就成为语言学的基础术语。

9.3.2 利用现有语言资源进行部分创新

利用现有语言资源进行部分创新的做法包括五个次类，即常规派生、比照派生、合成、缩略和逆生。它们不同于本章9.3.1的地方，是体现了部分创新，如添加词尾、词汇组合与截短，或者是改变原来的词形，而9.3.1讲的术语产生方法是词汇照搬用作术语，没有词汇形式上的任何改变。

1. 常规派生

我们把派生分为常规派生和比照派生，前者是词汇学著作中通常所说的派生，比照派生是本章提出的新术语。为了区分一组似是而非的术语，造词者选用不同的后缀，其结果是产生一组指称上相互关联而词形上又可以看出彼此联系的术语。我们先讲常规派生。

常规派生是各类术语中数量较多的一类，在语言学术语中也俯拾皆是。常规派生是通过添加一个或多个语素（morpheme）产生新术语。所谓语素，是最小的有意义的语言单位，也称词素。比如，teachers 由三个语素构成：teach-er-s，是在词根 teach 的基础上先添加了派生后缀-er（derivational suffix），后又添加了屈折后缀（inflectional suffix）。在语言学语域，下列术语中的划线部分按位置来分，要么是前缀，要么是后缀：cotext（上下文）、context（语境）、bilingualism（双语现象）、diglossia（双言现象）、superordinate（上义词）、hyponymy（上下义关系）、synonymy（同义关系）、antonymy（反义关系）等等。

2. 比照派生

比照派生是派生的另一种形式，是在指称范围上一组语义接近的术语，为了彼此区分，在相同词根的基础上使用不同的词尾，产生相互比照的一组派生性术语。

比如，phonetics（语音学）和 phonology（音系学）都是有关语音的语言学分支，它们的词根都是 phone（声音），但是它们的内涵和外延差别较大。phonetics（语音学）研究语言的语音特征，包括语音的发声、传播、接收等物理过程，是对所有语言共有的语音介质的研究。phonology（音系学）是对特定语言所采用的基础语音单位的系统性研究，一种语言中的语音单位在另一种语言中可能不具有区分意义的功能。比如，卷舌音 r 在汉语和英语中都可以区分意义，但在日语中它不能区分意义，是无意义的自由变体；又比如，送气的辅音与不送气的辅音在汉语中可以区分意义，但是在英语和法语中都不能区分意义，而且法语没有送气的辅音，全都是不送气的辅音。

同样，semiotics（符号学）是 19 世纪末由美国哲学家查尔斯·桑德斯·皮尔斯（Charles Sanders Pierce）提出的理论，后经美国逻辑学家查尔斯·莫里斯（Charles William Morris）等进一步发展。在英语世界尤其是美国，人们出于对皮尔斯的尊敬，一般采用 semiotics。符号学（semiology）是由瑞士语言学家、现代语言学之父索绪尔提出的，为罗朗·巴特（Roland Barthes）等欧陆理论家继承和发展，代表了符号学发展的语言学一支，他们出于对索绪尔的尊敬一般使用该词。在理论特征上，semiotics 体现三维符号学，而 semiology 是二维符号学。两者都以符号为研究对象，所以有共同的词根。为了便于区别，两者使用了不同的词尾。

又比如，Grice(1975)生造的 implicature（会话含义），也是在 implication（含义）的基础上更换了后缀。所以，在通用的英语词典中找不到 implicature，只能检索到 implication。前者包括常规会话含义,即由词汇的常规意义所隐含的会话含义,也包括特殊会话含义,它必须借助语境进行推理。

同样,"语义(学)"和"语意(学)"都以意义为研究对象,两者共有词根语素"语",可以添加两个不同的后缀,也是比照派生的例子。"语义(学)"和"语意(学)"的区别是:前者的范围更广,既指内在的心理意义,也指外在的客观意义;后者仅指内在的心理意义,因为"意"从"心"。它们的差别在英语中大致相当于 meaning 和 sense。在学科归属上,语言学一般采用"语义(学)",而哲学(主要是语言哲学)一般采用"语意(学)"。

3. 合成

合成产生的术语是指由两个(或两个以上)构词成分组合而成的术语,而且,合成词的语义重心一般都落在第二个构词成分上,它体现术语的学科归属。比如,sociolinguistics(社会语言学)和 psycholinguistics(心理语言学)都是语言学的分支学科,语义重心都在 linguistics 上;而 sociology of language(语言社会学)和 psychology of language(语言心理学)因为词组结构由 of 引导产生重心偏转,所以重心分别落在 sociology 和 psychology 上。

这种合成的术语在汉语中也有体现,比如上文提到了 langue(语言)和 parole(言语)这两个法语词汇,在汉语中没有体现两者区别的对应术语,所以只好用"语"和"言"的不同组合来体现两者的差别。"语"指口语,更随意;"言"指文言,更正式。"语言"的重心落在"言"上,指抽象的语言系统,用来翻译 langue;"言语"的重心落到"语"上,指语言系统的应用,用来翻译 parole。这种由合成产生的学科术语在语义重心上的差别,在其他学科中也有体现,比如"物理化学"是"化学"的一个分支,而"化学物理"是"物理学"的一个分支。

在合成的基础上,产生了各种修饰性合成词,它们没有充分词汇化,所以以双词或多词形式成为语言学的术语,比如 componential analysis(语义成分分析法)、distinctive feature(音系或语义的区别性特征),transformational generative grammar(转换生成语法)。

4. 缩略

缩略主要指通过首字母缩略产生的术语,它们与非缩略的完整形式具有平等的可接受度,甚至比后者使用频率更高,比如 LAD(Language Acquistion Device)指"语言习得机制",UG(Universal Grammar)指"普遍语法",CP(Cooperation Principle)指会话时的"合作原则",还有表示词组类别的 NP

（Noun Phrase，名词词组），VP（Verb Phrase，动词词组），AP（Adjective Phrase，形容词词组），PP（Prepositional Phrase，介词词组）等。

5. 逆生

逆生（back-formation）是一种不常见的术语产生方法，是把貌似前缀或后缀其实并不是的成分去掉，产生一个新词。由于它与派生（如从 teach 派生出 teacher）思路相反，所以称为逆生法。比如，先有 babysitter（保姆）和 beggar（乞丐），把它们的伪后缀去掉，产生了 babysit（做保姆）和 beg（行乞）。在语言学术语中，偶尔可见这种理据形式。比如：

神经认知语言学（neurocognitive linguistics）认为，语言系统就像计算机的操作系统。人的大脑皮质约由 3.68 亿个微型的六面体构成（刘宇红，2007）[177]，它们是语言系统的硬件，它们彼此连接。与此相应，语言也是一个由微观的关系特征连接而成的关系网络，它们以微型六面体为物质载体通过各种各样的方式彼此连接，就构成了一个巨大的语言关系网络。Lamb（1999）[73] 把"连接"（connection）一词中貌似前缀的 con-（表示"共同""一起"）去掉，杜撰了一个新词 nection，表示关系网络的基本单元。刘宇红（2007）把它译作"连元"，体现语言各层面之间的连接状态，见刘宇红（2007）[149-180] 中图 3 至图 15，图 17 至图 39。

9.3.3 创造新的术语

创造新的术语可以采取不同的方式，包括借用变量、借用数字和仿造。

1. 借用变量

变量是指代数和函数中不确定的数量，常用 X、Y、Z 等罗马字母或用 α、β、γ 等希腊字母表示。在语言学术语中，借用变量体现对同类术语的通指是一种较常用的手段，比如名词词组（NP）、动词词组（VP）、形容词词组（AP）等。由于它们的结构相同，只有中心词的类型不同，所以用 X 代表中心词，把它们统称为 XP。以此为基础的句法规则称为 XP rule，并且产生了 X-bar 理论。同样，句子在从深层结构到表层结构的转换中，可以有多种成分的移位，统称为 Move-α（移动阿尔法）理论，其中，α 是被移位的成分，它是变量。

2. 借用数字

数字不同于变量，它是确定的顺序或数量关系。比如在应用语言学中，第一语言习得和第二语言学习分别写作 L1 acquistion 和 L2 learning。其中，L 指 language，数字 1 和 2 表示顺序，L1 指母语，即第一语言，L2 指第二语言（有时也指外语)。L1 是确定的序号，L2 还可以指第 3、第 4 或第 n 种语言的学习，因为它们在学习过程的特征上与第 2 语言差别较小，但是与母语学习的差别较大。

在第二语言或外语学习材料的选择上，Krashen(1985)把"可理解性输入"总结为"i＋1"这一公式。其中，i 是"中介语"(interlanguage)，即第二语言或外语学习进程中任何一个时间点上不完善的外语水平状态，代表学习者当下的水平；"i＋1"表示学习材料的难度是在当下水平的基础上略高一点。该理论一经提出，就成了各国应用语言学界的经典理论。

3. 仿造

仿造是以某个或某种认可度较高的术语为蓝本，对它的语音、拼写形式等进行模仿而产生的语言学术语。比如 gene(基因)是遗传生物学的基础概念，因其在生命构造中的基础地位而成为跨学科的常识，所以它的语音结构和拼写形式被广泛模仿，造出 meme(模因)来指人类行为中被模仿的基本形式。seme(义素)源于 Greimas(1966)的语义理论，sememe(义素)源于结构主义学(Bloomfield, 1933)，现在常写作 lexeme。另外，grapheme(形素)、phoneme(音位)、morpheme(语素)等语言学术语也是参照 gene(基因)仿造出来的。

9.3.4 非常规的术语创新

非常规的术语创新，是指在词汇学的构词法中极少使用的术语产生方法，包括借用人名来编造术语，术语在创造之后又进行转让和再造，词汇讹变产生术语等三类。

1. 借用人名来编造术语

借用人名来编造的术语，可以是相对固化的术语，如 Broca's aphasia(布洛卡失语症)和 Wernicke's aquasia(韦尼克失语症)，也可以是临时性的术语，往往在人名之后添加临时性的后缀，如 Chomskyan linguistics(Chomsky 的语言学)、Lakoffian cognitive semantics(Lakoff 的认知语义学)、Saussurean semiology(Saussure 的符号学)等等。

2. 术语的原创-转让-再造

认知语言学(cognitive linguistics)是从人脑的认知过程来处理语言问题的语言研究范式。Sydney Lamb 在 20 世纪 60 年代末 70 年代初就开始使用这一术语，所以是最早提出和使用这一术语的学者(刘宇红，2006a, 2006b)。但是，自从这个术语提出之后，George Lakoff, Ronald W. Langacker, Gilles Fauconnier 等众多学者自诩为认知语言学研究者，却仍以心理表征和符号操作为基础来研究语言。从本质上讲，他们仍然只是分析语言学，因为他们所理解的人类心智（mind）是基于对计算机工作原理的理解，而不是以神经科学和脑科学的研究成果作为它的理论基点。这种认知语言学所理解的人类心智被称为"干的心智"（dry mind），它不同于神经认知语言学所讲的心智，后者被称为"湿的心智"（wet mind）(Kosslyn et al.，1992)。所谓"湿的心智"，是对大脑神经基础的描述，因为从事神经解剖的医生如果用手去触摸脑组织的话，手会弄湿。老式的认知语言学所讲的心智是干的，正如电脑的硬盘永远是干的（如果潮了，可能会短路）。正因为如此，认知语言学的开山鼻祖 Sydney Lamb 教授(Lamb,1999)为了与自认为是认知语言学家其实仍旧是分析语言学家的学者们划清界限，在"认知语言学"之前加了"神经"一词来指称自己的理论——神经认知语言学（neurocognitive linguistics），以此表明两者的学科基础是不同的。而他本人此前使用的术语"认知语言学"，事实上则转让给了美国西海岸的那一批认知语言学家。

3. 词汇讹变产生的术语

我们都知道，"洋泾浜（英语）"一词指正规的难登大雅之堂的英语。溯其来源，洋泾浜是上海外滩的一段位于叫作洋泾浜的河流（早已填平）和黄浦江的汇合处。鸦片战争以后，上海辟为商埠，洋泾浜一带成了外国商人聚集的地方。他们和当地的平民接触，就用这种支离破碎的外语交流，比如用"康白渡"(comprador)指"买办"，用"拉司卡"(last car)指"末班车"（并转指"最后一个"），用"何洛山姆"(all same)指"全部"，用"温淘箩"(one dollar)指"一块大洋"，用"皮钦"指"商业"(business)〔即把 business(商业)这个词的发音讹变和截短，听上去成了 pidgin(皮钦)〕。

在这些"洋泾浜（英语）"中，pidgin(皮钦)成为语言学术语，指两种语言在最初接触时产生的混合型中介语。在语义上，"皮钦（语）"与"洋泾浜（英语）"对等。但是现在，它在指称上已不限于英语，也不限于上海的中英贸易用语，而是在世界范围内通用，指类似"洋泾浜（英语）"的任何语言。这种基于词汇讹变和截短产生的术语数量虽然不多，但是代表了术语产生的一种类型。

9.4 结语

语言学术语的理据类型，大致可以分为 4 大类，共 14 小类：第一类是把现有语言资源用作术语，包括日常词汇的术语化、日常词汇隐喻化之后成为术语、外来词汇被借用成为术语；第二类是利用现有语言资源进行部分创新，包括常规派生、比照派生、合成、缩略、逆生；第三类指创造新的术语，包括借用变量、借用数字、仿造；最后一类是非常规的术语创新，包括借用人名来编造术语、术语的原创-转让-再造、词汇讹变产生的术语。对语言学术语理据的分类与考证，不仅对于语言学学科是必要的，对于术语学的理论充实也有重要意义。

第十章 基于软件的科技术语表与学术词汇表的研制方法：以语言学语域为例

10.1 导论

词汇组合成句子并最终构成文本，所以词汇是文本的基本要素。通用文本、通用学术文本和专门学科学术文本，都有一批在各自领域使用频率较高的词汇。如果把它们归纳为有边界的词汇集，就有通用词汇表、通用学术词汇表和专门学科学术词汇表。专门学科学术词汇表的大部分词汇同时属于专门学科术语词汇表，即两者有较大的交叉部分；专门学科术语词汇表除了与学术词汇表有较大交叉之外，还包含部分通用词汇和通用学术词汇。

通用词汇表和通用学术词汇表，由于研究内容相对封闭，已经有了较充分的研究。相反，专门学科的学术词汇表和术语词汇表，由于所涉及的学科门类众多，远远没有得到充分的研究。所以，本章拟在这一领域展开研究，研制出适度规模的语言学学术词汇表(Linguistic Academic Word List, LAWL)和语言学术语词汇表(Linguistic Terminological Word List, LTWL)。

本章将学术词汇表与术语词汇表研究拓展到语言学领域，对于了解语言学的知识基因图谱、解释英汉语言学的知识体系差异具有重要意义。在实用层面，本章的研究可以用于改进语言学教材和语言学词典，规范和优化教材与词典的释义用词和释义句型，降低教材难度，增加课堂讲解的用词规范和句型多样性、准确性。

另外，学术词汇表与术语词汇表的研制在学科定位上属于语言学研究。语言学学科在自己学科领域率先开展本学科的元语言研究，对于引领其他学科的类似研究不仅有方法论上的借鉴意义,而且在实践领域的具体操作上也可以为其他学科提供指引(刘宇红,2021)。本章的研究在语料上选用的是英文语料,但是对于其他学科语际借用的隔阂较小,因为学术词汇表与术语词汇表属于概念层面,受特定语种的影响较小,而且"科学无国界"说的也是这个道理。

10.2 词汇表的研制历史

词汇表的研制历史,我们分四类来评述,即按照通用词汇表、通用学术词汇表、专门学科学术词汇表和专门学科术语词汇表的顺序来说。

10.2.1 通用词汇表

通用词汇表主要用于词典释义和教材编写。最早的通用词汇表是1928年Ogden开列的850个"基础英语"词汇,1932年出版的《基础英语词典》的20 000个英语词汇全部用这850个词汇来解释。West(1953)编制的包括2 000个英语词汇的"通用词汇表"(General Service List, GSL),是一个被广泛应用的通用词汇表,*Longman Dictionary of Contemporary English* (Procter,1978)就是采用这2 000个基础词汇来解释了5.6万个词条。英语以外的语言也致力于研制通用词汇表。比如,法国学者Gougenheim(1955)研制了包括1 475个法语词汇的通用词汇表,《基础法语》课本没有超出这些词汇。

国内的通用词汇表研究始于张津等(1996)的《从单语词典中获取定义原语方法的研究及现代汉语定义原语的获取》,是汉语通用词汇研究的第一篇文献。后来,安华林(2005,2009)、苏新春(2003,2005)等学者在通用词汇表研制方面取得了更大的成就,他们研制的通用词汇表的词汇数量都在3 000个左右。

10.2.2 通用学术词汇表

通用学术词汇表是词汇表研制的第二个阶段。二战结束后,学术迅猛发展,学术文本的数量也空前增加,研制出基于学术英语(English for Academic Purposes, EAP)的通用学术词汇表成为当时的急切任务。从20世纪70年代开始,不同版本的通用学术词汇表相继问世。美国大学词汇表(American University List, AUL)(Praninskas,1972)、大学词汇表(University Word List, UWL)(Xue, et al.,1984)、学术词汇表(Academic Word List, AWL)(Coxhead, 2000)、学术词汇库(Academic Vocabulary List, AVL)(Gardner et al., 2014)等都是通用学术词汇研究的重要成果。在这些词汇表中,Coxhead(2000)的 AWL 影响最大,自问世以来一直是英语教育领域主要的词汇参照表。

国内的通用学术词汇研究成果不多,经检索可见程齐凯等(2019)的《领域无关学术文献词汇功能标准化数据集构建及分析》,所谓的"领域无关"是指"通用学术领域",但是几位作者并没有致力于通用学术领域的词汇表制作。

10.2.3　专门学科学术词汇表

专门学科领域的学术词汇表研制,大多以通用学术词汇表为基础。比如,有的学者(Chung et al., 2003)把 AWL 应用于应用语言学著作,或者应用于应用语言学的研究性论文(Khani et al., 2013; Vongpumivitch et al., 2009),或中学的理科课本和大学英语课本(Hsu, 2009; Greene, 2008; Matsuoka et al., 2010),或医药与农业领域的研究性论文(Chen et al., 2007; Martinez et al., 2009),他们的研究检验了 AWL 在各自领域的词汇覆盖率:在高年级的专业课本中占 2.1%;在中学的理科课本中占 5.98%;在农业领域的研究性论文中占 9.06%;在医学领域的研究性论文中占 10.7%;在应用语言学文本中占 13.1%(Chung et al., 2003),或 11.7%(Vongpumivitch et al., 2009),或 11.96%(Khani et al., 2013)。但是,上述学者都没有着力于研制各自领域的专门学科学术词汇表。

至于国内的专门学科学术词汇表的研制,知网项目负责人董振东等(2007)认为,知网只关注"通用的知识","专门领域的知识只能留待专门领域的专家来研究和建设",所以他们只关注通用词汇和通用学术词汇的归纳与应用,专门学科的学术词汇不在他们的关注之列。王世杰等(2012)自建小型的中医英语语料库,总结了 1 000 词的高频英译词汇,这是专门学科学术词汇表研制的有益尝试,对于中医领域的英汉翻译有一定的指导意义,但它不是中医领域的专门学科学术词汇表。

10.2.4　专门学科术语词汇表

专门学科的术语词汇表与学术词汇表紧密关联。术语词汇表的大部分词汇同时属于学术词汇表,但是前者也包括部分通用词汇和通用学术词汇。所以,对于特定学科来说,术语词汇表与学术词汇表必须分开来研制。

在术语词汇表研制方面,国外学者偏重于分析术语的重要性和提炼方法,比如 Heatley 等(2002)对术语词汇表的重要性进行了专题研究,认为术语词汇表是制定科学标准、明确科学规范、描述科学方法的前提。Augenstein 等(2014)、Frantzi 等(2000)和 Astrakhantsev(2018)等学者对术语表研制的语料方法、语境方法和语料对比方法等分别进行了探讨。

在国内,朱伟华(1987)、郑述谱(2005)、黄忠廉(2010)和冯志伟(2012)等对术语表的制订原则和方法进行了探讨。但是在实践层面,各学科的术语词汇表往往只是举例性的术语罗列,或者是在教材附录中把正文中出现过的术语做一种简单的再现,没有对一个整体学科的术语进行穷尽性的语料提炼和研制方法的总结。

从上面的回顾可以看出,专门学科的学术词汇表和术语词汇表的研制是国内外同行没有足够关注的领域,相对完整的专门学科学术词汇表和术语词汇表也没有被建立。所以,本章以语言学语域的学术词汇表和术语词汇表作为研究对象,既要探讨两种词汇表的研制方法与研制过程,也要提炼出相对完备的学术词汇表和术语词汇表,还可以弥补语言学作为词汇研究的学科母体在两类词汇表研制方面的缺陷。

10.3 学术词汇表和术语词汇表的研制过程

10.3.1 研究工具和研究方法的优势

我们使用的语料库检索软件是 AntConc 3.5.8,它是由日本早稻田大学的 Laurence Anthony 教授于 2002 年研制的,具有词语检索、词频统计和词表生成等功能。

AntConc 3.5.8 在词频统计和词汇表生成方面具有明显的优势。下面,我们分别来介绍一下。我们先看其在词频统计方面的优势。

学习任何一门语言,不管是母语还是外语,掌握关键词汇都极为重要。在语料库产生之前,判断词汇的重要性主要依靠教师的经验和直觉。但是,任何一个语言使用者,他在词频、搭配等方面的经验和直觉都是不怎么可靠的(Hunston et al., 2019)。把英语作为外语来学习的中国英语教师和英语学习者更是如此。

经过多年的研究，Nation(2001)发现，有一小部分高频词，它们在口语和书面语材料中都占有很大比例，它们出现在语言运用的各个领域。因此，这些高频词往往是教学和学习的重点。所以，借助 AntConc 3.5.8 的词条分析，我们可以非常有效地找出高频词。比如，张四红等(2011)运用 AntConc 3.5.8 统计发现，在《大学英语》共 6 本书的课文文本中，虽然有 110 974 个词次，但是在去除汉语以后，不同的单词(即词型)只有 10 841 个。其中，相当一部分单词只出现了 1 次，出现 5 次以上的只有 2 726 个。这也验证了 Kennedy(2008)的研究成果的正确性，即英语中有 2 000～3 000 个高频词覆盖了各种文体的 90%。

再看生成词表(wordlist)方面 AntConc 3.5.8 的功能。生成词表功能对教学大纲的制订、课本内容的编排起着非常重要的作用。AntConc 3.5.8 还对比不同的语料库、不同的文本，以为不同语言群体的词汇使用状况提供可靠的语料依据。AntConc 3.5.8 不但可以生成单独的词汇列表，还可以生成词块(cluster)列表。而且，计算机只能切分统计词块的频率，在此基础上还需要进行后期的语义分析，以去除词块表中没有意义的部分。王春艳(2009)的研究把 AntConc 3.5.8 基于语料库 Brown 生成的词表和 WordSmith 的词表进行了对比，两个词表前 1 000 个词中有 959 个重叠词。对 959 个重叠词在 Brown 语料库中出现的频次进行统计计算，两者相关值为 0.977，表明两者在 0.01 的水平上呈现显著相关。可见，AntConc 3.5.8 在词汇表制作方面具有明显的优势。

10.3.2 语料准备与处理

为了研制语言学语域的学术词汇表和术语词汇表，我们设计了一个自建语料库，包括四本语言学著作：1. Bussmann 等(1996)的 *Routledge Dictionary*；2. Kracht(2008)的 *Introduction to Linguistics*；3. Saussure(1983)的 *Course in General Linguistics*；4. 胡壮麟(2017)的《语言学教程》(第五版)。

我们首先对四本语言学著作进行扫描、文本转换和人工校对，然后制作成语言学学术语料库 Linguistic Academic Corpus (LAC)。通过 AntConc 3.5.8 的 wordlist 功能得到一个基于 LAC 的词频表，形符(token)数为 567 327 个词，类符(type)数为 23 880 个词[①]。为了方便，我们把它们分别称为 LWL - 567327 和 LWL - 23880。其中，LWL 是语言学学术词汇表(Linguistic Word List)的缩写。所有单词均标记频率、基本词形和词族情况，如表 10-1。

表 10-1　使用 AntConc 3.5.8 后的例词

Freq	Lemma	Lemma + Word Form(s)
2935	linguistic	linguistic 1620 linguistics 1315

在表 10-1 中，词汇 linguistic 是基本形式，它有两种变体形式，一种是它自身，频次是 1 620，另一种是 linguistics，频次是 1 315，两种变体形式的频次之和是 linguistic 的总频次，即 2 935。

10.3.3　语言学学术词汇表(LAWL)的研制

语言学语域的学术词汇表(LAWL)必须排除通用词汇和通用学术词汇。我们选择了 GSL(2 284 个词)(West,1953)和 AWL(570 个词)(Coxhead,2000)作为停止词表(stop list)，即可以把不符合要求的词汇加以排除的过滤词表。由于我们要归纳的是 LAWL，所以针对日常文本的通用词汇和针对科普类的跨学科领域的通用学术词汇是可以排除的"停止词"。

具体的操作方法是，将 LWL－23880 和词频数据导入 excel 文本，利用公式查找重复词汇，通过与 GSL(2 284 个词)(West,1953)和 AWL(570 个词)(Coxhead,2000)进行对比，把两个词库作为停止词表(stop list)进行共现过滤，发现在 GSL 和 AWL 中有 2 556 个词汇出现在 LWL－23880 中，所以它们是被过滤词汇。我们选择词频最高的 10 个被过滤词汇作为例子，见表 10-2。

表 10-2　LWL－23880 与 GSL、AWL 的共现词汇举例

Freq	Lemma	Lemma + Word Form(s)
33047	the	the 33047
22172	of	of 22172
20255	be	am 48 are 4350 be 3106 been 534 is 9853 m 1180 was 855 were 329
16611	a	a 14134 an 2477
16039	and	and 16039
14656	in	in 14656
10059	to	to 10059
7223	language	language 5343 languages 1880
5583	that	that 5334 those 249
4663	as	as 4663

在 LWL-23880 中淘汰 2 556 个共现词之后,词汇数量仍然非常庞大(具体数量是 21 324 个),所以必须进行二次淘汰。为了提高二次淘汰的效率,同时控制潜在学术词汇表和术语词汇表的规模,我们把词频边界确定为 40,即只把词频高于或等于 40 的词汇保留下来成为潜在的学术词汇和术语词汇。被选中的词是 838 个,只占 21 324 个词的约 3.93%。

我们确定词频边界的依据是:在包含约 56 万个形符(token)的语料中,把词频确定为 40 次,词频比例是十万分之七,我们认为这个比例可以遴选出比较充分和比较全面的学术词汇与术语词汇。

观察 838 个词,我们发现了较多的非词汇符号(如单一字母 l、v、w、b 等)、缩略词(如 ed、vol 等)、专有名词(如 Cambridge、Chomsky、John 等),对其进行人工剔除,剩下的 469 个词形成语言学语域的高频学术词汇表,即排除了通用词汇、通用学术词汇和各种伪词与专有名词之后的词表。对此,我们暂不举例,因为它们将分两部分在本章后呈现为附录 10-1(204 个)和附录 10-2(265 个)。

10.3.4 语言学术语词汇表(LTWL)的研制

上面说到,469 个词分为两类,附录 10-1 是学术词汇表的一部分(204 个),附录 10-2 是学术词汇表的另一部分(265 个),同时也是语言学语域术语词汇表的一部分,但它并不是术语词汇表的全部,还有一部分术语词汇被 GSL 和 AWL 所构成的停止词表过滤了。为了体现语言学术语词汇表的完整性,我们在 GSL 和 AWL 中又找回了 73 个被过滤的术语词(见附录 10-3)。其中,51 个属于 GSL,22 个属于 AWL。所以,语言学的术语词汇表是附录 10-2 的 265 个加上附录 10-3 的 73 个,总数为 338 个。

学术词汇表与术语词汇表的比较,可以表示为图 10-1。图 10-1 中有两个圆,它们的交叉部分是学术词汇表和术语词汇表的共现部分,即附录 10-2 的

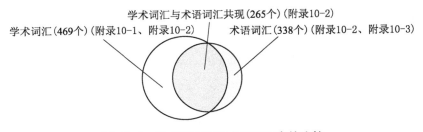

图 10-1 学术词汇表和术语词汇表的比较

265个词。大圆表示语言学语域的学术词汇(LAWL),总数是469个,对应附录10-1和附录10-2;小圆是语言学语域的术语词汇表(LTWL),总数是338个,对应附录10-2和附录10-3。

10.4 结语

语言学语域的学术词汇表和术语词汇表,是在通用词汇表、通用学术词汇表、专门学科学术词汇表和术语词汇表这四种词汇表先后出现的背景下在语言学语域的深化研究,不仅是对一个完整学科学术词汇表(包含469个词)的尝试性归纳,也总结了一个完整学科的术语词汇表(包含338个词),这种研究不仅是词汇表研制在语言学语域的新尝试,也弥补了语言学在学术词汇表和术语词汇表研制上的空缺。

附录10-1 语言学语域学术词汇表的第一部分(204个)

Freq	Lemma	Lemma + Word Form(s)
1830	conjurer	also 1830
1272	two	two 1272
1195	its	its 1195
835	their	their 835
819	l	l 819
749	analysis	analyses 40 analysis 709
480	following	following 480
447	his	his 447
447	natural	natural 447
443	them	them 443
416	distinction	distinction 365 distinctions 51
414	characteristic	characteristic 145 characteristics 269
401	european	european 388 europeans 13
362	relationship	relationship 233 relationships 129

(续表)

Freq	Lemma	Lemma + Word Form(s)
347	three	three 347
339	historical	historical 339
331	cannot	cannot 331
329	development	development 290 developments 39
283	logical	logical 283
279	american	american 273 americans 6
269	definition	definition 215 definitions 54
252	us	us 252
251	our	our 251
229	usually	usually 229
227	bibliography	bibliographies 43 bibliography 184
189	generally	generally 189
187	comparative	comparative 179 comparatives 8
183	approx	approx 183
175	itself	itself 175
175	million	million 171 millions 4
171	disorder	disorder 78 disorders 93
166	thought	thought 148 thoughts 18
164	combination	combination 96 combinations 68
161	computer	computer 128 computers 33
151	original	original 151
150	actually	actually 150
150	criterion	criteria 96 criterion 54
146	central	central 146
145	handbook	handbook 143 handbooks 2
145	theoretical	theoretical 145
139	distinctive	distinctive 139

(续表)

Freq	Lemma	Lemma + Word Form(s)
135	independent	independent 135
134	van	van 133 vans 1
131	understanding	understanding 130 understandings 1
129	differ	differ 65 differing 18 differs 46
129	my	my 129
128	distribution	distribution 127 distributions 1
128	me	me 128
126	diagram	diagram 104 diagrams 22
126	third	third 125 thirds 1
125	four	four 125
125	towards	towards 125
122	primarily	primarily 122
117	him	him 117
117	procedure	procedure 51 procedures 66
117	simply	simply 117
116	evidence	evidence 110 evidenced 6
115	characterize	characterize 15 characterized 83 characterizes 15 characterizing 2
109	addition	addition 101 additions 8
108	her	her 108
107	cultural	cultural 107
104	psychological	psychological 104
103	arc	arc 101 arcs 2
102	classical	classical 102
102	reconstruction	reconstruction 91 reconstructions 11
98	activity	activities 50 activity 48
98	concrete	concrete 96 concretes 2
94	marker	marker 46 markers 48

第十章　基于软件的科技语表与学术词汇表的研制方法：以语言学语域为例

（续表）

Freq	Lemma	Lemma + Word Form(s)
94	regularity	regularities 64 regularity 30
94	romance	romance 94
94	traditional	traditional 94
93	interaction	interaction 93
92	evolution	evolution 92
89	assumption	assumption 54 assumptions 35
89	completely	completely 89
89	personal	personal 89
89	viewpoint	viewpoint 75 viewpoints 14
88	associate	associate 10 associated 70 associates 2 associating 6
88	designate	designate 33 designated 25 designates 24 designating 6
88	exactly	exactly 88
87	clearly	clearly 87
87	lower	lower 68 lowered 8 lowering 11
86	reality	realities 5 reality 81
84	beginning	beginning 82 beginnings 2
83	indirect	indirect 83
82	explanation	explanation 62 explanations 20
82	your	your 82
81	themselves	themselves 81
80	relatively	relatively 80
79	developmental	developmental 79
78	computational	computational 78
78	frequently	frequently 78
78	similarity	similarities 38 similarity 40
77	embed	embed 1 embedded 55 embedding 21
76	investigation	investigation 76

(续表)

Freq	Lemma	Lemma + Word Form(s)
76	organization	organization 74 organizations 2
75	assimilation	assimilation 75
75	marking	marking 68 markings 7
75	originally	originally 75
73	necessarily	necessarily 73
73	observation	observation 44 observations 29
73	onset	onset 73
73	relational	relational 73
70	directly	directly 70
70	postulate	postulate 15 postulated 30 postulates 25
69	finally	finally 69
69	namely	namely 69
69	particularly	particularly 69
69	really	really 69
67	making	making 67
67	typical	typical 67
66	analyzed	analyzed 66
66	durative	durative 66
64	inference	inference 46 inferences 18
64	reconstruct	reconstruct 13 reconstructed 36 reconstructing 13 reconstructs 2
64	similarly	similarly 64
63	differentiation	differentiation 63
63	five	five 63
63	substitution	substitution 63
62	binary	binary 62
61	analytic	analytic 26 analytical 35
61	identity	identities 11 identity 50

(续表)

Freq	Lemma	Lemma + Word Form(s)
61	inventory	inventories 1 inventory 60
61	linear	linear 61
61	mathematical	mathematical 61
60	british	british 60
60	criticism	criticism 52 criticisms 8
60	immediately	immediately 60
60	instruction	instruction 57 instructions 3
60	probably	probably 60
59	coming	coming 59
59	investigations	investigations 59
59	working	working 56 workings 3
58	dissertation	dissertation 55 dissertations 3
58	philosophical	philosophical 58
57	borrowing	borrowing 38 borrowings 19
57	formulate	formulate 12 formulated 33 formulates 4 formulating 8
56	opening	opening 50 openings 6
56	proceeding	proceeding 5 proceedings 51
55	consequence	consequence 26 consequences 29
55	consideration	consideration 34 considerations 21
55	independently	independently 55
55	projection	projection 50 projections 5
54	alternation	alternation 54
54	attest	attest 2 attested 50 attests 2
54	secondary	secondary 54
54	systematic	systematic 54
54	tendency	tendencies 10 tendency 44
53	contribution	contribution 34 contributions 19

(续表)

Freq	Lemma	Lemma + Word Form(s)
53	essay	essay 20 essays 33
53	genetic	genetic 52 genetics 1
53	possibility	possibilities 30 possibility 23
52	arrangement	arrangement 50 arrangements 2
52	closely	closely 52
51	collective	collective 49 collectives 2
51	diversity	diversity 51
51	regional	regional 51
51	trait	trait 17 traits 34
50	mainly	mainly 50
50	optional	optional 50
50	typically	typically 50
49	automaton	automata 22 automaton 27
49	participle	participle 39 participles 10
49	respectively	respectively 49
48	geographical	geographical 48
48	ghost	ghost 34 ghosts 14
48	himself	himself 48
48	motivation	motivation 48
48	purely	purely 48
47	conclusion	conclusion 28 conclusions 19
47	scholar	scholar 8 scholars 39
47	territory	territories 10 territory 37
46	conventional	conventional 46
46	correspondence	correspondence 30 correspondences 16
46	impression	impression 29 impressions 17
46	institution	institution 17 institutions 29

(续表)

Freq	Lemma	Lemma + Word Form(s)
45	african	african 45
45	aryan	aryan 45
45	ten	ten 42 tens 3
45	useful	useful 45
44	convey	convey 27 conveyed 7 conveying 9 conveys 1
43	aperture	aperture 41 apertures 2
43	specifically	specifically 43
42	atlas	atlas 40 atlases 2
42	gothic	gothic 42
42	indian	indian 36 indians 6
42	unknown	unknown 42
41	additional	additional 41
41	analogical	analogical 41
41	bibliographie	bibliographie 41
41	complementary	complementary 41
41	europe	europe 41
41	formally	formally 41
41	partial	partial 41
41	researcher	researcher 1 researchers 40
40	bracket	bracketed 3 bracketing 13 brackets 24
40	closure	closure 38 closures 2
40	interdisciplinary	interdisciplinary 40
40	oh	oh 40
40	programme	programme 1 programmed 3 programmes 1 programming 35
40	reaction	reaction 27 reactions 13
40	simultaneously	simultaneously 40
40	species	species 40
40	throughout	throughout 40

附录 10-2　语言学语域学术词汇表的第二部分与术语词汇表的第一部分（265 个）

Freq	Lemma	Lemma + Word Form(s)
2935	linguistic	linguistic 1620 linguistics 1315
1525	semantic	semantic 886 semantics 639
1251	english	english 1251
1203	meaning	meaning 1071 meanings 132
737	speaker	speaker 297 speakers 440
713	phonetic	phonetic 378 phonetics 335
680	syntactic	syntactic 680
589	syntax	syntax 589
583	phrase	phrase 426 phrased 4 phrases 153
473	syllable	syllable 298 syllables 175
455	german	german 445 germans 10[9]
453	lexical	lexical 453
435	phonology	phonology 435
422	constituent	constituent 226 constituents 196
398	french	french 398
379	latin	latin 377 latins 2
378	information	information 378
376	writing	writing 344 writings 32
360	phonological	phonological 360
355	communication	communication 348 communications 7
345	consonant	consonant 168 consonants 177
341	transformational	transformational 341
338	formation	formation 304 formations 34
333	discourse	discourse 329 discourses 4
330	construction	construction 177 constructions 153
316	dialect	dialect 133 dialects 183
303	representation	representation 215 representations 88

(续表)

Freq	Lemma	Lemma + Word Form(s)
295	generative	generative 295
287	pronoun	pronoun 131 pronouns 156
283	functional	functional 283
278	morphology	morphology 278
269	acquisition	acquisition 269
259	greek	greek 248 greeks 11
253	verbal	verbal 253
246	predicate	predicate 202 predicated 1 predicates 43
245	morphological	morphological 245
245	utterance	utterance 140 utterances 105
239	argument	argument 159 arguments 80
237	cognitive	cognitive 237
235	interpretation	interpretation 199 interpretations 36
233	pragmatic	pragmatic 91 pragmatics 142
231	articulation	articulation 223 articulations 8
221	proposition	proposition 105 propositions 116
214	reading	reading 155 readings 59
211	phonemes	phonemes 211
205	adjective	adjective 90 adjectives 115
202	germanic	germanic 202
188	structural	structural 188
180	linguist	linguist 66 linguists 114
175	phoneme	phoneme 175
166	lexicon	lexicon 165 lexicons 1
158	morpheme	morpheme 158
158	movement	movement 128 movements 30
157	teaching	teaching 154 teachings 3

(续表)

Freq	Lemma	Lemma + Word Form(s)
152	agreement	agreement 149 agreements 3
149	morphemes	morphemes 149
146	occurrence	occurrence 101 occurrences 45
144	articulatory	articulatory 144
143	constraint	constraint 52 constraints 91
141	voiceless	voiceless 141
139	binding	binding 139
139	variation	variation 106 variations 33
137	langue	langue 137
137	node	node 84 nodes 53
135	semantically	semantically 135
132	typology	typology 132
129	conjunction	conjunction 76 conjunctions 53
129	derivation	derivation 102 derivations 27
128	aphasia	aphasia 128
128	synchronic	synchronic 128
127	accent	accent 117 accented 3 accents 7
127	diachronic	diachronic 127
127	suffix	suffix 77 suffixes 50
127	vocabulary	vocabularies 7 vocabulary 120
126	statement	statement 75 statements 51
126	transformations	transformations 126
125	competence	competence 125
124	dependency	dependencies 22 dependency 102
123	implication	implication 90 implications 33
121	government	government 120 governments 1
120	chinese	chinese 120

(续表)

Freq	Lemma	Lemma + Word Form(s)
119	nominal	nominal 119
118	nasal	nasal 118
118	slavic	slavic 118
117	alphabet	alphabet 108 alphabets 9
114	sanskrit	sanskrit 114
114	singular	singular 114
113	inflectional	inflectional 113
112	communicative	communicative 112
111	corpus	corpora 34 corpus 76 corpuses 1
109	sociolinguistics	sociolinguistics 109
104	negation	negation 104
102	metaphor	metaphor 71 metaphors 31
102	oral	oral 100 orals 2
102	preposition	preposition 54 prepositions 48
102	syllabus	syllabus 84 syllabuses 18
98	adverb	adverb 36 adverbs 62
98	maxim	maxim 55 maxims 43
98	variant	variant 36 variants 62
97	comprehension	comprehension 97
97	unification	unification 97
97	vocal	vocal 97
96	descriptive	descriptive 96
96	psycholinguistics	psycholinguistics 96
96	stylistic	stylistic 42 stylistics 54
95	mood	mood 89 moods 6
94	idiom	idiom 56 idioms 38
93	learner	learner 44 learners 49

(续表)

Freq	Lemma	Lemma + Word Form(s)
93	nominative	nominative 92 nominatives 1
92	ergative	ergative 92
91	inflection	inflection 81 inflections 10
90	acoustic	acoustic 89 acoustics 1
89	intonation	intonation 88 intonations 1
89	notation	notation 86 notations 3
88	parole	parole 88
88	propositional	propositional 88
88	structuralism	structuralism 88
87	perception	perception 83 perceptions 4
87	teacher	teacher 43 teachers 44
86	modal	modal 84 modals 2
86	thematic	thematic 86
86	valence	valence 86
85	conceptual	conceptual 85
85	transformation	transformation 85
84	affix	affix 39 affixed 3 affixes 42
84	ending	ending 45 endings 39
84	usage	usage 77 usages 7
83	cognition	cognition 83
83	reader	reader 50 readers 33
83	transitive	transitive 83
82	arabic	arabic 82
82	syntactically	syntactically 82
82	syntagmatic	syntagmatic 82
81	categorial	categorial 81
81	transcription	transcription 70 transcriptions 11

(续表)

Freq	Lemma	Lemma + Word Form(s)
80	hearer	hearer 69 hearers 11
80	spanish	spanish 80
79	genitive	genitive 79
79	prefix	prefix 41 prefixes 38
79	restriction	restriction 27 restrictions 52
79	tone	tone 57 tones 22
79	variable	variable 48 variables 31
77	russian	russian 77
77	segment	segment 35 segments 42
76	motivate	motivate 1 motivated 71 motivates 1 motivating 3
75	participant	participant 18 participants 57
73	auxiliary	auxiliaries 34 auxiliary 39
72	conversational	conversational 72
72	implicature	implicature 72
72	rhetoric	rhetoric 72
72	semitic	semitic 72
72	terminology	terminology 72
71	adverbial	adverbial 71
71	anaphora	anaphora 71
71	japanese	japanese 71
71	presupposition	presupposition 51 presuppositions 20
70	etymological	etymological 70
69	italian	italian 68 italians 1
69	stimulus	stimuli 16 stimulus 53
68	creole	creole 44 creoles 24
68	interrogative	interrogative 53 interrogatives 15
67	accusative	accusative 67

(续表)

Freq	Lemma	Lemma + Word Form(s)
67	celtic	celtic 67
66	relevance	relevance 66
65	determiner	determiner 47 determiners 18
64	dative	dative 64
64	imperative	imperative 50 imperatives 14
64	selection	selection 59 selections 5
64	spelling	spelling 56 spellings 8
63	blend	blend 31 blended 5 blending 13 blends 14
63	lingua	lingua 63
61	infinitive	infinitive 60 infinitives 1
61	rheme	rheme 61
61	script	script 46 scripts 15
60	performative	performative 60
60	schema	schema 52 schemata 8
60	semiotics	semiotics 60
59	negative	negative 59
59	signify	signified 50 signifies 5 signify 1 signifying 3
59	transition	transition 41 transitions 18
58	ambiguity	ambiguities 7 ambiguity 51
58	dutch	dutch 58
58	prepositional	prepositional 58
58	temporal	temporal 58
57	generalize	generalize 1 generalized 48 generalizing 8
57	nucleus	nuclei 3 nucleus 54
57	phonemic	phonemic 57
56	aspirate	aspirate 6 aspirated 43 aspirates 7
56	etymology	etymologies 3 etymology 53

(续表)

Freq	Lemma	Lemma + Word Form(s)
56	paraphrase	paraphrase 27 paraphrased 10 paraphrases 19
56	parse	parse 1 parsed 3 parses 1 parsing 51
56	syllabic	syllabic 56
55	morphologically	morphologically 55
55	pidgin	pidgin 29 pidgins 26
55	saying	saying 53 sayings 2
54	dialectal	dialectal 54
54	dialectology	dialectology 54
54	fricative	fricative 54
54	ipa	ipa 54
54	user	user 34 users 20
53	airstream	airstream 53
53	alveolar	alveolar 53
53	componential	componential 53
53	fricatives	fricatives 53
53	intensional	intensional 53
52	intransitive	intransitive 52
52	narrative	narrative 45 narratives 7
52	signifier	signifier 52
51	ablaut	ablaut 51
51	diphthong	diphthong 28 diphthongs 23
51	entry	entries 31 entry 20
51	indefinite	indefinite 51
50	arbitrariness	arbitrariness 50
50	contrastive	contrastive 50
50	illocutionary	illocutionary 50
50	referential	referential 50

(续表)

Freq	Lemma	Lemma + Word Form(s)
50	synonym	synonym 35 synonyms 15
49	antecedent	antecedent 44 antecedents 5
49	associative	associative 49
49	glossematics	glossematics 49
48	deixis	deixis 48
48	paradigmatic	paradigmatic 48
48	pronominal	pronominal 48
48	response	response 38 responses 10
47	derivational	derivational 47
47	diachrony	diachrony 47
47	extralinguistic	extralinguistic 47
47	iranian	iranian 47
47	modality	modality 47
46	cavity	cavities 5 cavity 41
46	coda	coda 46
46	emphasize	emphasize 16 emphasized 18 emphasizes 7 emphasizing 5
46	matrix	matrices 2 matrix 44
46	modifier	modifier 26 modifiers 20
46	sentential	sentential 46
46	synchrony	synchrony 46
45	deletion	deletion 45
45	modification	modification 33 modifications 12
45	palate	palate 45
45	pitch	pitch 40 pitched 1 pitches 4
45	plane	plane 42 planes 3
45	sociolinguistic	sociolinguistic 45
44	finnish	finnish 44

(续表)

Freq	Lemma	Lemma + Word Form(s)
44	reflexive	reflexive 44
44	rhyme	rhyme 37 rhymes 2 rhyming 5
44	stratum	strata 16 stratum 28
43	adjunct	adjunct 22 adjuncts 21
43	coherence	coherence 43
43	encode	encode 7 encoded 16 encodes 2 encoding 18
43	unmarked	unmarked 43
42	dual	dual 42
42	kinship	kinship 42
42	markedness	markedness 42
42	neurolinguistics	neurolinguistics 42
41	dental	dental 41
41	lexeme	lexeme 41
40	faculty	faculties 2 faculty 38
40	listener	listener 28 listeners 12
40	orthography	orthography 40
40	phonic	phonic 40
40	quantifier	quantifier 40
40	static	static 40
40	structuralist	structuralist 40
40	tonal	tonal 40
40	utter	utter 7 uttered 18 uttering 14 utters 1

附录10-3 语言学语域术语词汇表的第二部分(73个)

Freq	Lemma	来源	Lemma + Word Form(s)
7223	language	GSL	language 5343 languages 1880
2788	word	GSL	word 1686 wording 5 words 1097

(续表)

Freq	Lemma	来源	Lemma + Word Form(s)
1962	reference	GSL	reference 437 references 1525
1867	grammar	GSL	grammar 1683 grammars 184
1760	use	GSL	use 668 used 828 uses 119 using 145
1611	form	GSL	form 894 formed 168 forming 42 forms 507
1388	theory	AWL	theories 148 theory 1240
1379	structure	AWL	structure 1092 structured 37 structures 240 structuring 10
1365	sound	GSL	sound 796 sounded 2 sounds 567
1342	sentence	GSL	sentence 866 sentences 475 sentencing 1
1140	verb	GSL	verb 680 verbs 460
1062	term	GSL	term 696 termed 26 terms 340
1031	system	GSL	system 752 systems 279
979	study	GSL	studied 71 studies 399 study 466 studying 43
848	case	GSL	case 663 cases 185
751	function	AWL	function 458 functioned 1 functioning 53 functions 239
724	feature	AWL	feature 291 featured 3 features 429 featuring 1
644	say	GSL	said 205 say 375 says 64
641	noun	GSL	noun 405 nouns 236
636	expression	GSL	expression 299 expressions 337
616	object	GSL	object 434 objects 182
612	type	GSL	type 339 typed 2 types 265 typing 6
606	text	AWL	text 447 texts 159
598	vowel	GSL	vowel 322 vowels 276
596	base	GSL	base 67 based 525 basing 4
591	speak	GSL	speak 77 speaking 192 speaks 41 spoken 281
569	sign	GSL	sign 319 signed 8 signing 5 signs 237
527	category	AWL	categories 254 category 273

（续表）

Freq	Lemma	来源	Lemma + Word Form(s)
510	subject	GSL	subject 445 subjected 10 subjects 55
509	refer	GSL	refer 151 referred 45 referring 64 refers 249
502	mean	GSL	mean 92 means 355 meant 55
477	number	GSL	number 418 numbered 2 numbering 3 numbers 54
459	class	GSL	class 294 classed 10 classes 152 classing 3
442	context	AWL	context 350 contexts 92
425	clause	AWL	clause 262 clauses 163
424	group	GSL	group 266 grouped 24 groups 134
422	aspect	AWL	aspect 175 aspects 247
422	write	GSL	write 88 writes 18 written 295 wrote 21
381	concept	AWL	concept 256 concepts 125
372	question	GSL	question 245 questioned 6 questioning 3 questions 118
372	voice	GSL	voice 156 voiced 160 voices 12 voicing 44
370	dictionary	GSL	dictionaries 95 dictionary 275
368	description	GSL	description 301 descriptions 67
352	express	GSL	express 109 expressed 152 expresses 59 expressing 32
335	describe	GSL	describe 141 described 129 describes 38 describing 27
312	learn	GSL	learn 61 learned 43 learning 201 learns 6 learnt 1
304	define	AWL	define 48 defined 188 defines 28 defining 40
302	name	GSL	name 139 named 31 names 107 naming 25
294	represent	GSL	represent 96 represented 117 representing 22 represents 59
267	stress	AWL	stress 210 stressed 54 stresses 3
223	talk	GSL	talk 107 talked 12 talking 33 talks 71
208	denote	AWL	denote 88 denoted 34 denotes 48 denoting 38
200	pattern	GSL	pattern 80 patterned 1 patterning 16 patterns 103
200	root	GSL	root 143 rooted 3 roots 54

(续表)

Freq	Lemma	来源	Lemma + Word Form(s)
196	letter	GSL	letter 105 letters 91
179	understand	GSL	understand 91 understands 9 understood 79
172	idea	GSL	idea 101 ideas 71
162	component	AWL	component 67 components 95
159	compound	AWL	compound 79 compounded 1 compounding 15 compounds 64
159	force	GSL	force 91 forced 10 forces 55 forcing 3
146	error	AWL	error 55 errors 91
144	move	GSL	move 64 moved 33 moves 20 moving 27
142	test	GSL	test 81 tested 9 testing 20 tests 32
138	suggest	GSL	suggest 29 suggested 49 suggesting 5 suggests 55
132	attribute	AWL	attribute 64 attributed 28 attributes 37 attributing 3
128	item	AWL	item 48 items 80
125	pronounce	GSL	pronounce 22 pronounced 92 pronounces 1 pronouncing 10
106	govern	GSL	govern 18 governed 39 governing 29 governs 20
97	interpret	AWL	interpret 23 interpreted 50 interpreting 21 interprets 3
91	modify	AWL	modified 53 modifies 7 modify 26 modifying 5
79	imply	AWL	implied 15 implies 41 imply 20 implying 3
65	coin	GSL	coin 6 coined 46 coining 10 coins 3
65	dominate	AWL	dominate 5 dominated 24 dominates 24 dominating 12

注释：

① 我们此前对同一批语料进行统计时，通过 Collocate 1.0 检索出来的 LAC 的形符（token）数为 568 138 个词，类符（type）数为 27 828 个词，与本研究中运用 AntConc 软件的统计结果存在一定出入，这是不同软件的分词（parse）与统计机制不同导致的，数据的出入对于最终结论的形成不造成太大影响。

② 附录 10-2 词表没有排除一词多义现象，germans latins、greeks 等词超越了单数形式的意义，但为了保持选词标准的一致性，我们没有排除这些复数形式。

第十一章 基于词频统计的术语表研制方法：以英语语言学为例

11.1 导论

术语表（glossary）是特定学科术语的集合。术语表的质量取决于术语的质量。梁爱林（2016）把术语质量的标准概括为六个方面，即清晰性、一致性、得体性、简洁性、准确性以及词的衍生能力。Periñán-Pascual 等（2015）认为，突显性（salience）、关联性（relevance）和连贯性（cohesion）决定了术语的质量。要确保术语表的质量，最重要的是从文本中提取术语的方法和程序要合理。一般来说，教材附录的术语表是将教材中出现过的术语按一定的顺序排列出来，这不是一件难事。但是，要把一个学科的常用术语尽可能全面地遴选出来，以代表一个学科全部的知识体系和研究方法，却不是一件容易的事。本章以英语语言学为例，将提出一种四步骤的术语表研制方法，并将尽可能全面地归纳出英语语言学的术语。

11.2 术语表的研制方法回顾

国内的术语表研究是多侧面多角度的，比如叶其松（2014）提出"术语编纂三分说"，从广义、一般概念和狭义三个维度对术语进行论述，郑述谱等（2010）对国外术语学研究现状进行了评介，梁爱林（2016）对术语资源的质量评估进行了较全面的探讨。偶尔也有学位论文（陈观喜，2018）对文档术语表的自动构建方法展开研究,提出了一些较有价值的观点。

国外的术语表研究,更多地关注术语的产生过程和实施方法,在研究思路上大致可以分为三类。第一类是基于词频的方法,第二类是基于上下文语境的方法,第三类是语料对比的方法。这些研究与本章的关系更加密切,所以我们来简要介绍一下它们的主要观点和代表性理论,然后评述一下它们的得失。

第一类方法的基本思路是:如果一个单词出现的频率比较大或者该单词以固定的搭配形式出现在特定的文本中,那么它在这个领域中成为术语的可能性比较大。

词频方法代表性的理论是 TF-IDF(Augenstein et al.,2014)。TF(term frequency)指词频,即一个词条在文档中出现的频率。IDF(inverse document frequency)指逆向文本词频,如果包含某词条的文档越少,即 IDF 越大,则说明该词条具有很好的类别区分能力。C-Value(Frantzi et al.,2000)是术语抽取方法中应用较多的理论。在统计词频时,它要求候选术语不得嵌套在别的术语中。它先通过计算候选术语频率和长度得到一个分值,然后根据包含该候选术语的更长的候选术语的词频来调整该分值。Basic(Bordea et al.,2013)与 C-Value 方法刚好相反,根据 Basic 方法抽取的术语可以是其他候选术语的一部分。

第二类方法是基于上下文语境来区分术语和非术语。NC-Value(Frantzi et al.,2000)是代表性的方法之一,它主张一个特定领域的语料库中通常有一个"重要"单词的列表,在这些"重要"单词语境中出现的候选术语应该被赋予更高的权重。方法 Domain Coherence(Astrakhantsev,2018)是 NC-Value 的一种改进,它用 Basic 方法抽取最好的 200 个术语候选项,然后从它们的上下文中过滤其他词性的单词。这个过滤过程只保留在文档中词频至少占四分之一的名词、形容词、动词和副词,最后用标准化的 Astrakhantsev(2018)排序得到前 50 个单词。

第三类方法是语料对比的方法,它的基本做法是:通过对单词在指定领域语料中的词频和在其他语料中的词频进行比较,将术语与一般的单词或者短语区别开来。这类方法主要包括 Domain Pertinence、Weirdness 和 Relevance 等(Astrakhantsev,2018)。

上述三类方法,各有其合理性。下面,我们分别进行评述。

第一类方法基于词频来遴选术语,这是最基础的操作步骤。但是,词频方法不能排除高频的非术语词组,尤其是包含 2~3 个词的词组,它们在各类文体中都具有很高的出现频率。比如，put on 和 take advantage of 这类词组，总是混迹于通过词频遴选出来的术语库中，而且数量很大。Biber(2006)的统计发现，在英语口语和书面语中，这类词组分别占 30% 左右和 21% 左右。Erman 等(2000)的统计比例更高，认为分别占 58.6% 和 52.3%。所以，词频方法只能是术语表研制的步骤之一，而不能成为独立的术语遴选方法。

第二类方法是基于上下文语境来区分术语和非术语。某些"重要"词汇在词串语境中与其他词汇的共现概率很高，但是词组作为整体的出现概率不一定高，所以词组可能被词频统计方法所过滤。如果能将词频方法和语境方法结合起来，把整体的词频数据和词组内部各成分的共现概率进行量化，对两者进行综合平衡，按一定的比例取值，这样会比单独考虑词频或语境特征更能遴选出合理的术语表。

第三类方法是进行语料对比，即对同一单词在不同文体或不同语域的语料中的频次进行比较。在统计术语时，这种方法可以排除高频日常词组。比如，上文提到的 put on 和 take advantage of 等词组是各种文体和各种语域中的通用词组，它们不仅整体的词频很高，而且内部各成分的共现概率也很高。所以，第三类方法通过语域排查可以过滤非术语词组，但是必须与第一和第二类方法结合起来使用。

从我们的分析可以看出，三类方法各有其合理性，但是单独使用时都有一定的缺陷。所以，本章拟提出四个步骤的遴选方法，充分利用上述三种方法的优势，同时让它们扬长避短，优势互补，找到一条适合术语遴选的方法。

11.3 术语表研制过程详解

接下来，我们分四个步骤来讲解和实施术语表的研制过程。我们的研究以英语语言学的术语提取和术语表制作为例。我们的研制方法不仅可以为其他学科术语表的研制提供一种示范，同时，本章研究的结果也可以为英语语言学学科提供可以利用的术语库，指导英语语言学教材编写时的术语选用，同时也可以用作教材的附录，供教材读者使用。当然，由于语料选择的有限性和各种参数在量化精度上的局限性，术语表不可能穷尽一切术语。而且，由于学科在不断发展之中，术语表也必须随着时间推移而不断更新。

11.3.1 步骤一：运用词频统计方法进行初步筛选

步骤一运用词频统计方法，筛选出候选的术语，是对第一类方法的借鉴和发挥。

为了研制英语语言学语域的术语表，我们设计了一个自建语料库，包括四本语言学著作，并将它命名为 Linguistic Academic Corpus(LAC)。四本著作分别是：1. Bussmann 等（1996）的 *Routledge Dictionary*；2. Kracht（2008）的 *Introduction to Linguistics*；3. Saussure（1983）的 *Course in General Linguistics*；4. 胡壮麟（2017）的《语言学教程》(第五版)。第一本是到目前为止词条最多、声望较高的语言学词典，是学界同行最常使用的工具书，涉及英语语言学的各个子学科，内容完整、全面。后三本都是普通语言学的经典教材，它们涉及的术语比较全面，也比较规范。其中，*Introduction to Linguistics*（2008）是 Marcus Kracht 根据自己在 UCLA 讲授普通语言学时的讲义编写的教材，*Course in General Linguistics* 是根据 F. de Saussure(1983)在日内瓦大学三次讲授普通语言学的讲义整理出版的遗著，《语言学教程》(第五版)是国内读者熟悉的普通语言学的经典教材，在内容和语言的经典性方面不次于国外同类教材。四本著作的形符数(tokens)为 568 138 个词，类符数(types)为 27 828 个词。

在处理语料时，我们使用了语料库检索软件 Collocate 1.0，对语料中的 N 元词组(N-gram)进行检索，词组长度设定为 2 至 5 个词（即 N = 2, 3, 4, 5），以词频(Frequency，下文缩写为 Freq)为统计参数，发现共有 86 918 个词组类型，在下文中我们称之为 LAC-86918。其中，2~5 个词的词组分别是 39 339、27 694、12 986、6 899 个。表 11-1 是各种长度词组的举例，它们分别是各组中词频最高的 10 个例子。

表 11-1　LAC-86918 中 2~5 词词组的举例(各 10 个)

	序号	短语	词频
2词短语	1	of the	2828
	2	in the	1653
	3	to the	1057
	4	of a	899
	5	on the	702

(续表)

	序号	短语	词频
2词短语	6	and the	690
	7	is a	601
	8	of language	569
	9	can be	557
	10	it is	534
3词短语	1	as well as	192
	2	and New York	124
	3	et al eds	122
	4	the study of	121
	5	Berlin and New	112
	6	the meaning of	97
	7	in which the	84
	8	part of the	78
	9	Amsterdam and Philadelphia	75
	10	based on the	73
4词短语	1	Berlin and New York	112
	2	on the basis of	55
	3	as well as the	36
	4	on the other hand	35
	5	ed Current trends in	31
	6	T A Sebeok ed	31
	7	In T A Sebeok	31
	8	in linguistics The Hague	30
	9	current trends in linguistics	29
	10	Amsterdam and Philadelphia PA	29
5词短语	1	In T A Sebeok ed	31
	2	Sebeok ed Current trends in	28
	3	T A Sebeok ed Current	28
	4	ed Current trends in linguistics	28

(续表)

	序号	短语	词频
5词短语	5	A Sebeok ed Current trends	27
	6	Current trends in linguistics The	25
	7	trends in linguistics The Hague	25
	8	Newmeyer ed Linguistics the Cambridge	24
	9	in linguistics The Hague Vol	24
	10	international handbook of contemporary research	23

注：表中的词组是软件统计的结果，标点符号被自动删去，如 T. A. sebeoc，也包括一些外词，如 et al., eds。

从表10-1可以看出，10个频率最高的2词词组只有 of language 与语言学相关，3词词组只有 the meaning of 与语言学相关，4～5词词组中与语言学相关的词组稍多，共有7个。而且，它们都不具备术语的名词性范畴特征，或者是语义不完整，没有明确的语义指向。对4～5词词组来说，词组不具有单一的语义中心，如 trends in linguistics The Hague，或者说它们具有跨句的组合性特征。所以，必须对 LAC-86918 进行较大规模的压缩和精简。

11.3.2 步骤二：运用停止词列表进行二次筛选

对 LAC-86918 进行压缩和精简，是第二步操作，即根据停止词表（stopword list）来进行过滤和精简，可以较大限度地区分术语与非术语。所谓的"停止词"，是指高频率的虚词或与检索目标无关的高频词组（Ferilli et al., 2014；Wu, 2017）。

使用停止词表，符合第二类方法中的 NC-Value 理论（Frantzi et al., 2000）。它认为，在某些"重要"单词语境中出现的候选术语应该被赋予更高的权重。"停止词表"的使用正是对这一原则的逆向使用，因为"停止词表"是可以认定的"不重要"的单词或词组，可以把它们或与之搭配的词组过滤掉。Domain Coherence（Astrakhantsev, 2018）用 Basic 方法抽取最好的200个术语候选项，再从它们的上下文中过滤其他词性的单词，只保留在文档中词频至少占四分之一的名词、形容词、动词和副词。这种方法的逆向使用也与使用"停止词表"的方法异曲同工，因为"停止词表"包含的过滤项包括各种虚词（还有 PL 和 AFL），过滤的方法与 Domain Coherence 方法只保留高频名词、形容词、动词和副词的方法在思路上是一致的。

从表 11-1 可以看出，LAC-86918 中包含了太多的虚词成分（如介词、不定式的小品词 to 等），另外，还包含很多非学术的通用词组和通用学术词组。为了把这两类词组过滤掉，我们选择了非学术词组库（PHRASal Expressions List，PL）和 AFL 这两个词组库。

PL 是 Martinez 等（2012）基于 BNC（英国国家语料库）选取的 505 个非学术词组库（PHRASal Expressions List）。在 505 个非学术词组中，有 119 个被两位作者标记为在书面文体中"少见或不存在"（rare or non-existent），只在口头文本中有较大出现频率。所以，我们只选取在书面文体中有较高频率的 386 条短语（386=505-119），包括 2~4 词组成的非学术词汇。

AFL 是由 Simpson-Vlach 等（2010）所创建的通用学术语料库（Academic Formula List），总共 607 个词组，包括三个部分。第一部分是在口语与书面语中均为高频的 207 个核心词组，第二部分是在书面语中高频的 200 个词组，第三部分是在口语文体中高频的 200 个词组。我们选取 207 个核心词组和 200 个书面语词组，共计 407 个。它们是由 3~5 词组成的学术词组。

选用 PL 和 AFL 的理由，是因为它们分别代表日常话语中的通用词组和多学科的通用学术词组，而我们的语料是语言学领域的专门学科文本，我们的目标是提取语言学领域的专门术语，所以我们的术语表不会与 PL 和 AFL 交叉或共现。

运用停止词对 LAC-86918 进行二次筛选，得到 2~5 词的专门术语分别为 6 356 个、573 个、82 个和 25 个，总数是 7 036 个，只有 LAC-86918 的不到 1/12。为了方便，我们把精简后的词组库称为 LAC-7036。表 11-2 列出了 LAC-7036 中词频排序最高的 10 个术语词组。这些词组大部分都具有术语的结构特征，也体现术语的语义类型。

表 11-2　LAC-7036 中 2~5 词的词组举例（各 10 个）

	序号	短语	词频
2 词短语	1	language acquisition	127
	2	transformational grammar	125
	3	word order	104
	4	million speakers	85
	5	word formation	83

(续表)

	序号	短语	词频
2词短语	6	speech act	64
	7	generative grammar	61
	8	formal logic	56
	9	phrase structure	56
	10	natural language	52
3词短语	1	speech act theory	40
	2	Old High German	24
	3	phrase structure grammar	18
	4	phrase structure rules	17
	5	References word formation	17
	6	Speech sound classified	16
	7	generative transformational grammar	16
	8	Extended Standard Theory	15
	9	Generalized Phrase Structure	15
	10	Functional Unification Grammar	11
4词短语	1	Generalized Phrase Structure Grammar	14
	2	High German consonant shift	9
	3	Old High German consonant	9
	4	Revised Extended Standard Theory	8
	5	distinctive feature analysis based	7
	6	Formal philosophy selected papers	5
	7	Germanic sound shift Grimm	5
	8	In neurolinguistics term referring	5
	9	English predicate complement constructions	5
	10	augmented transition network grammar	4
5词短语	1	Phrase Structure Grammar ACL Proceedings	2
	2	langues en contact pidgins creoles	2
	3	seven sins of pragmatics theses	2

(续表)

	序号	短语	词频
5词短语	4	extrinsic feedback in interlanguage fossilization	2
	5	illocutionary force indicating device illocution	2
	6	brace construction dislocation exbraciation topicalization	2
	7	pharyngealization secondary articulation aspiration nasalization	2
	8	palatalization velarization pharyngealization secondary articulation	2
	9	langue grecque histoire des mots	2
	10	grammatica storica della lingua italiana	2

LAC-7036的数量仍然太过庞大,而且,4~5词的词组具有跨句的组合特征,许多外来语(如 grammatica storica della lingua italiana)也混迹其中。所以,必须进一步筛选,即开启第三步骤的筛选。

11.3.3 步骤三:运用MI和FTW来进行第三次筛选

第三步的筛选是运用互信息熵(Mutual Information,MI)和词组教学值(Formula Teaching Worth,FTW)来体现上下文语境的筛选功能,也是借鉴了上文的第二类方法(Frantzi et al.,2000;Astrakhantsev,2018)。我们先介绍一下互信息熵(MI)和词组教学值(FTW)。

互信息熵(MI)(Fano et al.,1961)可以测量中心词(nodeword)和搭配词(collocate)之间的关联强度(association strength)或可搭配性(collocability)。MI的计算公式是:$MI(x,y) = fobs(x,y) / fexp(x,y)$。在公式中,x是中心词,它的前后若干长度内的搭配词为y,$MI(x,y)$是x和y之间的互信息熵。等式右边是两个函数式(f:function)相除,x与y的观测共现频数(obs:observation)的函数 $fobs(x,y)$为分子,零假设下中心词与搭配词的期望共现频数(exp:expectation)的函数 $fexp(x,y)$为分母(冯跃进 等,1999a,1999b)。

词组教学值(FTW)是 Simpson-Vlach 等(2010)[15] 提出的计算方法,用于评估教师在多大程度上认为某词组应该成为教学内容。FTW 是对互信息熵和词频的按比例取值,即 $FTW = 0.56\ MI + 0.31\ Freq$。当 MI、Freq 和 FTW 三个参数取值相互冲突时,Simpson-Vlach 等(2010)的做法是 FTW 优先。

所以,不管是 MI 还是 FTW,都或多或少地体现了词组内部各成分之间的相互期待,体现了"重要"的词(Frantzi et al.,2000)与周边词汇之间相互吸引的强度,或者说体现了"重要"的词所受语境约束的大小。所以,MI 和 FTW 一方面排除了词频对于术语遴选的唯一取舍功能,另一方面也可以弥补语料库规模对于词频总数的影响。任何语料库的规模都是有限的(不管它实际有多大),一般来说,语料库的规模越大,术语的出现频次就越多。所以,如果考虑 MI 并且将它与词频按一定比例折算成 FTW,就可以降低语料库规模的影响。这种做法体现了上文第二类方法对于第一类方法的补足与纠偏。

我们遵循这种算法,把 FTW 的取值设定为 10.00,即只取 FTW 大于或等于 10.00 的词组,得出 681 个语言学语域的术语词组,我们称之为 LAC - 681。其中,2～5 词的词组分别是 197、377、82、25 个,总数是 681 在规模上又只有 LAC - 7037 的不到 1/10,与 LAC - 86918 相比只有不到 1/127。对于 LAC - 681,我们在此暂不举例,因为它分为两部分:一部分是我们将在第四步骤(见下一节)的操作中被淘汰的部分,所以在下一节将有举例;而保留的部分就是我们的最终产品,即语言学语域的术语表,我们把它作为附录 11-1 列于文章的末尾。

11.3.4　步骤四:基于人工语义判断的第四次筛选

我们发现,LAC - 681 虽然经过了三次过滤,但仍然包含较多非术语的词组,必须进行第四步的过滤。造成过滤不彻底的原因有两个,一是在第二步骤中,使用的停止词表不可能刚好与术语词组具有互补性。我们选择停止词表的原则是宁可过滤功能稍有欠缺,不可过滤功能太过强大。另一个原因是 MI 和 FTW 的使用客观上产生了一种负效应,因为原本可能通过词频过滤的非术语词组,由于 MI 和 FTW 降低了词频的权重,导致一部分原本词频较低的词组又进入了 LAC - 681 中。比如,表 11-3 中的 TICKLING COOKIE MONSTER 只出现了 2 次,但是它的内部连贯性很强,所以 MI 的取值高达 35.02,结果 FTW 的值被拉高了,但它显然不是语言学的术语。所以,为了把此类词组过滤掉,我们必须借鉴上文的第三类方法,即运用语料对比的方法,通过对单词在指定领域语料中的词频和在其他语料中的词频进行比较来排除。由于 LAC - 681 的规模较小,所以我们采用人工判断的方法,把语言学语域的词组与非语言学语域的词组区分开来。排查的结果是剔除了 322 个词组,其中有的词组是语义不完整或者在结构上是跨句的词汇组合(如 categorial grammar formal logic)。表 11-3 是 322 个被排除的词组中各种词长词组 FTW 取值最大的 10 个例子,按 FTW 的降序排列。

第十一章 基于词频统计的术语表研制方法：以英语语言学为例

表 11-3　LAC-681 中被排除的 322 个词组举例(2~5 词的词组各 10 个)

	词频	MI	FTW	短语
2词短语	85	10.20	32.06	million speakers
	37	12.00	18.19	international handbook
	35	12.65	17.94	Current trends
	45	3.56	15.94	In English
	34	9.48	15.85	An introduction
	24	13.87	15.20	Englewood Cliffs
	41	4.17	15.05	The following
	21	13.92	14.31	United States
	32	6.91	13.79	In addition
	28	8.99	13.71	among others
3词短语	2	35.02	20.23	TICKLING COOKIE MONSTER
	2	34.43	19.90	delicious cream doughnuts
	2	31.85	18.46	ARGUMENT IS WAR
	2	30.68	17.80	TWO PERSPECTIVES OF
	2	29.68	17.24	PERSPECTIVES OF DIACHRONIC
	16	20.35	16.36	Speech sound classified
	2	27.86	16.22	producing audible friction
	2	27.60	16.08	disturbances Cognitive Neuropsychology
	2	27.51	16.03	professional chess player
	5	24.90	15.50	Formal philosophy selected
4词短语	2	28.16	16.39	act locution References speech
	2	28.16	16.39	locution References speech act
	2	26.62	15.53	categorial grammar formal logic
	2	25.93	15.14	speech act theory conversational
	2	24.46	14.32	logic Montague grammar References
	2	24.23	14.19	lexical field theory semantic
	2	24.21	14.18	classification speech act theory

(续表)

	词频	MI	FTW	短语
4词短语	2	24.15	14.14	theory conversational analysis linguistics
	2	22.56	13.25	Chomsky s transformational grammar
	3	21.73	13.10	References speech act theory
5词短语	2	46.11	26.44	tooth Speech sound classified according
	2	45.50	26.10	phonetics spectral analysis Acoustic characteristics
	2	45.11	25.88	feature descriptions In ACL Proceedings
	2	40.55	23.33	politically defined linguistic community In
	2	39.49	22.73	act locution References speech act
	2	38.72	22.30	Structure Grammar References unification grammar
	2	37.93	21.86	intensional logic Montague grammar References
	2	37.34	21.53	locution References speech act theory
	2	35.54	20.52	act classification speech act theory
	2	35.48	20.49	act theory conversational analysis linguistics

排除了322个非术语的词组后,余下的359个词组就是我们的最终产品,称为LAC-359,即语言学语域的术语表。其中,第1~97是2词术语,共97个,约占27.02%,FTW的平均值为14.07;第98~320是3词术语,共223个,约占62.12%,FTW的平均值为12.85;第321~356是4词术语,共36个,约占10.03%,FTW的平均值为19.1;第357~359是5词术语,共3个,约占0.84%,FTW的平均值为26.1。在附录11-1中,每一种词长的术语都是按FTW的降序排列。

从上面的数据对比可以看出,3词术语最多,其次是2词术语,再次是4词术语,5词术语最少。从FTW来看,4词术语和5词术语最高,它们的词频并不高,但是MI取值较高,即内部成分之间具有较高的相互期待。2词术语和3词术语的FTW相对偏低,它们的词频虽然较高,但是MI取值偏低。

11.4 结语

国内外学者对术语的各个层面展开过研究,尤其国外学者对术语的研制方

第十一章 基于词频统计的术语表研制方法：以英语语言学为例

法可以分为三类，包括词频研究方法，利用语境的研究方法和语料对比的方法，它们各有优胜之处，也各有其不足。本章提出的四步骤术语表研制方法吸纳了三类方法的优点，同时回避了它们的不足。在我们的四步骤方法中，第一步骤对应词频研究方法，第二和第三步骤是语境研究方法的应用和拓展，第四步骤以人工筛选的方法体现语料对比的原则。通过对约56万字的英语语言学语料进行多种操作，我们归纳出了359个英语语言学术语。本章的研究不仅是对英语语言学术语全面的尝试性归纳，其中的研究方法可以应用于各个学科的术语研究和术语表的研制。由于语料选择的有限性和各种参数在取值上的局限性，LAC-359不可能穷尽一切术语。而且，受到学科发展阶段性特征的局限，术语表还必须随着时间推移而不断更新。

附录11-1 语言学语域的常用术语表（LAC-359）

序号	词频	MI	FTW	术语
1	125	8.42	43.47	transformational grammar
2	127	6.43	42.97	language acquisition
3	104	6.88	36.09	word order
4	83	7.81	30.11	word formation
5	64	8.24	24.46	speech act
6	61	7.54	23.13	generative grammar
7	56	9.47	22.66	formal logic
8	56	7.62	21.63	phrase structure
9	47	9.57	19.93	de Saussure
10	47	9.07	19.65	Word order
11	52	4.74	18.77	natural language
12	40	10.26	18.15	High German
13	41	8.23	17.32	surface structure
14	48	3.87	17.05	language change
15	37	9.73	16.92	componential analysis
16	37	9.69	16.9	articulatory phonetics
17	29	12.99	16.26	Prague School

(续表)

序号	词频	MI	FTW	术语
18	37	8.39	16.17	phonetic changes
19	40	6.60	16.09	linguistic expressions
20	36	8.52	15.93	deep structure
21	40	6.05	15.79	speech sounds
22	42	4.81	15.72	spoken language
23	35	8.27	15.48	speech acts
24	38	6.02	15.15	sound change
25	36	7.06	15.11	historical linguistics
26	26	12.58	15.11	artificial intelligence
27	27	12.00	15.09	Standard Theory
28	40	4.53	14.94	written language
29	38	5.32	14.76	language processing
30	32	8.15	14.48	noun phrase
31	24	12.22	14.28	Phrase Structure
32	36	5.55	14.27	natural languages
33	32	7.23	13.97	discourse analysis
34	24	11.37	13.81	tree diagram
35	22	11.93	13.5	oral cavity
36	23	11.20	13.4	Structure Grammar
37	28	8.26	13.3	categorial grammar
38	24	10.01	13.05	past tense
39	29	6.73	12.76	universal grammar
40	30	6.14	12.74	Indo-European languages
41	30	6.09	12.71	linguistic sign
42	23	9.38	12.38	distinctive feature
43	25	8.11	12.29	conversation analysis
44	31	4.50	12.13	linguistic theory

(续表)

序号	词频	MI	FTW	术语
45	31	4.26	12	sign language
46	22	9.08	11.9	main clause
47	22	9.05	11.89	direct object
48	23	8.20	11.72	sound shift
49	26	6.52	11.71	semantic relations
50	24	7.61	11.7	Romance languages
51	27	5.93	11.69	text linguistics
52	15	12.47	11.63	Generalized Phrase
53	23	7.97	11.59	semantic components
54	26	6.13	11.49	semantic features
55	21	8.83	11.45	computational linguistics
56	27	5.31	11.34	language family
57	9	15.19	11.3	Minimalist Program
58	25	6.29	11.27	language disorder
59	26	5.68	11.24	American languages
60	28	4.44	11.17	human language
61	14	12.10	11.12	vocal cords
62	26	5.43	11.1	language learning
63	13	12.50	11.03	operational procedures
64	20	8.59	11.01	noun phrases
65	24	6.32	10.98	semantic relation
66	25	5.74	10.96	foreign language
67	18	9.61	10.96	narrow sense
68	14	11.71	10.9	complementary distribution
69	9	14.42	10.87	speech-language pathology
70	23	6.66	10.86	syntactic function
71	22	7.18	10.84	semantic interpretation

(续表)

序号	词频	MI	FTW	术语
72	25	5.24	10.69	individual languages
73	21	7.44	10.68	generative semantics
74	13	11.83	10.66	glottal stop
75	19	8.47	10.63	finite verb
76	16	9.89	10.5	intensional logic
77	19	8.21	10.49	predicate logic
78	12	12.04	10.46	composite proposition
79	20	7.59	10.45	Historical linguistics
80	12	11.97	10.42	Sapir-Whorf hypothesis
81	12	11.97	10.42	vocal tract
82	21	6.98	10.42	grammatical relations
83	23	5.84	10.4	Germanic languages
84	19	8.05	10.4	unification grammar
85	17	9.11	10.37	Sign Language
86	20	7.37	10.33	syntactic functions
87	22	6.21	10.3	language teaching
88	12	11.68	10.26	Unification Grammar
89	19	7.70	10.2	dependency grammar
90	23	5.41	10.16	structure rules
91	2	16.92	10.1	positivistic atomism
92	2	16.92	10.1	Received Pronunciation
93	2	16.92	10.1	velarization pharyngealization
94	11	11.94	10.1	hard palate
95	21	6.34	10.06	functional grammar
96	18	7.99	10.06	binding theory
97	16	9.05	10.03	truth value
98	40	16.75	21.78	speech act theory

(续表)

序号	词频	MI	FTW	术语
99	24	21.37	19.41	Old High German
100	15	25.76	19.07	Extended Standard Theory
101	15	25.66	19.02	Generalized Phrase Structure
102	10	26.33	17.84	International Phonetic Alphabet
103	7	27.36	17.49	Voice Agreement Principle
104	2	29.82	17.32	Head Feature Convention
105	7	26.94	17.26	augmented transition network
106	11	24.71	17.25	Functional Unification Grammar
107	2	29.46	17.12	Foot Feature Principle
108	2	29.41	17.09	incompatibility complementarity conversion
109	2	29.15	16.94	requisite thoughts feelings
110	4	27.68	16.74	Higher cortical functions
111	2	27.54	16.04	completely homogeneous speech-community
112	2	27.44	15.99	dislocation exbraciation topicalization
113	8	23.89	15.86	Old Church Slavic
114	5	25.41	15.78	pulmonic airstream mechanism
115	2	27.00	15.74	visual gestural modality
116	2	26.88	15.67	real-time on-line translation
117	2	26.75	15.6	retrieved lexicon-grammar units
118	3	26.14	15.57	Head-Driven Phrase Structure
119	2	26.28	15.34	dynamic accent expiratory
120	2	26.26	15.33	glottalic airstream mechanism
121	2	26.26	15.33	velaric airstream mechanism
122	2	26.22	15.3	German aphasiological traditions
123	3	25.64	15.29	interactional patterns pathologies
124	3	25.59	15.26	International Phonetic Association
125	2	26.14	15.26	Headdriven Phrase Structure

(续表)

序号	词频	MI	FTW	术语
126	2	26.02	15.19	Control Agreement Principle
127	2	25.89	15.12	pervasive developmental disorders
128	2	25.86	15.1	Catastrophe theoretic semantics
129	2	25.75	15.04	random access memory
130	4	24.60	15.02	Numerous lexical borrowings
131	3	24.88	14.86	pharyngealization secondary articulation
132	3	24.61	14.71	existential quantifier operator
133	2	25.15	14.71	computer-based tools
134	2	25.12	14.69	oral proficiency interview
135	6	22.65	14.54	Lexical Functional Grammar
136	2	24.85	14.54	Copenhagen Linguistic Circle
137	3	24.23	14.5	upper front teeth
138	2	24.73	14.47	upper teeth dental
139	3	24.10	14.42	reality selected writings
140	2	24.59	14.39	checked vs unchecked
141	2	24.55	14.37	accusative plus infinitive
142	16	16.77	14.35	generative transformational grammar
143	2	24.45	14.31	controllers agreement patterns
144	2	24.42	14.3	brace construction dislocation
145	2	24.42	14.29	tendency towards polysynthesis
146	2	24.34	14.25	vocal cords vibrate
147	2	24.32	14.24	argumentation narrative structures
148	17	15.95	14.2	phrase structure rules
149	2	24.06	14.09	construction dislocation exbraciation
150	2	24.02	14.07	articulator lower lip
151	2	23.99	14.06	Port Royal grammar
152	5	22.32	14.05	present-day English word-formation

第十一章 基于词频统计的术语表研制方法：以英语语言学为例

(续表)

序号	词频	MI	FTW	术语
153	2	23.83	13.97	tendency towards ergativity
154	2	23.83	13.96	propositional island constraint
155	2	23.82	13.96	uniquely human component
156	2	23.78	13.94	generate ill-formed sentences
157	9	19.82	13.89	High German consonant
158	2	23.66	13.87	knowledge commonsense reasoning
159	18	14.79	13.86	phrase structure grammar
160	2	23.58	13.82	parallel interactive models
161	2	23.54	13.8	An Integrated Theory
162	2	23.52	13.79	force indicating device
163	2	23.49	13.77	articulation aspiration nasalization
164	2	23.48	13.77	orientational cognitive metaphor
165	2	23.47	13.77	primary cardinal vowels
166	2	23.39	13.72	force indicating devices
167	9	19.37	13.64	German consonant shift
168	2	23.25	13.64	notions lexically related
169	9	19.34	13.62	American Sign Language
170	2	23.16	13.59	expiratory accent stress
171	2	23.13	13.57	disjunctive feature descriptions
172	2	23.12	13.57	non-restrictive relative clauses
173	2	23.10	13.56	cross-cultural communication
174	2	23.10	13.56	schema-based text comprehension
175	2	23.10	13.55	mildly context-sensitive languages
176	11	17.95	13.46	Central American languages
177	6	20.63	13.41	third person singular
178	3	22.24	13.38	cyclic rule application
179	5	21.13	13.38	past tense marker

(续表)

序号	词频	MI	FTW	术语
180	3	22.16	13.34	explicit performative utterances
181	2	22.61	13.28	successive functional applications
182	2	22.56	13.25	rich literary tradition
183	2	22.54	13.24	regular metrical pattern
184	2	22.47	13.2	expiration oral articulation
185	2	22.47	13.2	two-place truth table
186	2	22.42	13.17	Grammar discovery procedures
187	2	22.29	13.1	children's spontaneous speech
188	9	18.34	13.06	Germanic sound shift
189	11	17.16	13.02	South American languages
190	2	22.13	13.01	past tense imperfect
191	5	20.41	12.98	Middle High German
192	2	22.04	12.96	thematic development macrostructure
193	3	21.40	12.91	input hypothesis issues
194	2	21.92	12.89	transition network grammars
195	2	21.85	12.85	Universal syllabic phonology
196	2	21.81	12.83	panregional trade languages
197	5	20.10	12.81	predicate complement constructions
198	3	21.16	12.78	An information-based syntax
199	3	21.14	12.77	specified subject condition
200	9	17.76	12.73	distinctive feature analysis
201	4	20.41	12.67	alphabetic writing systems
202	2	21.49	12.65	secondary articulation aspiration
203	8	18.11	12.62	functional sentence perspective
204	8	18.06	12.6	developmental language disorder
205	2	21.35	12.58	American Negro dialects
206	2	21.32	12.56	Black-white speech relationships

第十一章 基于词频统计的术语表研制方法：以英语语言学为例

(续表)

序号	词频	MI	FTW	术语
207	2	21.31	12.55	restrictive relative clauses
208	3	20.72	12.53	Semantically defined class
209	2	21.25	12.52	ideal speaker hearer
210	2	21.22	12.51	strong dialectal variation
211	2	21.19	12.49	present tense indicative
212	2	21.17	12.48	Variation across speech
213	3	20.48	12.4	String constituent analysis
214	2	20.97	12.36	ethnomethodological conversation analysis
215	2	20.92	12.34	higher-level programming language
216	3	20.37	12.34	Noun class systems
217	2	20.88	12.31	Germanic consonant gemination
218	4	19.76	12.31	Syntactic typology studies
219	4	19.75	12.3	transition network grammar
220	4	19.70	12.27	serial verb constructions
221	2	20.77	12.25	Serial verb constructions
222	8	17.40	12.23	basic color words
223	2	20.70	12.21	North Germanic Scandinavian
224	2	20.65	12.19	orthography standard pronunciation
225	2	20.63	12.17	voiced bilabial nasal
226	2	20.63	12.17	Danish Sign Language
227	6	18.37	12.15	immediate constituent analysis
228	2	20.58	12.14	Subcategorization constituent order
229	4	19.45	12.13	serial verb construction
230	2	20.49	12.1	Old South Arabic
231	2	20.46	12.08	Semantically defined clause
232	3	19.89	12.07	Prague School term
233	3	19.86	12.05	restricted semantic domains

(续表)

序号	词频	MI	FTW	术语
234	4	19.27	12.03	Sign Language Studies
235	2	20.37	12.03	formal logic formalization
236	2	20.17	11.91	two-place sentence operator
237	4	18.96	11.86	categorial unification grammar
238	2	20.04	11.84	Central Sudan languages
239	2	19.96	11.8	error analysis contrastive
240	2	19.77	11.69	experimental computational linguistics
241	5	18.11	11.69	inherent semantic relation
242	3	19.17	11.66	singular present tense
243	2	19.62	11.61	pidgins creoles languages
244	2	19.62	11.61	common etymological origin
245	6	17.32	11.56	specific language impairment
246	2	19.50	11.54	generalized categorial grammar
247	2	19.48	11.53	Early Modern English
248	2	19.39	11.48	sentential subject complement
249	2	19.38	11.47	past tense stem
250	2	19.38	11.47	tense aspect mood
251	9	15.50	11.47	free word order
252	2	19.34	11.45	gender feminist linguistics
253	2	19.32	11.44	regular past tense
254	6	17.09	11.43	basic level categories
255	2	19.26	11.41	cognitive metaphorical terms
256	7	16.49	11.4	lexical field theory
257	3	18.66	11.38	animal communication systems
258	4	18.10	11.37	basic color terms
259	2	19.12	11.33	originally distinct phonemes
260	8	15.75	11.3	Second language acquisition

(续表)

序号	词频	MI	FTW	术语
261	2	19.01	11.27	nouns adjectives pronouns
262	2	19.01	11.26	truth value notation
263	4	17.90	11.26	Natural language parsing
264	3	18.38	11.22	A cross-linguistic survey
265	2	18.86	11.18	Indo-European languages
266	2	18.84	11.17	early Greek alphabet
267	6	16.61	11.16	speech act classification
268	2	18.81	11.15	common morphological marker
269	2	18.76	11.13	tree diagram phrase
270	3	18.20	11.12	Functional sentence perspective
271	2	18.69	11.09	North American linguists
272	2	18.69	11.09	word order predictability
273	4	17.58	11.08	American Indian languages
274	2	18.68	11.08	West Germanic consonant
275	2	18.67	11.08	complex complete meanings
276	2	18.65	11.06	definite noun phrases
277	2	18.65	11.06	attribute value structures
278	6	16.43	11.06	Phrase structure rules
279	3	18.04	11.03	linguistic relativity principle
280	5	16.89	11.01	English predicate complement
281	2	18.52	10.99	comparative historical survey
282	5	16.82	10.97	language acquisition device
283	2	18.46	10.96	Specific language disorders
284	3	17.88	10.94	genetic tree theory
285	5	16.73	10.92	noun class systems
286	2	18.37	10.91	linguistics Prague School
287	4	17.26	10.91	relatively simple sound

(续表)

序号	词频	MI	FTW	术语
288	2	18.23	10.83	An etymological dictionary
289	2	18.20	10.81	daughter dependency grammar
290	2	18.19	10.81	sentential subject clause
291	2	18.07	10.74	etymologically related words
292	3	17.47	10.71	serialization word order
293	2	17.89	10.64	formal logic property
294	2	17.87	10.63	generalized phrase structure
295	2	17.84	10.61	Spoken language comprehension
296	2	17.83	10.61	subject object adverbial
297	2	17.68	10.52	phonetically similar sound
298	5	16.00	10.51	West Slavic language
299	2	17.57	10.46	performative analysis pragmatics
300	2	17.54	10.44	simple present tense
301	3	16.98	10.44	acquired language disorder
302	2	17.51	10.43	argument noun phrases
303	3	16.95	10.42	Historical linguistics problems
304	2	17.50	10.42	distinctive feature opposition
305	2	17.50	10.42	opposition distinctive feature
306	3	16.87	10.37	foreign language teacher
307	5	15.71	10.35	A term coined
308	2	17.32	10.32	common proto-language
309	3	16.74	10.3	definite clause grammar
310	2	17.29	10.3	natural serialization word
311	2	17.20	10.25	West African languages
312	2	17.16	10.23	Native American languages
313	2	17.14	10.22	semantics intensional logic
314	2	17.13	10.21	motivated deep structure

(续表)

序号	词频	MI	FTW	术语
315	3	16.56	10.2	borrowing language contact
316	5	15.43	10.19	speakers official language
317	2	17.09	10.19	rheme functional sentence
318	5	15.40	10.18	discourse representation theory
319	4	15.82	10.1	natural generative phonology
320	2	16.78	10.01	error analysis studies
321	14	37.56	25.37	Generalized Phrase Structure Grammar
322	8	40.19	24.99	Revised Extended Standard Theory
323	2	39.76	22.89	brace construction dislocation exbraciation
324	2	39.09	22.51	interlanguage fossilization language learning
325	2	38.14	21.98	Headdriven Phrase Structure Grammar
326	2	38.14	21.98	Driven Phrase Structure Grammar
327	2	38.12	21.97	force indicating device illocution
328	2	37.11	21.4	augmented transition network grammars
329	2	37.00	21.34	secondary articulation aspiration nasalization
330	2	36.78	21.22	illocutionary force indicating device
331	2	36.65	21.14	illocutionary force indicating devices
332	2	36.51	21.06	Principle Generalized Phrase Structure
333	9	32.53	21	High German consonant shift
334	2	36.36	20.98	accusative plus infinitive construction
335	4	34.94	20.81	augmented transition network grammar
336	9	31.67	20.53	Old High German consonant
337	2	35.44	20.46	restricted domains sublanguage description
338	2	35.43	20.46	expiratory accent stress accent
339	2	34.95	20.19	scalar particles discourse markers
340	2	32.64	18.9	concretely realized grammatical units
341	2	31.61	18.32	word order predictability importance

(续表)

序号	词频	MI	FTW	术语
342	2	30.84	17.89	binary opposition distinctive feature
343	2	30.73	17.83	third person singular present
344	7	27.94	17.82	distinctive feature analysis based
345	5	28.96	17.77	English predicate complement constructions
346	3	29.89	17.67	South American Indian languages
347	2	30.21	17.54	syntactically motivated deep structure
348	3	28.39	16.83	The input hypothesis issues
349	2	27.70	16.13	North Germanic Scandinavian language
350	2	27.43	15.98	natural serialization word order
351	2	24.45	14.31	speech act classification speech
352	2	24.45	14.31	The linguistic relativity principle
353	2	24.29	14.22	European sign language research
354	2	24.07	14.1	The major syntactic structures
355	3	23.26	13.96	A comparative Germanic grammar
356	2	19.86	11.74	The phrase structure rules
357	9	44.38	27.64	Old High German consonant shift
358	2	45.69	26.21	smallest concretely realized grammatical units
359	2	42.56	24.45	third person singular present tense

第四篇

释义元语言组构中的元句法与元句型

释义元语言的存在形态是词汇和词组,所以,它们的组合不仅受常规的句法规则的约束,而且不同的学科总有一些约定俗成的表达习惯和句式形态。所以,这样的句法结构本身可以是常规句法的研究内容,也可以是构式形态的元语言形式。如果是后者,它们本身就是释义元语言研究的一部分,或者说它们构成了更大结构单位的释义元语言成分。如果是前者,从释义元语言的角度来看,研究的价值就减小了。但是,释义元语言成分在文本中的组合规则也是释义元语言研究的可选内容。

第四篇也包括五章的内容,即第十二、十三、十四、十五、十六章。第十二章研究释义元句法中的几个问题。该章认为,释义元句法是释义元语言研究的一个新领域。研究目标涉及五个方面,即释义元句法的研究内容、研究方法、篇章层面的元句法、元句法的特征等,可以较大地拓展元句法的研究广度和研究深度。

第十三章研究释义元句型的提取方法与属性特征。我们主张以现有的学术词组库作为蓝本,对数量庞大的词组库进行"充分语境化"和"语义抽象化"操作,产生一个释义元句型库,再把它们演绎性地应用于典型的英汉语言学语料加以验证。可以发现,英汉语言学文本中实际存在大量的释义元句型。这种操作不仅可以观察释义元句型内部的结构和语义关系,还可以探讨英汉释义元句型的结构、语义以及文化倾向性的对比。这种方法是在国内释义元句型研究的基础上迈出的具有实质意义的一步,也是在研究方法和研究目的上对国外"词组学"研究的有价值的创新。

第十四章通过自建语料库,运用 Collocate 1.0 软件进行统计,发现语言学语域的8万多个词组(LAC-86918),再通过 Freq、MI 和 FTW 等变量进行二次筛选和专家评分,归纳出语言学语域的171个专门学科的释义元句型(LAC-171)。对比 LAC-171 与 AFL-407、PL-386、LAC-86918、LAC-7036 等数据库,可以发现 LAC-171 在元句型规模和结构占比上是合理的。

第十五章是语言学语域释义元句型的元功能比较。本章对英语语言学词典和语言学教材中释义元句型的元功能进行比较发现,体现研究导向的元句法没有明显的差别,体现参与者导向的元句法在教材中的匹配次数更多,体现篇章导向的元功能在体现信息流动方向的元句型中,教材中匹配的元句型更多。在英汉语比较方面,体现研究导向和参与者导向的元句型在英汉语中基本相当,而体现信息流动方向的元句型,在汉语中的匹配次数明显偏低。原因是,与词典相比,教材中有更多的主观断定和逻辑推理;与英语相比,汉语在语篇衔接方面追求意合,而不是形合。

第十六章进行释义元句型的英汉对比研究。该章认为,语言学语域的释义元句型,是语言使用中一个高度专业化的元语用领域。该章以短语库的元句型翻译为基础,通过三本语言学著作的元句型匹配,发现英汉元句型体现广泛的隐喻意象耦合性,说明语用主体在语用层面和认知层面趋同化的国际形象。趋同的国际形象体现了两个民族共同的以身体化认知为基础的生存体验,以及大同小异的自然生态环境和社会文化基础。

第十二章
释义元句法研究中的几个问题

12.1 什么是释义元句法

释义元句法(definitive meta-syntax)是把释义元语言词汇(即释义元符码)连接起来的句法手段。所以,要了解释义元句法,首先要了解释义元语言和释义元符码。

"释义元语言"是李葆嘉(2002a)[143]最先提出来的,他把"释义元语言"看作四类元语言①中的一种,是词典编纂和教材中的释义用词。在此基础上,李葆嘉(2002a)[144]认为,元语言研究的对象应当包括"语元单位"(简称"语元")和"语元关系"(语元之间的语义联系)。前者是释义元符码,即用于释义的元语言词汇;后者是释义元符码之间的句法联系,即本章所说的"释义元句法"。"释义元符码"和"释义元句法"合起来,就构成了"释义元语言"。

除了自然语言中的元句法,计算机程序语言也有元句法,即计算机程序语言中被许可的结构和词句的组合规则(Sellink et al.,2000)。最常见的元句法系统有"Backus-Naur 句法系统"(Backus-Naur Form, BNF)、"拓展的 Backus-Naur 句法系统"(Extended Backus-Naur Form, EBNF)、"Wirth 句法标记系统"(Wirth Syntax Notation, WSN)以及"增补的 Wirth 句法标记系统"(Augmented Backus-Naur form, ABNF)等。

---

① 另外三种:"词汇元语言"是用于日常交际的最低限量词汇;"析义元语言"用于解析词汇的基本义项,即结构主义语义学语义成分分析法的元符号,如 + HUMAN, + MALE, + ANIMATE 等;还有"认知元语言",即儿童认知世界所依赖的基础的语言概念符号,复杂概念以认知元语言为基础建构起来。

本章以自然语言的释义元句法为研究对象,所以忽略计算机程序语言中的元句法。

12.2 释义元句法的研究现状

自李葆嘉(2002a)提出"语元关系"以后,学者们换了一个术语,即"(释义)元句法"。安华林(2005)和苏新春(2005)等都认为,"释义元句法"和"释义元符码"同等重要,认为两者缺一不可。另外,安华林(2009)对释义元句法的来源、性质、研究思路和方法进行过初步探讨。

在此基础上,安华林(2011)主张,释义元句法可以分为三个层次和两个级别。所谓"三个层次"是指:第一个层次是自然状态下辞书释义的句法规则和模式,这是释义元句法的"原生态";第二个层次是将第一个层次的释义元句法进行概括归纳后形成的句法规则和模式;第三个层次是将第二个层次的释义元句法进行进一步抽象并结合人类句法习得顺序而归纳出的句法规则和模式。三个层次的抽象程度越来越高,人为加工的痕迹也越来越明显。所谓"两个级别",是指句法规则和语篇规则。安华林(2011)认为,既然是"元句法",首先要研究释义语句内部释义元符码的组合规则,这是释义元句法研究的应有之意;其次要研究释义语句之间的连接规则,也就是语篇规则,是释义元句法的延伸。

另外,朱斌等(2014)提出了释义元句法可能涉及的三个方面:第一,释义句式有哪些?能否分出类别和层级来?第二,各种释义句式的释义功能是什么?第三,释义句式与口语表达和一般书面语表达句式比较有什么特点?

除了上述的宏观思考,对于具体的元句法问题,也有学者做过深入的研究,比如:

1. 符淮清(1986)对词汇解释中的几个句法问题进行了归纳。比如,被释义词和释义成分之间必须体现句法范畴的一致性。以《四角号码新词典》(赵廷为,1951)为例,"戏迷"是名词,不应该解释为"对于戏剧着了迷"这种动作性过程,因为两者的句法范畴不一致。又比如,把"纠纷"定义为"因缠绕不清而乱起来",也是用动作性过程来解释名词性实体,所以也不合适。除了句法范畴必须一致,句法结构也应当一致。比如,"决断"是联合词组,把它定义为"决定的判断"这种偏正结构,也是不合适的。

2. 安华林(2011)对"形容"类元句法三种释义格式"形容……""……的样子""形容……的样子"的使用案例进行分析,指出"同一小类使用的格式应该相同,同一种格式不宜无限扩大"。也就是说,最好把三个句式合并为一个。但如何合并、合并为哪一个,作者并没有做进一步的分析。

3. 朱斌等(2014)总结了"因……而……"这一释义元句法结构在释义文本中的语义连接规律,即释义语句内容的因果关系在这一句型中的结构安排。

从上述的回顾可以看出,虽然有两种宏观的研究构想,也有为数不多的具体研究,但是释义元句法的理论体系远没有建立起来。用安华林(2011)的话来说,"目前的研究还只是一鳞半爪,离建构为辞书释义服务(用于解释所有的字头、词目)的完整的释义元句法体系的目标还很遥远"。

国外的元句法研究,是以"短语学"(phraseology)的形式在进行。学术英语文本的短语研究是其重要分支(Howarth, 1996; Geldhill, 2000; Biber, 2006; Kennedy, 2008; Schnur, 2014),所涉及的研究对象包括词语搭配、型式、语义序列、词束、短语单位等,体现为结构完好的高频序列,如 take up a position、adopt a procedure(Howarth, 1996),是"词汇与语法高频共现且联结于一定意义的短语单位"(Willis et al., 2002),如 found it difficult to succeed(Howarth, 1996)[135]。研究的主要方式,是基于语料库对一些具体短语进行穷尽性的收集、分类和结构阐释(如 Charles, 2006; Groom, 2005; Peacock, 2011)。

对于比短语结构更大一级的元句法单位,国外学者提出了"句干"(sentence stem)的概念,比如,Pawley 等(2014)提出了词汇化句干的概念,即"结构与词汇均固定或半固定的小句级别的短语单位",如 NP be-TENSE sorry to keep-TENSE you waiting 是句子 I am sorry to keep you waiting 的抽象句干,实施道歉功能。这是一种惯例化的形式-意义配对,因其内部构成的"组块化"和"意义规约化"而被称为词汇化句干。

除了子句级别的元句法,国外也有学者提出了篇章层面的元句法,比如 Hyland(2008a)[49-50]、Hyland 等(2009)[122-123] 参照 Halliday(1985)的三种语言元功能,概括了词语序列在学术文本中的三种语篇功能,即表述研究内容和结果的"研究导向"(research-oriented),表达组织命题内容和语篇结构的"语篇导向"(text-oriented),以及表达参与者态度和立场的"参与者导向"(participant-oriented)。

国内学者的相应研究成果也有多篇问世,也可以分为三个层面:

在词块、语块或短语序列层面,许家金等(2007)与戚焱等(2016)有较大的成就。

在子句层面,李晶洁等(2017)提出了"功能句干"(functional sentence stem)的概念,它是相对完整的主谓结构,如 data suggest that、it is believed that、it is not surprising that 等,是学术英语文本中特征性意义和功能的常规框架语,体现态度意义、篇章意义、概念意义等。功能句干的取舍标准基于词组的内部黏着力、边界独立性和篇章分布域,只有达到一定统计量化标准的句干序列才会被认定为功能句干。

在语篇层面,李晶洁等(2013)基于语料库的证据,描述与概括了学术文本中句干的三类语篇行为:陈述观点或事实、报道和篇章指示。它们有各自的典型词语实现方式,并实施具体的语篇组织功能。

所以,考察国外学术界和国内的外语界对于元句法的研究,我们发现了远不止"一鳞半爪"的成果。但是国外学界和国内的外语界的研究,是在"短语学"大框架下的词块或词束研究,对元句法研究有较大的借鉴,但并不等同于元句法。正是在这样的背景下,本章拟对释义元句法的内容、研究方法、篇章层面的元句法、元句法的特征等展开研究,希望对于元句法有更多的发现。

12.3 释义元句法研究的内容

上文提到,朱斌等(2014)提出释义元句法"能否分出类别和层级来",国外学者和国内的外语界也提出了"词干"和"功能词干"等分类。在本节中,我们按照释义元句法对于释义元符码连接功能的强弱,尝试分出"类别和层次"。这种做法与安华林(2011)的"两个级别"的观点也有暗合,因为下面划分的四种类别属于安华林(2011)所说的"句法规则"级别。对于"篇章规则"级别,我们将在本章第5节进行详细的举例和分析。

12.3.1 二价动词类元句法

二价动词类元句法,是连接功能最强的元句法,因为它们一端连接被释义词汇(definiendum),另一端连接释义词汇(definiens)。本章的例子都引自叶蜚声等(2010)的《语言学纲要(修订版)》。例1和例2中的划线部分连接了释义成分

(如"同意"和"不同意")和被释义成分(如"汉族人点头"和"摇头")。安华林(2011)所研究的"形容"也是这一类,因为它连接的是"形容者"和"被形容者"。

例1. 汉族人点头表示同意,摇头表示不同意(P8)。

例2. 靠后的部分就是发元音[i]时与舌头最高点相对的位置,称为"硬腭"或"中腭"。软腭也称"后腭"(P53)。

12.3.2 一价动词和其他词汇类元句法

一价动词和某些名词与形容词的连接功能弱于二价动词,因为一价动词连接的是两个或多个定义性成分,不涉及被定义词汇,所以不体现直接的释义功能。比如,例3中被"组合起来"的是"许多不同的语言符号",在数量上至少是两个,例4中"联系在一起"也涉及至少两个"动-名语义关系相同的句式"。

例3. 许多不同的语言符号组合起来(P81)。

例4. 变换把动-名语义关系相同的句式联系在一起(P111)。

至于名词和形容词的例子,安华林(2011)所说的"……的样子"和"……似的"属于这一类(见本章第2节)。其中,"样子"是名词,"似(的)"是形容词,分别是对被释义词的描述和比较。

12.3.3 主体介入性元句法

主体介入性元句法也体现二价动词的连接方式,但它们连接的不是释义性成分和被释义成分,相反,连接的一端是释义者本人或语言使用者,连接的另一端是释义性成分,体现了释义者或语言使用者对语言表义过程的主体介入,而不是纯粹的释义过程。比如,例5隐含了"人们使用语言"和"学者统计数量"这样的操作过程,例6是"我们已经作了分析",省去了对作者的自我指称。

例5. 世界上正被使用的语言,据统计有六千多种(P113)。

例6. 这在语法一章中已经作了分析(P123)。

12.3.4 连词类元句法

连词类元句法,也像第二种那样,连接两个释义性词汇或子句,但是它们自身的语义内容已经虚化,对释义过程的语义贡献较少,只体现句法衔接的逻辑功能,所以对于释义元符码的连接功能更加间接。比如,例7中的"而"表示对比,例8中的"与"表示并列,"或"表示选择,"也"表示递进。

例7. 前者指一种事物而后者指一种现象(P31)。

例8. 靠后的部分就是发元音[i]时与舌头最高点相对的位置,称为"硬腭"或"中腭"。软腭也称"后腭"(P53)。

12.4 释义元句法的研究方法

句法的主流研究范式,是转换生成语法的形式主义方法,即在树形图中通过管辖、约束、移位等方法来解释句子结构的完整性和合格性。这种研究范式及其成果是普遍适用的。元句法只是句法在元语言层面的拓展性应用,所以,元句法研究不必重复上述形式主义研究的老路子,但可以认可并接受它的研究成果。在此基础上,元句法研究的真实使命,可以专注于发现元句法单位的清单,这也是朱斌等(2014)的宏观设计,但是他们没有提供可操作的具体思路。国外学者和国内的外语界,也有基于语料库的词组功能分类和功能统计(李晶洁等,2013),但没有对于元句法单位清单的统计。在本节中,我们拟采用两种方法来发现元句法单位的清单,一种是从语料出发的归纳法,另一种是从现有句型结构出发的演绎法。

12.4.1 归纳法

元句法清单的制订,可以先统计较大规模语料中的释义元符码,再以释义元符码为基础去发现和整合元句法结构。

释义元语言最经典的语料是词典。对于语言学这个专门学科来说,国外出版的英文版的语言学专门词典有好几种,如 Bussmann 等(1996)的 *Routledge Dictionary*。但是,汉语语言学界至今没有专门的语言学词典,只有国外出版的翻译成中文的小型的语言学词典,如商务印书馆的《语言学词典》(哈杜默德,2003),它对于汉语语言学的内容覆盖率太低,所以我们可以采用叶蜚声等(2010)的《语言学纲要(修订版)》。

从 *Routledge Dictionary* 中提取的元句法单位,可以尝试性地翻译成中文;再将它们与叶蜚声等(2010)归纳出的元句法单位进行比对,比对的结果可以发现部分是重合的,还有部分是不重合的。

为了验证这种方法的可行性,我们从 *Routledge Dictionary* 中提取 10 个样本词条：language、langue、parole、lexicon、word、meaning、semantics、pragmatics、linguistics 和 cognitive linguistics，释义文本共 2 403 个词。元句法单位的提取过程遵循如下原则：

（1）主要以词组为提取单位，如 attempt at。系表结构去掉系动词，如 is based on 取 based on。常用介词，如 in、of、at 等，虽然也体现句法结构关系，但为了体现专门学科的释义元语言区别于通用知识的释义元语言并且前者比后者更专业，所以忽略。

（2）合并相近的元句法单位，如 used…for…和 used by…for…可以合并为 used(by…) for…，depend on 和 depend upon 合并为 depend (up)on。如果搭配不同，如 attempt to 和 attempt at、concerned with 和 concerning，认定为不同的元句法单位。

统计后发现 125 个元句法单位类型，共 167 个实例。从频率来看，depend (up)on 算超高频，as well as、concerned with 等 6 个算高频，deal with、on the one hand…on the other (hand)…等 8 个算次高频；account for、characterized by 等 12 个算中频；above all、and the like 等 96 个算低频。

125 个元句法单位类型涵盖 9 类句法功能：体现整体与部分关系、解释与阐述、理论之应用、来源与归属、特征描述、对比与区分、逻辑连接（如因果关系）、内容铺陈、举例说明。

12.4.2　演绎法

从现有句型结构出发演绎性地验证元句法单位，最重要的是对现有句型库的选择，它必须足够全面，而且时效性足够强。通过广泛的检索和比较，我们发现 Morley(2014) 的 *The Academic Phrasebank*（《学术短语库》）同时满足这两个要求。

The Academic Phrasebank 涉及学术论文创作中数十个领域的数千个短语，如：明确主题对世界或社会的重要性、简述文献、突出研究领域的争议、突出先前研究的不足、说明研究目的、研究问题或假设、表明局限性、表明个人兴趣的原因、解释关键词等。我们以"简述"为例，书中罗列了 15 个句型，复杂程度依次增加，我们摘录前三个和后两个，如下：

　　Previous studies have reported…
　　Recent evidence suggests that…

Several attempts have been made to...

What we know about X is largely based upon empirical studies that investigate how...

Smith（19??）shows how, in the past, research into X was mainly concerned with...

为了在真实语料中演绎性地验证上述元句法单位的分布和覆盖面,我们首先对上述句型做了抽象化处理,比如最后一例可以删节和转写为"...research into... was mainly concerned with...",并翻译为"对……的研究主要与……有关"。

在此基础上,把时、体、数、性别、人称等因素尽可能穷尽性地单独列出,比如把"...research into... was mainly concerned with..."分解为如下四个形式:

...research into... was mainly concerned with...

...research into... is mainly concerned with...

...researches into... are mainly concerned with...

...researches into... were mainly concerned with...

在编写程序时,我们还将对上述四个元句法结构进行模糊匹配,确保它们对于真实语料的匹配效果更好。

所谓的真实语料,可以采用 Routledge Dictionary 和叶蜚声等(2010)的《语言学纲要(修订版)》。在扫描、OCR 转换和校对后,运用上述元句法结构进行模糊匹配,在人工校对后,可以统计匹配后的出现频次,完成演绎验证。

12.5 篇章层面的元句法及其研究方法

释义元语言不仅要回答被释义词是什么的问题,还可能涉及被释义词汇的背景,与相关概念的比较,以及举例等等。所以,一个释义性文本,可以是几百字、上千字,甚至上万字,所以被称作"定性叙述"(黄鸿森,1980)。各段落之间是什么关系,是如何衔接起来并共同完成释义功能的,就成为释义元句法无法回避的问题了。国外学者和国内外语界在篇章层面的研究,仅限于基于三种元功能对短语或句干的分类和例证,由于研究的框架是"短语学",所以忽略了大篇幅释义文本内部的认知发现所体现的元句法结构。

篇章结构的内在关系是传统修辞学研究的内容,并且文献浩繁,述评类文献可见李洪坤等(2019)。本章中,我们拟借用较新出现的"语义波理论"(Semantic Wave Theory)(Maton,2013),来解释释义过程中认知深度的波状推进过程,即探讨知识是如何随着时间的推移而发生变化的。

"语义波理论"认为,语义波的产生与语义引力(Semantic Gravity,SG)和语义密度(Semantic Density,SD)直接相关(Maton,2013)。语义引力指的是抽象概念对于语境的依赖程度。依赖程度越大,语义引力就越大。语义密度指的是意义的浓缩程度,完全陌生的概念的语义密度可以无穷大,随着对陌生概念理解深度的加大,语义密度就降低了。从定义可以发现,语义引力越大,语义密度就越小。反过来,语义引力越小,语义密度就越大。

Maton(2013)把这种变化称为语义轮廓(Semantic Profile),如图12-1,并通过使用一种能反映语义引力和语义密度如何逆向移动的"语义刻度表"(Semantic Scale)对语义轮廓进行描写。图中通过使用这种刻度表描写了单个语义波的语义轮廓,显示了一个语义波是如何通过语义刻度表上位置的上下移动或者说是通过语义引力的强弱与语义密度的强弱之间的转换而形成的。

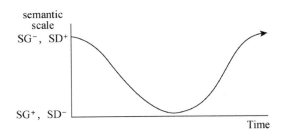

图 12-1 语义刻度表(横轴为时间,即学习进程;纵轴为 SG 和 SD 的此消彼长)

图中横轴时间为 0 的位置有两个特征,即语义引力很小(SG^-),同时语义密度很大(SD^+)。刻度的变化体现为 SG^- 逐渐变成 SG^+,同样 SD^+ 逐渐变成 SD^-,这种变化过程随时间推进(即随着认知的深入)而发生有规律的 U 型变化。

为了便于理解,我们以叶蜚声等(2010)的《语言学纲要(修订版)》中的"国际音标"为例,它是完整的释义文本,体现释义元句法在语篇层面的元结构特征。五个段落的主体内容可以概述如下:

第一段介绍制定"国际音标"的目的、背景和缘由,接下来举例说明没有国际音标实在不便于单词的认读,最后得出结论,"需要专门制订一套明确的各国通用的音素标写符号"。

对于刚接触"国际音标"这一概念的初学者来说,语义密度很大,是不熟悉的抽象概念,在图中标记为 SD^+。同时,因为它与上下文的融合程度(或者说亲和力)较低,语义引力很小,标记为 SG^-。作者的释义策略是介绍制定"国际音标"的目的、背景和缘由以及举例,抽象概念具体化或明晰化了,SD 降低,SG 提高,在图中表示为波线的下行趋势。

第二段是释义文本的核心,定义了什么是"音标",什么是"国际音标"。这一段是在第一段的各种解释和举例之后的理论深化,SD 又提高了,SG 又降低了,完成了一个语义波演进的周期,即一个 U 型曲线(如图 12-1 所示)。

第三段和第四段先介绍国际音标制定的时间、制定原则、国际音标所使用的符号,接下来介绍国际音标的适用性,即与各国语言和方言之间的关系,以及国际音标的标写格式(左右两侧添加方括号)并举例。

这两段开始了第二个语义波的进程,即第二个 U 型曲线:在提出"国际音标"的抽象定义之后,语义波又开始了从抽象到具体的第二个轮回,因为作者提到国际音标制定的时间、制定原则和适用性等内容,使国际音标再一次具体化了。

第五段介绍国际音标的一种特殊用途,即用于标写一种语言的音位,并且介绍了标写方法(即在左右各加一条斜线)。

这一段在前两段解释的基础上,又达到了 SD^+ 和 SG^- 的峰值,因为作者从国际音标出发又提出了一个新概念,即"音位"。它对于初学者来说又是一个抽象概念,语义密度大,语义引力小,至此第二个 U 形曲线完成了。

篇章层面的元句法就是这样,从抽象概念开始(SD^+,SG^-),通过释义过程,使抽象程度降低(SD^-,SG^+),然后再对抽象概念进一步加深,或引入另一个抽象概念。在这样的波浪式推进中,释义的进程得以延伸。

12.6　释义元句法的特征

释义元句法的特征是多方面的。本节中,我们专注于两个突出的特征:一是宏观的普遍依存性,即在宏观上,元句法普遍地依存于元符码的内容;二是微观的潜在矛盾性,即在微观上,元句法与元符码的特征可能存在潜在的矛盾。

12.6.1 宏观的普遍依存性

释义元句法对于释义元符码的普遍依存性,是指两者的内容相关,不同的释义元符码类型有不同的释义元句法结构。释义元符码可以分为通用元符码和学术元符码,与此相对,元句法也有通用元句法和学术元句法之分。所以,我们有必要先了解一下两种释义元符码。

先看通用释义元符码。所谓通用释义元符码,也称通用词汇,是用于日常释义的通用词汇。比如,早在 1928 年,Ogden 开列出 850 个"基础英语"词汇。1932 年出版的《基础英语词典》收录 2 万词条,全部用这 850 个词汇来释义。后来,West(1953)编制了包含 2 000 个词汇的"通用词汇表"(General Service List, GSL),是一个比较成熟的、被广泛应用的释义元语言词汇表。*Longman Dictionary of Contemporary English*(Procter,1978)就是采用这 2 000 个基础词汇来解释了 5.6 万个词条。

学术元符码的研究从 20 世纪 70 年代开始。美国大学词汇表(American University List,AUL)(Praninskas,1972)和大学词汇表(University Word List, UWL)(Xue et al.,1984)都是用于学术目的的词汇表。后来,又出现了 Coxhead (2000) 的 Academic Word List(AWL),Gardner 等(2014)的 Academic Vocabulary List(AVL),以及 Simpson-Vlach 等(2010)的 Academic Formula List (AFL)。

连接通用元符码的元句法和连接学术元符码的元句法存在明显的差别,具体表现是:学术文体的词汇密度更大、句子结构更复杂(Brown et al.,1983; Halliday et al.,1993)。句法复杂性的测量方法,是"观察一个结构中相互连接的成分的数量"(Pallotti,2015)。观察的结果是"(学术文本中)词组长度更大,每个子句中的词汇更多,而且每个文本单位的子句数量更多"(Neary-Sundquist, 2017)。所以,释义元句法的结构会依存于释义元符码的类型,在此不再举例,读者可以回看 12.4.2 所列的《学术短语库》(Morley,2014)[8] 的五个例子。

12.6.2 微观的潜在矛盾性

元句法的另一个特征,是与元符码在微观上潜在的矛盾性,即与元符码的内容及其词频可能相互矛盾。

比如，在本章第 2 节中我们提到，安华林(2011)主张把三个"形容"类元句法合并为一个，但是没有指出该如何合并或合并为哪一个。我们认为，合并的结果应该保留"形容"，舍弃"样子"和"似的"，因为"形容"是连接被释义词和释义词的二价动词，连接功能更强，连接的方式更直接(见 12.3.1 的分析)。

但是，我们查询了 4 680 万字的 SUBTLEX-CH 词频数据库(Cai et al., 2010)，发现三个词在数据库中总出现的次数和每百万字中出现的次数如表 12-1。

表 12-1　三个词在数据库出现的次数和每百万字中出现的次数

	数据库中总出现次数	每百万字中出现的次数
形容	629	19
样子	5 337	159
似的	1 827	54

比较可以发现，"样子"是高频词，"似的"是次高频词，而"形容"是低频词。也就是说，从词频来看，最不该被保留的元句型是"形容"，但是它的连接功能最强。可见，通用文本词频数据(它反映元符码的类型)和元句法连接功能的强弱可能并不一致，甚至相互矛盾。

12.7　结语

释义元句法是元语言研究的一个新领域，虽然成就只是"一鳞半爪"(安华林，2011)。国外学者和国内的外语界在"短语学"框架下的词块或词束研究虽有较多成就，但不等同于元句法研究。本章的研究涉及释义元句法研究的内容、释义元句法的研究方法、篇章层面的元句法及其研究方法、释义元句法研究的特征。当然，上述四方面不是元句法研究的全部，在广深和深度上还必须有更多的研究。我们的研究只是抛砖引玉，或者说又增加了"一鳞半爪"的新知识。

第十三章 释义元句型的提取方法与属性特征

13.1 何为释义元句型

释义元句型(definitive meta-syntactic pattern)是释义元语言(definitive meta-language)的句法连接手段。释义元语言是词典和教材中定义性内容的语言表征,以子句或子句复合体的形式存在。在组成要件上,释义元语言包括释义元符码(即释义元语言的词汇单位)和释义元句型。释义元句型是把释义元符码连接起来的句法手段。"释义元句型"是"释义元句法"的实体化,"释义元句法"是"释义元句型"的抽象化,在特定语境中两者可以通用。

13.2 到目前为止的研究

释义元句型研究始自李葆嘉(2002a)。李葆嘉(2002a)[144]认为,元语言研究的对象包括"语元单位"(简称"语元")和"语元关系"(语元之间的语义联系)。前者是释义元符码,即用于释义的元语言词汇;后者是释义元符码之间的句法联系,即本章所说的"释义元句型"。

在此之后,安华林(2011)认为,释义元句法可以分为三个层次和两个级别。所谓"三个层次"是指:第一个层次是自然状态下辞书释义的句法规则和模式,这是释义元句法的"原生态";第二个层次是对第一个层次的释义元句法进行概括归纳后形成的句法规则和模式;第三个层次是对第二个层次的释义元句法进行进一步抽象并结合人类句法习得顺序而归纳出的句法规则和模式。朱斌等(2014)提出了释义元句法可能涉及的三个方面：第一,释义句式有哪些？能否分出类别和层级来？第二,各种释义句式的释义功能是什么？第三,释义句式与口语表达和一般书面语表达句式比较有什么特点？虽然有两种宏观的研究构想,但是释义元句法的理论体系远没有建立起来。用安华林(2011)的话来说,"目前的研究还只是一鳞半爪,离建构为辞书释义服务(用于解释所有的字头、词目)的完整的释义元句型体系的目标还很遥远"。

释义元句型在国外没有成为明确的研究对象,与之相应的研究领域是"短语学"(phraseology)(Sinclair,2002)。我们说只是"相应",是因为释义元句型不一定是短语,也可能是一个词,如 whenever 和 since 等。在短语的功能方面,短语学主要突出它大于词汇单位的本体特征,而不是强调对元符码的连接功能(Nagao et al.,1994;Church et al.,1990)。反过来,也不是所有的短语都是释义元句型,比如某些熟语(如 the more、the better)在结构上是自主的,并不是把元符码连接起来的句法手段。

受国外学者的启发,李晶洁等(2013)基于语料库的证据,描述与概括了学术文本中句干(sentence stem)的三类语篇行为：陈述观点或事实、报道和篇章指示。它们有各自典型的词语实现方式,并实施具体的语篇组织功能。李晶洁等(2017)提出了"功能句干"的概念,它是相对完整的主谓结构,如 data suggest that、it is believed that、it is not surprising that 等,是学术文本中特征性意义和功能的常规框架语。

上述方法都是基于计算语言学的语料库的研究方法,是运用一定的算法从庞大的语料库中提取短语序列的归纳范式,提取结果依赖特定的计算机程序和特定的操作方法,而且没有进行特定语域(如语言学、心理学)的词组提炼。所以,这样的提炼结果,也不是为了解决特定语域中释义元句型对于释义文本的穷尽性覆盖问题。

本章的研究方法不同于上述方法。我们用演绎的方法,选择一个比较完备的、时效性比较强的词组库作为演绎研究的语料基础,从中提炼出具有匹配价值的释义元句型蓝本,再把它们应用于具有较强代表性的语言学文本,以获得语言学语域比较完整的释义元句型集。

13.3 释义元句型的提取方法

释义元句型的提取涉及两个方面,一个是演绎性词组库的来源选择,另一个是演绎性词组库的应用领域和匹配结果。对于前者,我们选择了 Morley(2014)的 *The Academic Phrasebank*(本章下文简称 *Phrasebank*)。在释义元句型种类和语义覆盖上,它足够全面,而且时效性较强。对于后者,我们选择了三种语言学著作,即 Bussmann 等(1996)的 *Routledge Dictionary of Language and Linguistics*(本章下文简称为 *Routledge Dictionary*),它是语言学辞书中公认的经典之作。另外两本是胡壮麟(2017)的《语言学教程》(第五版)和叶蜚声等(2010)的《语言学纲要(修订版)》(本章下文分别简称为《教程》和《纲要》)。我们选择两本学术地位相当的英汉语教材,是为了对比释义元句型在英汉教材中的应用分布,以及释义元句型的语际和文化差异。汉语没有专门的语言学词典,只有翻译成中文的西方学者所著的语言学词典,如哈杜默德(2003)的《语言学词典》。所以,《纲要》既是汉语语言学教材,也具有汉语语言学词典的特征,同时承载着与英语语言学词典和英语语言学教材进行比较的语料功能。

13.3.1 对 Phrasebank 的释义元句型提取与加工

Phrasebank 涉及学术论文写作的 17 个大类,即:Introducing work(导论)、Referring to literature(文献引用)、Describing methods(陈述研究方法)、Reporting results(报告研究结果)、Discussing findings(讨论研究发现)、Writing conclusions(撰写研究结论)、Being critical(体现批判性)、Being cautious(出言谨慎)、Classifying and listing(分类与列举)、Compare and contrast(比较与对比)、Defining terms(定义术语)、Describing trends(描述学术动态)、Describing quantities(定量描述)、Explaining causality(解释原因)、Giving examples as support(提供例证支撑)、Signalling transition(语言过渡)、Writing about the past(文献回顾)。

上述 17 个大类,又细分为 120 个次类。我们将它们依次编号,从 001 到 120。比如,第 1 个大类 Introducing work(导论)包括 17 个次类,前 3 个次类分别是:

001　Establishing the importance of the topic for the world or society;

002　Establishing the importance of the topic for the discipline;

003　Establishing the importance of the topic (time frame given)。

每一个次类各包括几个到十几个句型，比如001包括13个句型，前3个句型分别被排序为：

00101　X is a fundamental property of...

00102　X is fast becoming a key instrument in...

00103　X is a common disorder characterised by...

我们对上述三个句型做了充分语境化（fully contextualization）和语义抽象化（semantic generalization）处理。所谓充分语境化，是把句型库中的句型在时、数、体、语态等方面进行扩充，使之覆盖各种语境中的实际用法，比如对句型中的 is 进行充分语境化，可以涵盖 remains、was、remained 等语境变体。所谓语义抽象化，是对句型中的某些语义成分进行抽象，使之包涵更多的同类词汇。比如，将"00101 X is a fundamental property of..."中的 property 抽象化，可以包涵 character 和 feature 等语义单位。具体的操作方法是将 property 位置留空，用通配符代表，就可以涵盖所有适合这一位置的语义成分。

为了追踪释义元句型在三本语言学著作中的匹配，并进行比较（语内比较和英汉语际比较），我们对每一个释义元句型进行编号和对其中文翻译进行编号，比如对00101做了如下处理：

001011　... is a fundamental... of...

001012　... remains a fundamental... of...

001013　... was a fundamental... of...

001014　... remained a fundamental... of...

00101A　……是……的基本的……

00101B　……是……中基本的……

前四行是四种英文变体，涉及数和时的变化，这种变化用末尾的阿拉伯数字表示。两种中文翻译分别排序为00101A和00101B，在尾数位置上用大写拉丁字母表示。省略号代表被省略部分，是计算机科学中的通配符，每个通配符代表0到10个字符。001011的第一个通配符代表主语，第二个可以是 property，也可以是 character、feature 等，第三个代表某种主体。采用多个通配符，是为了在语料匹配中有更大的弹性命中率。这种带有通配符的句法结构就是释义元句型。在匹配完成之后，我们再合并平行项（即体现人称、时、数、体等变化的平行释义元句型）。为了表述的方便，在合并平行项之前和之后，它们都可以称为释义元句型。

充分语境化和语义抽象化，是计算机编程时的必要统计策略。但是，在统计之后，必须考虑将它们合并为同一个释义元句型，即以其中最常见的形式（如001011... is a fundamental... of...）代表释义元句型的所有变体。如果结构形式不同，则分别认定为释义元句型，如"00101A……是……的基本的……"和"00101B……是……中基本的……"。

在充分语境化和语义抽象化的转换中，还必须确保释义元句型的非歧义性。比如，表示原因的 031071 since... 和表示时间的 058191 since...，两者的匹配结果是混在一起的，必须进行语义分辨，并确定它们所对应的中文释义元句型，即对其对应的"由于""因为""鉴于"和"自从""自……以来"分别统计。

按照上述方法，我们整理了 Phrasebank 中的全部释义元句型，英文释义元句型 2 259 个，中文释义元句型 2 289 个。

13.3.2 演绎性词组库的应用与匹配结果

我们将 Routledge Dictionary、《教程》和《纲要》扫描后，转换为 doc 版本，去掉三本书的目录、标题、前言、序跋、页眉、脚注、作业、参考文献、整行的举例等内容，统计结果如下：

Routledge Dictionary 总词数 228 302 个（即篇幅），与 Phrasebank 中 2 259 个释义元句型交叉 289 个。

《教程》总词数 112 219 个，与 Phrasebank 中的释义元句型交叉 285 个。

《纲要》总字数 212 257 个，进行分词处理后，共有 75 129 个词，与 Phrasebank 翻译成中文后的 2 289 个释义元句型交叉 365 个。

对 Routledge Dictionary 的释义元句型按频次排序，前五个分别是：

such as	382 次
...based on...	238 次
according to	205 次
since...	144 次
...often...	142 次

《教程》频次排序的前五个分别是：

such as	135 次
…often…	124 次
…while…	91 次
but	69 次
refers to…	64 次（另外，refer to 39 次，referred to 21 次）

《纲要》频次排序的前五个分别是：

如	934 次
而……	773 次
……等	504 次
但	368 次
例如	244 次

在 Phrasebank 中进行释义元句型蓝本设计时难免有不周全的情况,我们可以临时增加匹配项。匹配的过程分为两种：如果包含通配符,匹配的方法是临时设计和修改匹配程序；如果不包括通配符,可以利用 office 系统自带的"替换"程序,采用"同词替换"的方法,在三本语料中统计出匹配结果(在 13.4.2 中有举例,此处暂不举例)。

我们来对比一下统计结果,以英文 thus 为例：

Routledge：

1 ng degrees, thus leading t
2 nitive and, thus, also lin
3 lex symbol, thus [+ stop, +
4 consonants, thus [t] vs [p
5 nd visuals, thus avoiding
6 se feed it, thus disambigu
7 f cohesion, thus the synta
…

上述句型…, thus…出现频次为 17 次(为节省篇幅,上面只罗列了 7 个例句)。

《教程》：

1 bout Bill, thus we could
2 ationships, thus forming a

3 han before, thus providing
4 ing is use, thus defining
5 situation, thus taking re
6 ding verbs, thus the follo
7 d concepts, thus the theor

在上述句型中..., thus...出现频次为 7 次。

《纲要》,以"因此"为例:
1 种多样的音,因此它们根本不可
2 显的差异性。因此,虽然思维能
3 专门的意义,因此这些形式就具
4 的双重属性,因此可以分别从这
5 统中的作用。因此,本章的前三
6 表达的需要。因此,语音研究还
7 般是相同的。因此,下面我们在
……

在上述句型中:因此……出现频次为 65 次(为节省篇幅,上面只罗列了 7 个例句)。

13.4 释义元句型的属性特征

13.4.1 释义元句型的结构和语义特征

释义元句型的结构和语义特征,涉及内部的组合关系(syntagmatic relationship)与聚合关系(paradigmatic relationship),以及外部的组合关系与聚合关系。

内部组合关系的相对固定性和内部聚合关系的相对不可替换性,是决定释义元句型身份的定义性特征。外部组合关系体现释义元句型的适用程度,外部组合关系越强,它的适用性就越强;外部聚合关系是指释义元句型能被其他释义元句型替换而句法连接功能基本不变的特性,所以外部的聚合关系越强,就表明释义元句型的唯一性越弱。

比如，在 031401 the use of 中，use 与左侧的 the、右侧的 of 体现内部组合关系上的固化特征，也体现聚合关系上的不可替换性，因为 the 一般不能被置换为 this，use 也不能换成复数形式。外部的组合关系，是指 the use of 的两侧可以与其它成分搭配的适应性，适应性越广，外部组合关系就越强。

在释义元句型的结构和语义特征中，内嵌（embeddedness）是一种常见的现象，包括同质内嵌和异质内嵌。

所谓同质内嵌，是指释义元句型中的一部分在语义上与整体相似，是语义上的向心结构；在结构上与整体具有相似的句法功能。异质内嵌与此相反。

先看同质内嵌的情况：

017131　first suggested by

077251　...are therefore not representative of...

030141　a well-established approach in

073231　...is considered to be the most important

01933A　"试图解释……"

03403A　"……相对较小"

01713A　"首先提出"

异质内嵌，是指两个语义异质的释义元句型体现内嵌关系，它不是向心结构，而是离心结构的一种，比如下面两组释义元句型：

16332　so as to... 与 038331 as to...

031241　in order to 与 100011 in order

13.4.2　释义元句型的语际对应性

释义元句型的语际对应，不是确认释义元句型身份的必要条件或内在条件，而是释义元句型在语际比较上的外部特征。

我们认为，造成英汉释义元句型数量明显不对等的原因包括两方面：一是词汇（即元符码）语义宽窄上的不对应，造成释义元句型翻译上的"一对多"和"多对一"现象；另一个原因，是英汉语言类型和文化类型的差异。

我们先看语义宽窄上的不对等。语义宽窄上的不对等首先体现为功能上的差别，比如 038341 the role of... 在 *Routledge Dictionary* 和《教程》中分别出现 9 次和 10 次，但是与之对应的 03834A"...的作用"在《纲要》中出现了 77 次，这种比例显然是倒置的，原因是中文的"作用"不仅包含了作用、角色，还包含了功能、用途等多个方面,所以比 the role of... 的匹配次数多很多。

形式上的不对等,我们以 039011 gradually 为例,它在 *Routledge Dictionary* 和《教程》中分别出现 5 次和 8 次,但是与之对应的 03901A "逐渐地" 在《纲要》中只出现了 1 次。这种统计结果令人不解。于是,我们找出"逐渐"的多个同义词,在《纲要》中以"同词替换"的方式统计它们的出现频次。具体的操作过程是在 word 文档中打开《纲要》,用"逐渐"替换"逐渐"(即同词替换),发现匹配了 51 次;用"渐渐""渐渐地"分别进行同词替换,分别得到 1 次和 0 次;"逐步"和"逐步地"进行同词替换,各匹配了 17 次和 1 次。并且,考虑到"逐渐"在匹配上包含了"逐渐地","逐步"在匹配上包含了"逐步地",我们把几个同义词的匹配次数相加。这些同义词的总匹配次数是 51 + 1 + 17 = 69 次,明显高于 039011 gradually 的频次了。所以,我们还必须以同样的办法去查 gradually 的可替换词,比如 steadily, slowly, moderately, progressively 等。它们的功能虽然不完全对应,但是至少部分交叉。比如,slowly 在 *Routledge Dictionary* 和《教程》中分别出现 1 次和 4 次。在功能基本对等的前期下,作者的个人用词习惯是不可忽略的因素。

13.4.3 释义元句型的文化制约

释义元句型的文化制约,体现为文化多种倾向性的对比对释义元句型外部组合关系和外部聚合关系的影响,包括静态表达与动态表达、主动态倾向与被动态倾向的不对等。

静态表达与动态表达的对比,体现为英语较多地采用静态表达,汉语更多地采取动态表达。比如,010111 ...associated with... 是过去分词作定语或者表语,体现一种静态的描述,这种用法在英语中是一种常态,它在 *Routledge Dictionary* 和《教程》中分别出现 27 次和 6 次。与它形成对比的是,010112 ...associate... with... 是一种动态过程,在 *Routledge Dictionary* 和《教程》中各出现 1 次。与之形成对照的是,它们的汉译释义元句型 01011A "……和……关联" 和 01011B "……和……联系" 都是动态的过程,在《纲要》中分别出现了 8 次和 29 次。

但是,近代以来,汉语受欧化句式的影响是一个不争的事实。所以,我们不能低估汉语中欧化句式的普遍存在。比如,013101 research on... 在 *Routledge Dictionary* 和《教程》中分别出现 10 次和 7 次,与之对应的 01310A "……的研究" 是典型的欧化句式,在《纲要》中居然出现了 54 次,而 01310B "研究了……" 只出现了 3 次。

主动态倾向与被动态倾向的对比,体现为英语多用被动态,汉语多用主动态。这一趋势在释义元句型比较中非常突出,比如:

016021　...has been divided into...,在 *Routledge Dictionary* 和《教程》中分别出现 2 次和 0 次;

016022　...can be divided into...,在 *Routledge Dictionary* 和《教程》中分别出现 11 次和 3 次;

这两个被动释义元句型在汉语中对应的是主动结构:

01602B　"……可以分为……"在《纲要》中出现了 15 次。

又比如:

016131　is composed of...,在 *Routledge Dictionary* 和《教程》中各出现 6 次;

016132　are composed of...,在 *Routledge Dictionary* 和《教程》中各出现 1 次;

而对应的主动形式 01613A"由……组成……"在《纲要》中出现了 13 次。

英汉语的这些倾向性特征呈系统性对应,比如英语的静态表达倾向,必然对应着英语的名词倾向(即更多地使用名词),因为当动词通过派生过程实现名物化(nominalization)时,动作的过程性特征减少了,名词倾向就明显了。而且,名词倾向在句法结构上的表现就是多用被动态,因为被动句既是静态倾向,也会更多地使用名物化词汇。

13.5　结语

释义元句型,是释义元语言中连接元符码的句法结构,是元语言研究中较少被关注的领域。国外学者在词组学的框架下探讨词组的提炼方法,在此基础上再探讨"句干"的语篇功能。本章的做法不同于词组学的归纳方法,而是以现有的词组库作为蓝本,对数量庞大的词组库进行"充分语境化"和"语义抽象化"操作,构成一个释义元句型库,再把它们演绎性地应用于典型的英汉语言学语料中进行匹配。可以发现,英汉语言学文本中实际存在大量的释义元句型。这种操作不仅可以对比释义元句型内部的结构和语义关系,还可以探讨英汉释义元句型的结构、语义以及文化倾向性的比较,是在国内释义元句型研究的基础上迈出的具有实质意义的一步,也是在研究方法和研究目的上对国外"词组学"研究的有价值的创新。

第十四章 语言学语域释义元句型清单的研制

14.1 导论

词组(phrase)被冠以不同的名称,如词汇束(lexical bundle)(Breeze,2013;Gilmore et al.,2018;Hyland,2008a,2008b,2008c),或词簇(word cluster)(Le et al.,2015),或者是词组框架(phrase frame,p-frame[①])(Römer,2010)。词组可以分为三种类型:一是通用词组,即日常使用的非学术词组;二是通用学术词组,是各个学科通用的学术词组;三是专门学术词组,即在某一特定学科中词频更高的学术词组。本章研究,运用 Collocate 1.0 软件,分析并统计较大规模语言学语料中所使用的全部词组,再通过出现频数、互信息熵(Mutual Information,MI)以及词组在多大程度上值得成为教学内容的"词组教学值"(Formula Teaching Worth,FTW)等方法,确定语言学语域的专门学术词组。在此基础上,对比专门学术词组库与其他的相关词组库,以证明专门学术词组库的合理性。

14.2 文献回顾

我们先回顾一下通用词组、通用学术词组和专门学术词组的发展轨迹以及

[①] p-frame 指带有变量空位(variable slot)的可反复出现的词汇序列,比如 the aim of this study、the goal of this study、and the focus of this study,这些词组共同构成一个 p-frame,即 the * of this study,空位可以是 aim、goal 和 focus。

它们之间的关系,以便找到释义元句型的遴选方法和元句型清单的研制方法。

对通用词组的研究起步最早,是全方位的成就最大的研究。在词组的普遍性方面,Nattinger 等(1992)发现词组在文本中占有很大比例。根据 Biber(2006)的统计,在英语口语和书面语中,词组分别占 30% 左右和 21% 左右。Erman 等(2000)的统计比例更高,认为其分别占 58.6% 和 52.3%。在语义和功能覆盖方面,Nattinger 等(1992)发现,几乎每一种常规意义都可以用某种约定俗成的词组来表达。在使用效能方面,Pawley 等(2014)、Kuiper 等(1984)认为,词组的语义提取更高效。Gibbs 等(1997)认为,在语境中,理解词组更容易,其理解难度并不比字面意义更大,Siyanova-Chanturia 等(2011)和 Underwood 等(2004)的眼动实验以及 Conklin 等(2008)自定进度的阅读任务都支持这一结论。在二语学习者的语言产出中,恰当使用词组可以给人留下语言能力更强的印象(Ellis et al.,1996;Boers et al.,2006)。在通用词组库的研制方面,较著名的成果是 Martinez 等(2012)的"词组库"(PHRASal Expressions List),在本章中缩写为 PL,包括 505 个多词词组。

对通用学术词组的研究是在通用词组研究的基础上发展起来的,这一阶段的成就主要体现为多种词组库的研制。比如,Simpson-Vlach 等(2010)研制了学术词组库(Academic Formulaic List,AFL),Ackermann 等(2013)创建了学术搭配库(Academic Collocations List,ACL),Morley(2014)也创建了"学术词组库"(Academic Phrasebank)等等。

专门学术词组的研究,在通用学术词组研究的基础上将研究对象聚焦于特定的学科,如 Gilmore 等(2018)从大量的土木工程论文中提取三至六个词的词汇束,列出了包括 257 个词组的土木专业学术词组库;Cunningham(2017)对 128 篇数学论文中的词组框架进行统计,梳理出包括 180 个数学专业学术词组的清单;Le 等(2015)以 124 篇应用语言学实证性研究论文中的讨论部分为语料选择词组,研制了一个包括 64 个学术词组的专门词组库。

从上面的回顾可以看出,词组研究经历了三个阶段,但是语言学语域专门学术词组的研究几乎是一个空白(Le 和 Harrington 2015 年的研究除外),这与语言学作为词组学(phraseology)的学科母体的身份不相称。这种遗憾体现在既没有归纳出语言学语域的专门学术词组库,也没有探讨过现有的通用词组库与通用学术词组库在语言学语域的共现情况,即它们对于语言学文本的覆盖率。所以,本章的研究旨在弥补这一研究空档。

14.3 如何研制语言学语域的元句型库

为了统计语言学语域的专门学术词组,我们设计了一个自建语料库,包括四本语言学著作,我们将它命名为 Linguistic Academic Corpus(LAC)。四本著作分别是:1. Bussmann 等(1996)的 *Routledge Dictionary*;2. Kracht(2008)的 *Introduction to Linguistics*;3. Saussure(1983)的 *Course in General Linguistics*;4. 胡壮麟(2017)的《语言学教程》(第五版)。四本著作的形符(token)数为 568 138 个词,类符(type)数为 27 828 个词。

对专门学术词组的统计分为两个步骤:先统计出 LAC 的全部词组,即包含通用词组、通用学术词组和专门学术词组混合的词组混合体,再使用互信息熵(MI)、词组教学值(FTW)和人工审核从集合体中分离出语言学语域的专门学术词组。

14.3.1 步骤一:统计 LAC 的全部词组

在处理 LAC 语料时,我们使用了语料库检索软件 Collocate 1.0,对语料中的 N 元词组(N-gram)进行检索,词组长度设定为 2 至 5 个词(即 N = 2,3,4,5),以词频(Frequency,下文缩写为 Freq)为统计参数,发现共有 86 918 个词组类型,在下文中我们称之为 LAC - 86918。其中,2~5 词的词组分别是 39 339、27 694、12 986、6 899 个。见表 11-1。

为了从 LAC - 86918 中分离出专门学术词组,必须对包含通用词组、通用学术词组和专门学术词组的词组库进行压缩和优化。所以,我们又进行了第二步的操作。

14.3.2 步骤二:使用互信息熵 MI 和词组教学值 FTW 来压缩词组库

使用互信息熵(MI)和词组教学值(FTW)来压缩词组库,是学术界常见的做法(Simpson-Vlach et al.,2010)。我们先介绍一下互信息熵(MI)和词组教学值(FTW)。

互信息熵(MI)(Fano et al.,1961)是建立在信息理论基础上的概念,用来测量中心词(nodeword)和搭配词(collocate)之间的关联强度(association strength)或可搭配性(collocability)。MI 的计算公式是:MI(x,y) = fobs(x,y)/fexp(x,y)。在公式中,x 是中心词,它的前后若干长度内的搭配词为 y,MI(x,y)是 x 和 y 之间的互信息熵。等式右边是两个函数式(f: function)相除,以 x 与 y 的观测共现频数(obs: observation)的函数 fobs(x,y)为分子,以零假设下中心词与搭配词的期望共现频数(exp: expectation)的函数 fexp(x,y)为分母(冯跃进等,1999a,1999b)。

词组教学值(Formula Teaching Worth,FTW)是 Simpson-Vlach 等(2010)提出的计算方法,用于评估教师在多大程度上认为某词组应该成为教学内容,它像 MI 一样"不能提供阈限值(threshold cut-off score),但可以对词组进行可靠的、有效的等级排序"。FTW 是对互信息熵和词频按比例取值,即 FTW = 0.56 MI + 0.31 Freq。当 MI、Freq 和 FTW 三个参数取值大小不一致时,Simpson-Vlach 等(2010)的做法是 FTW 优先。我们遵循这种算法,把 FTW 的取值设定为 18.00,即只取 FTW 大于或等于 18.00 的词组,得出 205 个语言学语域的专门学术词组。

为了核实 FTW 计算的合理性,我们聘请了五个有博士学位的英语教授对 205 个词组进行人工审核,即在百分制的基础上对词组进行评分,发现 171 个词组的得分平均都在 85 分以上,它们的 FTW 都大于 20.00,FTW 小于 20.00 的词组在人工审核中得分明显偏低(小于 75 分)。由此可见,通过计算得出的 FTW 与人工审核基本一致。另外,有 17 个词组的 FTW 值虽然大于 20.00,但是人工评分中得分太低(小于 60 分),所以被排除。17 个词组是:and Philadelphia、References phonetics、Bloomington IN、ed Current trends in、Amsterdam and Philadelphia PA、international handbook of contemporary、contemporary research Berlin and New、Course in general linguistics trans、an international handbook of contemporary、Speech sound classified according to、ed Linguistics the Cambridge survey、also articulatory phonetics References phonetics、sound classified according to its、Speech sound classified according、Syntax an international handbook、of contemporary research Berlin and、of contemporary research Berlin。

所以,我们把专门学术词组确定为 171 个(见本章附录 14-1),是语言学语域的专门学术词组,在下文中我们称之为 LAC-171。

14.4　LAC-171 的合理性

接下来,我们要将 LAC-171 与相关的词组库比较,分析它的合理性,分三小节来进行。我们先将 LAC-171 与 PL-386 和 AFL-407 比较,再将 PL-386 和 AFL-407 与 LAC-86918 比较,最后将 LAC-171 与 LAC-7036 比较。

14.4.1　LAC-171 与 PL-386 和 AFL-407 的比较

我们在第 2 节文献回顾时提到过 PL 和 AFL 这两个词组库,为了方便比较,必须稍微更详细地介绍一下 PL 和 AFL 这两个参照词组库。

PL 是 Martinez 等(2012)基于 BNC 选取的包括 505 条词组的非学术词组库(PHRASal Expressions List)。在 505 条非学术词组中,有 119 条被两位作者标记为在书面文体中"少见或不存在"(rare or non-existent),但它们在口头文本中有较大出现频率,所以我们只选取在书面文体中有较高频率的 386 条短语,包括由 2~4 词组合而成的非学术词汇,我们称之为 PL-386。

AFL 是由 Simpson-Vlach 等(2010)所创建的语料库(Academic Formula List),总共 607 个词组,包括三个部分:第一部分是在口语与书面语中均为高频的 207 个核心词组,第二部分是在书面语中高频的 200 个词组,第三部分是在口语文体中高频的 200 个词组。我们选取 207 个核心词组和 200 个书面语词组,共计 407 个,我们称之为 AFL-407。它们是由 3~5 词组合而成的学术词组。

经检索,LAC-171 有 14 个词语与 PL-386 共现,占 8.2%,它们是:such as、as well、as well as、based on、used to、in contrast、in terms of、concerned with、on the basis、on the other hand、as follows、the latter、not only、instead of。

LAC-171 也有 14 个短语与 AFL-407 共现,也占 8.2%,它们是 as well as、based on the、part of the、is based on、there is no、the basis of、on the basis of、in terms of、there is a、on the basis、a set of、the relationship between、on the other hand、on the other。

LAC、AFL 和 PL 三个词组库共现的短语有 4 个:as well as、in terms of、on the basis、on the other hand。

上述共现数据带来两个疑问：一方面，PL-386 和 AFL-407 与 LAC-171 分别只有 14 个词组共现，能否认为它们不能体现学术词组库与非学术词组库的差别呢？另一方面，LAC-171 与 PL-386 和 AFL-407 都存在 8.2% 的差距，这个差距是太大还是太小，或者说可以接受？

检索发现，PL-386 和 AFL-407 实际共现 26 个词组，它们是：a number of、a variety of、and so on、as a result、as a whole、as opposed to、as well as、at the same time、by virtue of、give rise to、in accordance with、in conjunction with、in order to、in other words、in terms of、in the absence of、in the course of、on the basis、on the other hand、on the part of、point of view、take into account、the extent to which、to some extent、whether or not、with respect to。

在 LAC 的高频特征和强 MI 特征下，PL-386 和 AFL-407 的共现总数降低了，即从 26 降到了 14，后者只占 LAC-171 的 8.2%。我们认为，8.2% 的共现率在数值上并不算大，在可以接受的区间内，因为 PL-386 和 AFL-407 共现 26 个词组，占 PL-386 的 6.7% 多。如果扩大 LAC 的词频范围和 MI 的取值，三者的共现比率会更大。为了验证这一结论，接下来，我们拟在 LAC-86918 中计算 PL-386 和 AFL-407 的共现率。

14.4.2　PL-386 和 AFL-407 与 LAC-86918 的比较

将 PL-386 和 AFL-407 与 LAC-86918 进行对比，可以发现，PL-386 和 AFL-407 在 LAC-86918 中的覆盖率如表 14-1。

表 14-1　PL-386 和 AFL-405 与 LAC-86918 的共现率比较

总数与平均共现率	2 词词组数量与共现率	3 词词组数量与共现率	4 词词组数量与共现率	5 词词组数量与共现率
PL-386 与 LAC-86918 共现 252 个，平均共现率为 68.4%	2 词词组 269 个，共现 176 个，共现率 65.4%	3 词词组 79 个，共现短语 63 个，共现率 79.7%	4 词词组 20 个，共现短语 13 个，共现率 65%	未统计
AFL-407 与 LAC-86918 中共现 191 个，平均共现率 92.3%	未统计	3 词词组 188 个，共现 178 个，共现率 94.7%	4 词词组 19 个，共现 13 个，共现率 68.4%	未统计
AFL-407 与 LAC-86918 共现 133 个，平均共现率 66.5%	未统计	3 词词组 134 个，共现 90 个，共现率 67.2%	4 词词组 59 个，共现 39 个，共现率 66.1%	5 词词组 7 个，共现 4 个，共现率 57.1%

从表 14-1 可以看出，AFL-407 在 LAC-86918 中的共现率达到 92.3%，远高于 PL-386 在 LAC-86918 中 68.4% 的共现率，PL-386 与 AFL-407 在 LAC-86918 中的共现率 66.5% 基本持平。AFL-407 与 AFL-407 的平均共现率是 79.4%，比 PL-386 的 68.4% 高出 11%。表 14-1 中的"未统计"，是因为 PL 只统计 2~4 词的词组，而 AFL 只统计 3~5 词的词组，但是这不影响表 14-2 中的共现率，因为 LAC 的统计范围是 2~5 词的词组。

由此可见，PL-386 和 AFL-407 与 LAC-86918 之间分别存在较明显的对比区分度。同时，PL-386 和 AFL-407 也有较大差别，与 LAC-171 的共现率对比相差约 10 倍。其中的原因是，LAC-171 是 LAC-86918 中的高词频、强 MI 和高 FTW 的词组，集中体现了语言学语域专门学术词组的特征，所以 LAC-171 与 PL-386 和 AFL-407 保持较低比例的共现率（即各为 8.2%）是正常的。而且，PL-386 和 AFL-407 的区分度原本较大，但是与精减后的 LAC-171 相比，两者的差别变小了，共现词汇减少了约一半（即从 26 减小到 14）。

14.4.3　LAC-171 与 LAC-7036 的比较

在 LAC-171 中，23 个词组是对语言学各层面进行直接指称或描述的词组，它们是：of speech、transformational grammar、language acquisition、word order、a sentence、the speaker、word formation、to say、the tongue、say that、refers to the、refer to、speech act、Current trends in linguistics、second language、generative grammar、North and Central American languages、speech act theory、phrase structure、second language acquisition、of articulation、Phrase Structure Grammar、Sociolinguistics an international handbook。

上述 23 个词组涉及语言学的多个分支学科，但是，它们只占语言学专门术语（glossary）很小的一部分。为了了解语言学语域专门术语的整体情况，我们将常见功能词（如介词、冠词、不定式小品词）、PL 和 AFL 制作成停止词（stop list）（Ferilli et al., 2014; Wu, 2017），对 LAC-86918 进行二次筛选，发现 2~5 词的专门术语分别为 6 356 条、573 条、82 条和 25 条，总数是 7 036。为了方便，我们称之为 LAC-7036。见表 11-2。

我们认为，语言学语域的专门学术词组不应该等同于专门术语，后者只需要根据语义内容和词频来取舍，学习者可以通过专门词典或教材的附录来检索，而不必成为教学内容；相反，前者应该体现与通用词组（如 PL）和通用学术词组（如

AFL)的联系和部分共现,并且体现词组内部的互信息熵,同时也应该是 ESP(English for Specific Purpose)和 EAP(English for Academic Purpose)所关注的词组形式。

14.5 结语

词组研究分为三个层次,即从通用词组到通用学术词组,再到专门学术词组。在专门学术词组研究方面,语言学语域几乎是一个空白(Le 和 Harrington 2015 年的研究除外),所以释义元句型的遴选和释义元句型库的研制没有先例可循。本章以 568138 词的自建语料库为基础,运用 Collocate1.0 软件进行统计,总结出 LAC-86918 词组库,再通过 Freq、MI 和 FTW 进行二次筛选,将 FTW 设定为大于等于 20.00,再通过对 FTW 进行专家评分和人工筛选,归纳出 LAC-171。对比发现,LAC-171 与 PL-386 和 AFL-407 分别存在 8.2%的共现率,是一个合理的较低共现比较。为了验证三个词组库共现规模的合理性,我们发现,AFL-407 和 PL-386 与 LAC-86918 的共现比例分别为 79.4%和 68.4%,相差 11%。另外,LAC-171 包含 23 个语言学语域的专门术语,在 LAC-7036 这个术语库中只占很小的部分,但是这种差距也是合理的,因为两者在计算方法、用途、教学关系等方面各不相同。

附录 14-1 语言学语域的元句型结构(LAC-171)

Freq	MI	FTW	Collocation
813	3.21	253.83	on the
703	4.33	220.35	it is
557	6.38	176.24	can be
483	4.22	152.09	the same
471	9.42	151.28	New York
455	6.74	144.83	for example
399	3.54	125.67	to be
355	3.73	112.14	is not
349	6.26	111.70	such as

(续表)

Freq	MI	FTW	Collocation
339	4.69	107.72	there is
257	3.03	81.37	which is
235	10.32	78.63	et al
241	5.38	77.73	there are
245	3.05	77.66	this is
243	3.62	77.36	in English
216	6.75	70.74	as well
214	4.21	68.70	study of
211	3.87	67.57	the following
192	13.59	67.13	as well as
199	7.40	65.84	based on
192	7.48	63.71	does not
193	6.59	63.52	well as
192	3.16	61.29	the first
178	6.99	59.09	The Hague
183	3.86	58.89	set of
175	6.81	58.06	do not
178	3.13	56.93	of speech
161	9.32	55.13	Cambridge MA
167	5.95	55.10	may be
162	7.57	54.46	has been
167	3.82	53.91	are not
162	4.17	52.56	number of
156	4.85	51.08	in contrast
154	5.87	51.03	according to
156	4.10	50.65	part of
157	3.30	50.52	use of
148	5.03	48.70	they are

(续表)

Freq	MI	FTW	Collocation
122	18.87	48.39	et al eds
112	23.04	47.62	Berlin and New York
142	5.74	47.23	refers to
123	12.70	45.24	and New York
137	3.44	44.39	used in
125	8.42	43.47	transformational grammar
127	6.43	42.97	language acquisition
112	13.42	42.23	Berlin and New
125	5.42	41.78	we have
123	5.02	40.94	we can
125	3.19	40.54	the second
125	3.09	40.48	and New
116	6.53	39.62	cannot be
120	4.09	39.49	Berlin and
114	6.89	39.20	for instance
111	6.88	38.26	have been
117	3.14	38.03	the most
115	3.88	37.83	is no
110	4.47	36.60	a particular
104	6.88	36.09	word order
109	3.63	35.82	used to
97	10.04	35.69	in contrast to
105	5.47	35.61	introduction to
103	6.08	35.33	must be
90	12.48	34.89	there is no
104	3.87	34.41	type of
104	3.54	34.22	is used
103	3.31	33.78	as an

（续表）

Freq	MI	FTW	Collocation
99	5.04	33.51	a single
99	4.72	33.33	contrast to
99	3.81	32.82	development of
90	8.43	32.62	there is a
75	15.69	32.04	Amsterdam and Philadelphia
95	4.13	31.76	types of
92	5.52	31.61	will be
96	3.29	31.60	a sentence
88	7.46	31.46	distinction between
93	3.76	30.94	the basis
84	8.63	30.87	for example the
78	11.64	30.70	Chicago IL
87	5.81	30.22	would be
61	20.19	30.22	on the other hand
91	3.46	30.15	the speaker
83	7.75	30.07	word formation
79	8.90	29.47	at least
87	4.25	29.35	to say
89	3.04	29.29	that we
78	8.83	29.13	on the other
86	3.92	28.86	parts of
85	4.30	28.76	is based
85	3.97	28.57	the tongue
78	7.84	28.57	relationship between
73	10.29	28.39	based on the
78	7.43	28.34	part of the
78	7.09	28.15	each other
61	15.61	27.65	on the basis of

(续表)

Freq	MI	FTW	Collocation
67	11.68	27.31	is based on
79	4.95	27.26	say that
78	5.26	27.13	fact that
70	9.05	26.77	refers to the
76	5.71	26.76	refer to
71	8.44	26.73	in terms of
79	3.54	26.47	what is
79	3.46	26.43	that there
77	4.46	26.37	found in
78	3.53	26.16	the whole
76	4.24	25.93	a given
69	8.07	25.91	the basis of
77	3.20	25.66	terms of
75	3.86	25.41	basis of
73	4.72	25.27	be used
73	4.54	25.17	it was
61	10.87	25.00	on the basis
75	3.11	24.99	we are
74	3.61	24.96	which can
69	6.24	24.88	should be
73	3.69	24.70	that they
72	4.21	24.68	or more
73	3.44	24.56	a set
64	8.24	24.46	speech act
29	26.97	24.09	Current trends in linguistics
71	3.70	24.08	in terms
70	4.23	24.07	is called
64	7.27	23.91	concerned with

(续表)

Freq	MI	FTW	Collocation
70	3.78	23.82	concept of
62	8.16	23.79	other hand
61	8.53	23.69	rather than
70	3.47	23.64	description of
67	4.96	23.55	second language
62	7.63	23.49	depending on
67	4.66	23.38	to make
69	3.43	23.31	to do
61	7.53	23.13	generative grammar
10	35.69	23.09	North and Central American languages
53	11.72	22.99	Philadelphia PA
57	9.34	22.90	formal logic
23	28.09	22.86	international handbook of contemporary
65	4.79	22.83	term for
24	27.46	22.82	handbook of contemporary research
63	5.66	22.70	corresponds to
66	3.65	22.51	history of
29	23.74	22.28	an international handbook of
57	7.82	22.05	a set of
50	11.53	21.96	the relationship between
59	6.43	21.89	more than
59	6.27	21.80	as follows
63	4.01	21.78	nature of
40	16.74	21.77	speech act theory
35	19.27	21.64	an international handbook
63	3.77	21.64	a certain
56	7.62	21.63	phrase structure
62	4.25	21.60	instead of

(续表)

Freq	MI	FTW	Collocation
56	7.34	21.47	derived from
61	4.36	21.35	is true
62	3.78	21.33	the latter
61	4.29	21.31	not only
60	4.78	21.28	but also
41	15.20	21.22	second language acquisition
60	4.65	21.20	related to
62	3.46	21.16	order to
61	3.75	21.01	a new
58	5.25	20.92	to describe
61	3.53	20.89	of articulation
14	29.23	20.71	a distinction is drawn between
60	3.70	20.67	the original
23	24.15	20.66	Phrase Structure Grammar
60	3.62	20.63	the end
10	31.27	20.61	Sociolinguistics an international handbook
61	3.01	20.60	the relationship
55	6.04	20.43	known as
59	3.45	20.22	state of
55	5.63	20.20	belong to
53	6.72	20.19	relation between
59	3.13	20.04	point of

第十五章 语言学语域释义元句型的元功能比较

15.1 导论

释义元句型(definitive meta-syntax)(李葆嘉,2002a;安华林,2011),是在词典和教材中进行释义的元语言所涉及的句型结构。释义元句型可以针对整体的超越学科界线的学术话语,也可以针对专门学科领域(如语言学)的学术话语,前者是通用的释义元句型,后者是专门学科领域的释义元句型。本章以语言学语域(register)为研究对象,在对语言学语域的释义元句型进行元功能(Halliday,1985)分类的基础上,探讨释义元句型在不同类型的语言学文本(如语言学词典与语言学教材)中的匹配次数差异,以及在不同语言(如中文与英文)学著作中的分布差异,同时解释产生两类差异的原因。

15.2 语言学语域释义元句型的研究现状

释义元句型研究始自李葆嘉(2002a)。经过安华林(2011)和朱斌等(2014)的阐述,释义元句型在宏观的研究构想上取得了较多的成就。在具体的元句型研究方面,符淮清(1986)对《四角号码新词典》(赵廷为,1951)中部分词条的释义问题提出了批评,比如"戏迷"是名词,不应该解释为"对于戏剧着了迷"这种动作性过程。同样,"纠纷"是名词,也不能定义为"因缠绕不清而乱起来"。另外,安华林(2011)对"形容"类元句法三种释义格式"形容……""……的样子""形容……的样子"的使用案例进行分析,指出"同一小类使用的格式应该相同,同一种格式不宜无限扩大"。朱斌等(2014)也总结了"因……而……"这一释义元句型在释义文本中的语义连接规律。尽管如此,"目前的研究还只是一鳞半爪,离建构为辞书释义服务(用于解释所有的字头、词目)的完整的释义元句型体系的目标还很遥远"(安华林,2011)。

在国外,Swales(1990)、Herriman(2000)、Hyland(2008a,2008b,2008c)、Hyland 等(2009)认为,学术文本的命题性语句体现内部的语篇结构模式(pattern),而不是单个陈述句的简单语义叠加。但是,国外学者的研究视角是学术文本中的词汇序列,而不是把它们看成释义文本中的元句型。所以,上述学者的成果并不是在释义元句型的框架下所做的研究,但对于释义元句型研究有较大的借鉴意义。

至于在系统功能语言学(Halliday,1985)视角下对元句型的元功能研究,Hyland(2008b)[49-50]、Hyland 等(2009)[122-123] 参照三种元功能的分类原则,提出了与之对应的三类突显语篇功能,即研究导向(research-oriented)、参与者导向(participant-oriented)和语篇导向(text-oriented)的三种元功能,它们分别表述研究内容和结果(对应概念元功能)、表达参与者的态度和立场(对应人际元功能)和组织命题内容和语篇结构(对应篇章元功能)。在此基础上,李晶洁等(2013)进一步认为,语篇导向功能可以包含三个独立的层面,即组织语篇结构,如引语、材料、结果等;实施语篇行为,如界定、举例、数据分析、比较、对比等;揭示信息流动的方向,如添加关系、反向关系、因果关系、时序关系等。

本章的研究以上述研究为基础。我们借鉴了安华林(2011)和朱斌等(2014)的释义元句型研究框架,但是把释义元句型的研究聚焦于语言学语域。由于释义元语言与释义元句型集中体现在词典和教材中,所以我们选择了 Bussmann 等(1996)的 *Routledge Dictionary of Language and Linguistics*(下文简称为 *Routledge Dictionary*),它是语言学辞书中公认的经典之作,另外两本教材是胡壮麟(2017)的《语言学教程》(第五版)和叶蜚声等(2010)的《语言学纲要(修订版)》(下文分别简称为《教程》和《纲要》)。汉语没有专门的语言学词典,只有翻译成中文的西方学者所著的语言学词典,如哈杜默德(2003)的《语言学词典》。所以,《纲要》既是汉语语言学教材,也具有汉语语言学词典的特征,同时承载着与英语语言学词典和英语语言学教材进行比较的语料功能。

至于释义元句型的元功能认定原则,我们拟借鉴 Hyland(2008b)、Hyland 等(2009)、李晶洁等(2013)提出的操作方法,在 *Routledge Dictionary*、《教程》和《纲要》这三种著作中按元功能的定义原则来匹配元句型,再分析三种著作中元句型所揭示的文体差异和语际差异。这种研究不仅可以让释义元句型的研究在"一鳞半爪"(安华林,2011)的基础上取得更多的创见,同时也可以让国内外的"词组学"(phraseology)研究与元句型研究实现对接,借他山之石以攻玉。

15.3 释义元句型的提取

我们选择了 Morley(2014)的 *The Academic Phrasebank*(下文简称 *Phrasebank*),它在句型种类和语义覆盖上足够全面,而且时效性较强。Phrasebank 涉及学术论文写作 17 个大类共 120 个次类的英语学术文本句型,比如第 1 个大类 Introducing work(导论)包括 17 个次类,前 3 个次类分别是:

001　Establishing the importance of the topic for the world or society;

002　Establishing the importance of the topic for the discipline;

003　Establishing the importance of the topic (time frame given)。

每一个次类又包括几个到十几个句型,比如第一个次类包括 13 个句型,前 3 个句型分别为:

00101　X is a fundamental property of...

00102　X is fast becoming a key instrument in...

00103　X is a common disorder characterised by...

我们对上述句型做了充分的语境化处理,即还原句型在各种人称、时、数、体等语境中的呈现形态,并且把它们翻译成中文中的元句型,同时尽量涵盖中文中的各种语境形态,比如 X is a fundamental property of... 包含如下形式:

... is a fundamental... of...

... remains a fundamental... of...

... was a fundamental... of...

... remained a fundamental... of...

……是……的基本的……

……是……中基本的……

按照上述方法,我们整理了 Phrasebank 中的全部元句型,英文元句型2 259 个,中文元句型 2 289 个。

在对元句型进行语料匹配之前,我们把 Routledge Dictionary、《教程》和《纲要》三本书扫描成 pdf 文件,转换为 doc 版本,再去掉目录、标题、前言、序跋、页眉、脚注、作业、参考文献、整行的举例等内容,然后对《纲要》进行分词(segmentation)处理(英文著作不必分词),再分别统计元符码(即词汇)和元句型的出现频次。元句型匹配时,通配符对应最多 10 个字符,匹配结果如下:

Routledge Dictionary 总词数 228 302(即篇幅),去除数字、希腊字母等非英文字符后共使用 16 703 个词汇类型,与 Phrasebank 中 2 259 个元句型交叉 289 个。

《教程》总词数 112 219 个(即篇幅),去除数字、希腊字母等非英文字符后共使用了 5 413 个词汇类型,与 Phrasebank 翻译成中文后的 2 259 个元句型交叉 285 个。

《纲要》总字数 212 257(即篇幅),分词产生了 75 129 个词汇(即篇幅),去除数字、非中文字符等后共使用了 9 866 个词汇类型,与 Phrasebank 翻译成中文后的 2 289 个元句型交叉 365 个。

15.4 体现三种元功能的释义元句型

释义元句型的元功能认定,我们借鉴了 Hyland(2008b)、Hyland 等(2009)、李晶洁等(2013)的方法,下面对体现三种元功能的释义元句型分别列表。本节,我们只对比元句型在 Routledge Dictionary 和《教程》中的匹配次数,元句型的英汉语比较在第 5 节中进行。

语言学词典与语言学教材的比较,是指元句型在 Routledge Dictionary 和《教程》中匹配次数的比较,这两种著作都属于英语语言学,不涉及汉语的《纲要》。因为英汉语的元句型比较,语言形式和语义结构可能不对等,所以在一种语言中的元句型可能在另一种语言中没有直接对应,甚至根本没有对应。我们将在下一节中探讨元句型的语际比较。下面,我们依照三种元功能分别比较元句型的匹配结果。

15.4.1 体现概念元功能的释义元句型

概念元功能体现研究导向,是为了陈述事实或观点①,即"研究者通过实验、调查、思辨等研究活动,在事实和证据的基础上,推导结果、提出观点","学术语篇的发展依赖于建立在数据、事实和严谨逻辑上的论述或推理"(李晶洁 等,2013)。

这类元句型包括三种型式(李晶洁 等,2013):

型式一:"DET DATA V(THAT)"的核心功能是将实验结果或观察数据与陈述论点衔接起来。DET 是限定词,包括 the、our、these 等。V 通常由系动词 BE 和报道动词充当,如 show、reveal、report、present、indicate、suggest 等。DATA 代表数据类主语,是该短语型式的关键词,除了 data 外,还包括 evidence、table、figure、explanation、reason、analysis、experiment(s)、observation(s) 等名词,如 data suggest that、table shows(that)、figure illustrates 等。

型式二:虚位主语 it 引导的型式,包括两个典型句型 It(MODEL)BE V-ed 和 It Vi(that)。最高频序列是 it is assumed that,用于强调作者站在客观的立场对实验结果或数据进行解读,以突出论证过程的严密性和结论的有效性。

型式三:We(MODEL)V(that)。其中,V 通常是 see、find、say、assume、understand 等"感官类或推理、思考类"动词,由人称代词 we 引导。MODAL 有时可以省略,但多数情况下由 can 充当。We 的使用体现作者直接参与研究的情况,表明作者本人对于某种科学理论的态度,或是对某项研究结果的贡献,并为此做出承诺。

表 15-1 中包含(但不限于)上述三种型式所提到的元句型。部分元句型在 *Routledge Dictionary* 和《教程》中同时匹配不成功,所以在表中没有列出,对于在 *Routledge Dictionary* 和《教程》的任意一本中有匹配次数的元句型,我们都列出了。三种型式中的个别元句型,不在我们的元句型库中,我们的补救办法是打开

---

① Hyland(2008b)、Hyland 等(2009)、李晶洁等(2013)对元功能的认定,显然不同于 Halliday(1985)的做法,后者主要借助及物性系统(transitivity system)的六种过程和逻辑系统(logical system)来定义概念元功能,借助语气、情态等系统来表达人际元功能,借助信息结构、主述位系统等来定义篇章元功能。从 Halliday 的标准来看,所有的元句型要么归属于六种及物性过程,要么是及物性过程的组成要素(如环境成分,circumstantial elements)。但是从概念元功能实现意义潜势时的客观性、人际元功能的主观性和推理性,以及部分篇章功能的客观性和部分篇章元功能的主观性与推理性来看,Hyland 等人的分类以及本章对元句型的元功能认定是可以接受的。下文的元句型比较,也聚焦于是否体现客观真实性和主观推断等方面。

Routledge Dictionary 和《教程》的 doc 版本,在"开始"菜单中选择"替换"菜单,再使用"同词替换"方法。比如,在 *Routledge Dictionary* 的"替换"对话框架用 is assumed that 来替换它自身,被替换的次数就是它在书中出现的次数。如果是...identified... as 这种断开的元句型格式,我们以它的主体部分(如 identified)进行检索,检索过程不断地选择"查找下一次",在查找结果中寻找包含另一部分(即 as)的元句型。这种方式可以确保检索的可靠性和全面性。15.4.2 和 15.4.3 中都采用这种方式,下文不再赘述。

为了节省表格中的空间,我们把同一类的元句型合并为一个,词尾变化部分用♯表示,同时把它们出现的次数累加起来。比如,把 shows..., showed... 和 show... 合并后写成 show♯。下文的表格 15-2、15-3 都按照处理。

表 15-1 研究导向的释义元句型

元句型	*Routledge Dictionary* 中出现的次数	《教程》中出现的次数
suggest♯	74	99
show♯...	96	167
reveal♯	9	36
point♯ out that	2	11
table shows	0	3
point♯ to	6	7
illustrate♯	28	28
support♯	30	16
lists that	1	0
supports	1	1
...presents...	43	22
...illustrates...	4	2
...consists of...	45	29
...investigated...	7	1
result♯ in	22	4
...can be divided into...	11	3
there is evidence	1	2
we assume that...	0	1
we can see that...	0	2

(续表)

元句型	*Routledge Dictionary* 中出现的次数	《教程》中出现的次数
reason is that...	0	4
summarize♯	3	6
is assumed that	5	1
it follows th 元 at	1	0
...is♯ used to	43	15
...carried out...	19	1
identified...as	5	1
associated with...	27	6
...replaced by...	28	13
can be defined as	3	1
cause♯...	220	146
bring♯ about	25	6
indicate♯	168	67

对 *Routledge Dictionary* 和《教程》进行比较，可以发现词典和教材中所使用的元句型的类型和匹配次数。

李晶洁等(2013)把体现"陈述事实或观点"的元句型分为三种型式。我们对元句型进一步观察发现，其体现的"陈述事实或观点"可以分为两类：一类是"推定的事实或观点"，即采用表达推定义的元句型所陈述的事实与观点，在表15-1 中我们用灰色底纹表示；另一类是"客观事实与观点"，是用表示客观陈述的元句型来呈现的事实与观点，在表15-1 中是没有底纹的。

基于这种认定，我们再统计一下有底纹和和没底纹的元句型在 *Routledge Dictionary* 和《教程》中的匹配次数，以及匹配次数所揭示的规律：

第一，表示"推定事实或观点"的元句型数量较少，表示"客观事实与观点"的元句型更多，前者只有后者的78%。可见，"陈述事实或观点"主要依赖的是表示"客观事实与观点"的元句型。

第二，表示"推定事实或观点"的元句型，在 *Routledge Dictionary* 中的总次数是225，在《教程》中的总次数是367，前者约是后者的61%，而 *Routledge Dictionary* 的篇幅是《教程》的2倍，可见词典中使用的表示"推定事实与观点"的元句型不到教材的 1/3。

第三,表示"客观事实或观点"的元句型,在 Routledge Dictionary 中的总次数是 702,在《教程》中的总次数是 324,前者是后者的 2.17 倍,比 Routledge Dictionary 和《教程》的篇幅比例(2 倍)略高。

上述数据差距的产生,是因为词典呈现的知识要求更多的客观性,呈现的是普遍被认可的、具有权威性的知识,读者检索词典时希望获取的公认的客观知识,而不是作者个人的观点或基于已有知识的推理;教材的使用人群和使用目标不同于词典,更多的主观推定成分一方面可以涵盖更多、更新颖的知识,另一方面,教材承担着引发学生进行更多的思考、激发学生的探索兴趣、服务于培养人的教学目标。

15.4.2 体现人际元功能的释义元句型

人际元功能体现参与者导向,在学术语篇中行使"报导"功能,是指"学术作者使用一定的语言形式来报道或引用其他社团成员的研究结果和思想,借此强化论据、支撑观点,或确立所从事的研究在相关领域的位置"(李晶洁 等,2013)。包括三种型式:

型式一:由作者名字引导(如 author suggest(s) that,author pointed out that)

型式二:由前置 it 引导(如 it is claimed that,it is/has been said that)

型式三:由具体的研究课题或研究内容引导(如 previous studies found,recent studies suggest that)。

上述三种型式的元句型在三种著作中的匹配结果如表 15-2 所示。表中♯是一个通配符,代表动词如 show 的各种时、体与屈杆变化形式。

表 15-2　参与者导向的释义元句型

元句型	Routledge Dictionary 中出现的次数	《教程》中出现的次数
...show ♯ that...	5	31
...suggested that...	1	9
account for...	6	20
also known as...	4	11
argues for...	0	1

(续表)

元句型	*Routledge Dictionary* 中出现的次数	《教程》中出现的次数
argue♯ that…	2	25
claim♯	19	47
estimate♯	4	6
predicated	1	0
focus♯ on	6	15
found that	0	9
imply♯	46	50
it has been said that	0	1
it is said that	0	1
maintain♯	37	19
pointed out that	2	7
predicate♯ that	3	0
examine…	1	14

参与者导向的释义元句法比较,如表15-2,在匹配次数上与表15-1差距悬殊:

第一,元句型的"报导"行为,是针对"参与者"的转述行为,即报导其他学者在理论创新和事实总结等方面的研究成果,当然也包括报导作者本人的研究创新,但后者不是主流的报导行为。所以,在"报导"时,作者必须站在当时的学术语境下,以第三方的口气转述其他学者的研究发现,除了使用中性动词 say 之外(如 it has been said that),更多的是使用体现作者本人价值判断和主观理解心理过程的带有主观色彩的动词,如 argue、find out、estimate、imply、focus 等;

第二,在 *Routledge Dictionary* 和《教程》中的匹配次数,也是很有趣的对比:表15-2中的元句型在 *Routledge Dictionary* 中共匹配137次,在《教程》中共匹配266次,前者约是后者的51%,而前者篇幅却是后者的2倍,可见 *Routledge Dictionary* 所用的体现作者本人价值判断和主观理解的元句型次数只有《教程》的25%,或者说《教程》使用的体现"参与者导向"的元句型是 *Routledge Dictionary* 所使用的4倍。理由我们在上一节的最后一段总结了,在这里同样适用。

15.4.3 体现篇章元功能的释义元句型

篇章元功能体现语篇导向,在学术语篇中行使篇章指示功能,包括三种型式:

型式一:实施语篇行为,如界定、举例、数据分析、比较、对比等;

型式二:组织语篇结构,如引语、材料、结果等;

型式三:揭示信息流动的方向,如添加关系、反向关系、因果关系、时序关系等(李晶洁 等,2013)。

上述三种型式的元句型在三种著作中的匹配结果如表15-3所示。

表15-3 语篇导向的释义元句型

元句型	Routledge Dictionary 中出现的次数	《教程》中出现的次数
as can be seen from	0	1
as discussed	1	2
as mentioned earlier	0	1
as shown in	1	6
...again	13	8
...et al.	42	9
according to	251	32
analysis of...	53	28
most important...are...	15	15
definitions of	8	1
as follows	12	7
as to	43	45
at least	58	25
in the area of...	6	0
thus...	200	77
in the context of...	13	4
in the domain of...	2	1
in the scope of...	5	0
on the basis of...	70	14
the relationship between	43	10
the relation between...	20	10

(续表)

元句型	Routledge Dictionary 中出现的次数	《教程》中出现的次数
finally	19	7
at the beginning of...	4	4
at the end of...	11	5
on the basis of...	70	14
...and therefore	15	8
consequently	8	19
although	54	30
though	122	159
because	97	112
in chapter...	0	2
in this section	0	4
in what follows	0	2
In the past...decades	17	1
from...until...	3	0
the term...refers to...	10	2
the...use of	98	55
up to...	21	3
with regard to...	52	2
but	350	332
for all...	30	10
regarding...	23	2
In addition	30	8
In contrast	96	10
In particular	29	13
In the end	26	4
except	63	28
Besides	9	6
apart from...	5	2
cases of...	12	2
data from...	4	1
In the case of...	7	3

(续表)

元句型	Routledge Dictionary 中出现的次数	《教程》中出现的次数
The results of...	3	1
as a consequence	3	3
...and then	14	22
However	19	57
whenever...	5	2
Whereas...	5	2
While	39	17
in order to...	26	35

语篇导向体现学术文本的篇章元功能。相对于另外两种元功能，语篇元功能是系统功能学派创始人韩礼德的一大理论创新（Halliday，1978），其独到之处在于从元理论层面诠释了语篇的现实建构功能，即"创造了一个只属于语言的意义世界，即平行宇宙，或用现代术语可以说是'虚拟现实'"（韩礼德，2007）。

李晶洁等（2013）认为，篇章元功能体现语篇导向，包括型式一：实施语篇行为，如界定、举例、数据分析、比较、对比等；型式二：组织语篇结构，如引语、材料、结果等；型式三：揭示信息流动的方向，如添加关系、反向关系、因果关系、时序关系等。

前两种型式的篇章元功能突出元句型的客观性，与研究导向相同，在 Routledge Dictionary 中的匹配次数是 2 238，在《教程》中的匹配次数是 1 170。它们主要是客观地衔接事实与观点以及为陈述提供各种指向语境的篇章元功能，如 in the area of..., in the case of..., in the context of..., in the domain of..., in the scope of... 等，以及为连接事实与观点提供突出语义焦点或时空背景的篇章元功能，如 in particular, in the end, in the past... decades 等。这两类元句型在《教程》中同样重要，前者是后者的 1.91 倍。考虑到篇幅因素，其在两种著作中的出现频率基本相同，与我们在 15.5.1 中的统计结果也是一致的。也就是说，词典和教材都看重元句型的客观性。

揭示信息流动方向的篇章元功能，在 Routledge Dictionary 和《教程》中的匹配关系出现了反转，即表 15-3 灰色部分中的许多元句型在 Routledge Dictionary 中的匹配次数远少于《教程》。在整体上，灰色部分元句型在 Routledge Dictionary 中的匹配总次数是 393，而在《教程》中的匹配总次数是 444 次，前者本应是后者的 2 倍,实际只有后者的 89%。

从属连接词在教材中匹配次数更多,而在词典中匹配次数较少。其中的原因是,词典以词条为单位安排篇章结构,一个词条就是一个篇章,词条内部以信息呈现为主,句与句之间以及段与段之间的关系较简单。与此相反,教材全书是一个整体,各章节之间的衔接关系更复杂、更多元,对信息流向的调整需求也更多样化,所以需要更多的从属连接词。

15.5 释义元句型的三种元功能比较:英汉元句型的语际比较

英汉元句型的语际比较,涉及两种英语语言学著作与一种汉语语言学著作之间的比较,即 *Routledge Dictionary* 和《教程》与《纲要》的比较。就我们的检索所及,汉语语言学没有专门的语言学辞典,只有翻译成中文的国外语言学词典,如哈杜默德(2003)编著的《语言学词典》,所以《纲要》同时代表了汉语语言学的教材和词典,并与 *Routledge Dictionary* 和《教程》形成比较。

从篇幅来看,《纲要》约 21 万字,切分后共约 7.5 万词,只约占有 22.8 万词的 *Routledge Dictionary* 的 33%,也只约占有 11.2 万词的《教程》的 67%。下面,我们分三种元功能来进行英汉元句型匹配次数的对比。

15.5.1 研究导向的比较

在体现"陈述事实与观点"方面,即在体现研究导向方面,我们以"造成"元句型为例,这一组元句型包括四个,它们在《纲要》中的匹配次数分别是:

造成	42 次
结果是……	3 次
导致	9 次
决定	44 次

它们的匹配次数总和是 98 次,在 *Routledge Dictionary* 和《教程》中的对应元句型及匹配情况是:

result♯ in	*Routledge Dictionary*	22 次,《教程》4 次
bring♯ about	*Routledge Dictionary*	25 次,《教程》6 次

cause♯　　　　　　　　*Routledge Dictionary*　　220 次,《教程》146 次

上述元句型在 *Routledge* 中共匹配了 267 次,在《教程》中共匹配了 156 次。计算发现,《纲要》中的"造成"类是 *Routledge Dictionary* 中的 37%,是《教程》中的 63%,与篇幅比例的 33% 和 67% 基本相当。可见,中英文语言学著作中的元句型在陈述事实与观点时,在元句型选择上采用了同样的元句型策略。

15.5.2　参与者导向的比较

我们再看以参与者为导向的第二类元句型。我们选择了"表明"类元句型,它在《纲要》中的匹配情况:

表明　　　16 次
显示　　　12 次
呈现　　　6 次

以上元句型在《纲要》中的匹配总次数是 34 次,在英语著作中的对应元句型及匹配情况如下:

...presents...　　　　　　*Routledge Dictionary* 43 次,《教程》22 次
...show♯ that...　　　　　*Routledge Dictionary* 5 次,《教程》31 次
...demonstrated that...　　*Routledge Dictionary* 2 次,《教程》0 次

以上元句型在 *Routledge Dictionary* 中共匹配 50 次,在《教程》中共匹配 53 次。将在《纲要》中匹配的 34 次与它们比较,发现《纲要》中的"表明"类元句型是 *Routledge Dictionary* 中的 68%,是《教程》中的 64%。与篇幅比例对比(即《纲要》分别是 *Routledge Dictionary* 和《教程》的 33% 和 67%),参与者导向的元句型在《教程》中的比较基本相当,而比 *Routledge Dictionary* 多了一倍,支持了我们在 15.4.2 中的发现,即词典较少使用体现作者本人价值判断和主观理解的元句型,英语教材和汉语教材具有同样的元句型使用规律。

15.5.3　篇章导向的比较

本节的语际比较分两部分,即把实施语篇行为和组织语篇结构的元句型放到一块来进行中英文比较,对体现信息流动方向的元句型单独进行中英文比较。

对于实施语篇行为和组织语篇结构,我们选择"举例"类元句型来进行英汉语比较:

诸如 1 次　　　　　　　《纲要》1 次

例如 244 次	《纲要》244 次
such as..., and...	*Routledge Dictionary* 30 次,《教程》4 次
such as	*Routledge Dictionary* 382 次,《教程》135 次
for instance	*Routledge Dictionary* 17 次,《教程》41 次
for example	*Routledge Dictionary* 277 次,《教程》217 次

中文的"举例"类元句型在《纲要》中共匹配 245 次,英文的"举例"类元句型在 *Routledge Dictionary* 和《教程》中分别匹配 706 次和 397 次,中文分别是英语的 35% 和 62%,与篇幅比例的 33% 和 67% 基本相当。

再看体现信息流动方向的元句型,我们以"目的"类和"转折"类作为例子。"目的"类元句型共有三个,在英语中也对应三个:

为了	《纲要》2 次
只为	《纲要》1 次
目的是	《纲要》3 次
So as to	*Routledge Dictionary* 1 次,《教程》4 次
in order to...	*Routledge Dictionary* 26 次,《教程》35 次
So that	*Routledge Dictionary* 34 次,《教程》30 次

中文的"目的"类元句型在《纲要》中共匹配 6 次,英文的"目的"类元句型在 *Routledge* 和《教程》中分别匹配 61 次和 69 次,中文分别是英语的 10% 和 9%,与篇幅比例相比明显偏低。再看"转折"类元句型在《纲要》中的匹配情况:

虽然	60 次
但是	81 次
然而	2 次

"转折"类元句型在英语中也对应三个元句型,它们的匹配情况是:

although	*Routledge Dictionary* 54 次,《教程》30 次
though	*Routledge Dictionary* 122 次,《教程》159 次
But	*Routledge Dictionary* 350 次,《教程》332 次

中文的"转折"类元句型在《纲要》中共匹配 143 次,英文的"转折"类元句型在 *Routledge Dictionary* 和《教程》中分别匹配 526 次和 521 次,中文分别是英语的 27.2% 和 27.5%,与篇幅比例相比明显偏低。

上面数据对比表明,在实施语篇行为和组织语篇结构方面,连接客观事实和观点时(如举例),中英文中体现篇章元功能的元句型按篇幅比较基本相当,因为在学术文体(如语言学语域)中,表征和连接客观事实的使命是一致的。但是,在体现主观意志或逻辑推理的篇章元功能方面,中文更多地体现"意合"特征,即当语义通达时,不一定要使用显性的连接词;而英语更多地体现"形合",即在语义通达的同时,也要追求语言形式上的完整性。

15.6 结语

基于现有的词组库,本章对其进行充分语境化处理,产生了两千余个元句型,将它们演绎性地应用于三种语言学著作,就得到了词典和语言学教材中实际使用的释义元句型,同时体现英汉语比较。语言学语域的释义元句型,借鉴对于词组的元功能认定方法,即词组在学术文本中体现研究导向、参与者导向和篇章导向的三分法,它们同时体现系统功能语言学的概念元功能、人际元功能和篇章元功能。对英语词典和英语教材的三种元功能进行比较发现,体现研究导向的元句法在陈述事实与观点时没有明显的差别。可见,词典和教材在重视客观陈述方面基本上没有差别。体现参与者导向的元句法在体现报导功能时,在教材中的匹配次数更多,因为教材更多地体现作者的主观判断和逻辑推理。体现篇章导向的元功能分为三类。实施语篇行为和组织语篇行为时,体现篇章元功能的元句法在词典和教材中的匹配次数相当,说明两者同等地重视客观事实和观点。而在体现信息流动方向的元句型中,教材中匹配的元句型更多,因为教材全书是一个整体,各章节之间的衔接关系更复杂、更多元,对信息流向的调整需求也更多样化,需要更多的从属连接词。在语际比较方面,研究导向和参与者导向的元句型在英汉语中基本相当。在体现信息流动方向的元功能方面,汉语中的元句法匹配次数明显偏低,因为汉语句法结构体现意合特征,而英语句法结构体现形合特征。

第十六章
释义元句型的英汉对比研究

16.1 导论

释义元句型(李葆嘉,2002a;安华林,2011),是在词典和教材中进行释义的元语言(meta-language)中所涉及的句型结构。释义元语言以子句或子句复合体的形式存在,包括词汇形态的元符码(meta-symbol)以及把元符码连接起来的元句型(meta-syntactric struture)。释义元语言可以针对整体的超越学科界限的学术话语,也可以针对专门学科的释义元语言,前者是通用的释义元语言,后者是专门学科的释义元语言。本章以语言学语域为研究对象,探讨元句型翻译中隐喻意象的耦合性,及其所折射出的语用主体的国际形象趋同性。

16.2 语言学语域释义元句型的提取与翻译

释义元句型的提取方法,可以从语料出发,设定特定的检索条件,并通过计算机程序从语料中抓取元句型,这是归纳研究的方法。还有一种方法体现演绎性特征,即选择一个现成的词组库,经过结构处理后产生一个元句型库,即一个规模较大的、时效性较强的元句型清单,进行英汉或汉英翻译转换,再演绎性地应用于英汉语料,探讨英汉元句型翻译和对比如何体现语用主体在认知和语用上的国际形象比较。

在词组库的选择上,我们发现,Morley(2014)的 *The Academic Phrasebank*(下文简称 *Phrasebank*)在句型种类和语义覆盖上足够全面,而且时效性较强,可以作为元句型提炼和翻译的基础。

在词组范围和规模上，*Phrasebank* 涉及学术论文写作 17 个大类共 120 个次类的英语学术文本句型。我们将它们依次编号，从 001 到 120。比如，第 1 大类 Introducing work（导论）包括 17 个次类，前 3 个次类分别是：

001　　Establishing the importance of the topic for the world or society;

002　　Establishing the importance of the topic for the discipline;

003　　Establishing the importance of the topic (time frame given).

每一个次类又包括几个到十几个句型，比如 001 包括 13 个句型，前 3 个句型分别被排序为：

00101　　X is a fundamental property of...

00102　　X is fast becoming a key instrument in...

00103　　X is a common disorder characterised by...

我们对上述三个句型做了充分语境化处理，即让每一个元句型涵盖语料中各种潜在的人称、时、体、语态等特征，并且对其和其中文翻译进行编号，比如对 00101 做了如下处理：

001011　　... is a fundamental... of...

001012　　... remains a fundamental... of...

001013　　... was a fundamental... of...

001014　　... remained a fundamental... of...

00101A　　……是……的基本的……

00101B　　……是……中基本的……

前四行是四种英文变体，涉及单复数和时的变化，这种变化用末尾位置的阿拉伯数字表示，如在 00101 之后加上 1、2、3、4，两种中文翻译分别排序为 00101A 和 00101B，在尾数位置上用大写拉丁字母表示。中英文的省略号（六点或三点）代表被省略部分，是计算机编程时的通配符，代表语料匹配时的最多 10 个字符。比如，001011 的第一个通配符代表主语，第二个可以是 property，也可以是 character、feature 等，第三个代表某种主体。采用多个通配符，是为了在语料检索中有更大的命中率。诸如 001011 的句型就是元句型，它们在释义文本中出现，属于释义元句型。

按照上述方法，我们整理了 *Phrasebank* 中的全部释义元句型，英文释义元句型 2 259 个，中文释义元句型 2 289 个。

为了体现元句型在语言学文本中的英汉翻译对比,我们选择了 Bussmann (2000)的 *Routledge Dictionary of Language and Linguistics*(下文简称为 *Routledge Dictionary*),它是语言学辞书中公认的经典之作。另外,我们选择了两种语言学经典教材,一种是胡壮麟(2017 年)的《语言学教程》(第五版),另一种是叶蜚声等(2010)的《语言学纲要(修订版)》(下文分别简称为《教程》和《纲要》)。我们选择两种学术地位相当的英汉语教材,是为了对比释义元句型的英汉对译版本在英汉教材中的应用分布,探讨隐喻意象的英汉翻译在语料中的覆盖可比性,以及隐喻意象的认知和文化基础,以此证明语用主体在国际形象自我塑造中的趋同化特征。

在将元句型翻译成中文之后,我们把 *Routledge Dictionary*、《教程》和《纲要》扫描成 pdf 版本,再转换为 doc 版本,去掉三本书的目录、标题、前言、序跋、页眉、脚注、作业、参考文献、整行的举例等内容,再分别统计元符码(即词汇)的出现频次,结果如下:

Routledge Dictionary 总词数 228 302(即篇幅),去除数字、希腊字母等非英文字符后共使用 16 703 个词汇类型,与 *Phrasebank* 中元句型交叉 289 个。

《教程》总词数 112 219(即篇幅),去除数字、希腊字母等非英文字符后共使用 8 215 个词汇类型,与 *Phrasebank* 翻译后的元句型交叉 285 个。

《纲要》总字数 212 257(即篇幅),切分(segmentation)之后共 75 129 词(即篇幅),共使用了 9 866 个词汇类型,与 *Phrasebank* 翻译成中文后的元句型交叉 365 个。

16.3　释义元句型中的隐喻意象对比

本章的隐喻意象对比,涉及语言学语域释义元句型的多个基础方面,包括学术领域的描述、学术研究史的表达、理论本体的描述、对理论重要性和研究价值的表达,以及与语言学研究有关的其他几个基础方面。下面,我们依次来描述这些隐喻意象及其所折射的语用主体国际形象的趋同化特征。

16.3.1　学术领域的隐喻意象

对学术领域的描述,英汉语都采用了相同的隐喻意象,隐喻表达式是"学术空间是物理空间",即 ACADEMIC SPACE IS PHYSICAL SPACE,涉及 area、domain、field 等多个词汇字面义和隐喻义的跨语言比较。它们分别出现在多个英、汉语元句型中,在 *Routledge Dictionary*、《教程》和《纲要》中的匹配频次对比体现了隐喻意象可接受程度的数量表征。我们在统计频次时将例句标记上序号,结果如下:

002103　in the area of...,在 *Routledge Dictionary* 中出现 6 次:

1　from 1150 in the area of Limburg-B
2　specially in the area of morphosyn
3　ch errors in the area of syntax re
4　t clearty in the area of semantics
5　s of Katz in the area of interpret
6　ated work in the area of knowledge

002104　in the domain of...,在 *Routledge Dictionary* 中出现 2 次:

1　and (c) in the domain of memory an
2　tics, within the domain of language

002104　in the domain of...,在《教程》中出现 1 次:

1　specially in the domain of Systemic

002105　in the scope of...,在 *Routledge Dictionary* 中出现 5 次:

1　ated. Within the scope of generativ
2　to be within the scope of a modal
3　ation within the scope of all types
4　fferences in the scope of the exist
5　somebody in the scope of everybody

013081...the field of...,在 *Routledge Dictionary* 中出现 2 次:

1　elongs to the field of competenc
2　s over to the field of phoneme

013081...the field of...,在《教程》中出现 7 次:

1　ressed in the field of morpholog
2　ppened in the field of linguisti

3　Zipf. In the field of language
4　elopment, the field of MT has ch
5　In the field of psycholin
6　shave in the field of language
7　icable to the field of linguisti

01308A "……的领域",在《纲要》中出现 2 次:
1　在,而且使用的领域也有很大的局
2　称等比较专门的领域。日常词汇中

01308B "在……领域",在《纲要》中出现 2 次:
1　系,或者局限在很少的几个领域,这与数学符
2　的田野基地,在这一领域,我们还大有

上述英汉语释义元句型的隐喻意象对比,证明了英汉两种语言在翻译过程中对学术领域进行描述时的隐喻意象趋同化特征。为了节省篇幅,在下面的隐喻意象翻译中,我们只提及语料对比的出现频次,不罗列例句本身。

由于学术领域被隐喻为物理空间,所以学术领域之间的关系也像物理空间的关系一样可以被比较和谈论,比如:

043071　the relationship between...,在 *Routledge Dictionary* 和《教程》中分别出现 43 次和 10 次;

04307A　"……之间的关系",在《纲要》出现 16 次。

空间的隐喻化类比,不仅可以同等地谈论两者之间的关系,而且在与两者互动时,也体现同样的身体动作。比如,我们可以用手指来指示某物理领域,同样也能用"指"和"pointing"来指示学术领域,使得"指"和"pointing"成为二级隐喻(secondary metaphor):

079021　...points out that...,在 *Routledge Dictionary* 和《教程》中各出现 2 次;

079021　...pointed out that...,在 *Routledge Dictionary* 和《教程》中分别出现 2 次和 7 次;

07902A　"……指出……",在《纲要》中出现 7 次;

01704B　"指的是……",在《纲要》中出现 6 次;

09804B　"……用来指……",在《纲要》中出现 8 次。

16.3.2 学术研究史的隐喻意象

学术研究史的隐喻意象,是把时间隐喻为空间,即 TIME IS SPACE。在本体和喻体的类比过程中,我们发现了三种隐喻结构:

一、当时间被隐喻成为一个空间点的时候,它本身是没有大小的,但以它为参照点,可以谈论它的周边位置,比如:

038311　before,在 *Routledge Dictionary* 和《教程》中分别出现 11 次和 67 次;

03831A　"……之前",在《纲要》中出现 34 次;

038011　prior to,在 *Routledge Dictionary* 中出现 1 次;

03801A　"在……之前",在《纲要》中出现 18 次。

二、当时间被隐喻为空间范围时,它是有一定长度的线性结构,有起点和终点,比如:

038251　at the end of...,在 *Routledge Dictionary* 和《教程》中分别出现了 11 次和 5 次;

03825A　"……的最后",在《纲要》中出现了 7 次。

038021　in the end,在 *Routledge Dictionary* 和《教程》中分别出现了 0 次和 1 次

03802A　"最后",在《纲要》中出现了 35 次。

三、时间还可以是从过去到现在的线性运动,对应某种空间位置的变化,比如:

007251　up to now,在 *Routledge Dictionary* 和《教程》中分别出现 2 次和 0 次;

00725A　"到现在",在《纲要》中出现了 6 次。

039021　up to...,在 *Routledge Dictionary* 和《教程》中分别出现 19 次和 3 次;

03902A　"直至",在《纲要》中出现了 4 次。

008161　so far,在 *Routledge Dictionary* 中出现 1 次;

008162　thus far,在《教程》中出现 1 次;

00816A　"至今",在《纲要》中出现了 9 次。

16.3.3 理论本体的隐喻意象

理论本身的隐喻意象,较常见的是"建筑物",即 THEORIES ARE BUILDINGS,所以理论的创立对应建筑物的建造:

010091　...to establish...,在 *Routledge Dictionary* 和《教程》中分别出现了 4 次和 10 次;

01009A　"创立",在《纲要》中出现了 2 次;

01009B　"建立",在《纲要》中出现了 26 次。

理论的基础部分,被隐喻为建筑物的地基,比如:

009161　... based on...,在 *Routledge Dictionary* 和《教程》中分别出现了 238 次和 45 次;

00916A　"……基础",在《纲要》中出现了 89 次。

034051　on the basis of...,在 *Routledge Dictionary* 和《教程》中分别出现了 70 次和 14 次;

03405A　"……基于……",在《纲要》中出现了 8 次。

16.3.4　理论评价的隐喻意象

对理论的评价,离不开语言。但是,我们对语言的工具性利用,不只是把语言当作表达观点的媒介,而且还把语言本身当作表达观点时的隐喻性意象,以间接地表达我们的评价性内容。比如,使用语言的方式之一是"争论",在"争论"中,人们各自澄清自己的观点。但是,在对理论进行评价的过程中,我们不一定进行有声的"争论",而只是对"争论"这种语言使用方式进行隐喻性地利用,即 SPEECH IS PERSISTENCE,比如:

078161　argues that...,在《教程》中出现 11 次;

078162　argue that...,在 *Routledge Dictionary* 和《教程》中分别出现 1 次和 7 次;

078163　argued that...,在 *Routledge Dictionary* 和《教程》中分别出现 1 次和 5 次;

07816A　"……争论……",在《纲要》中出现 2 次。

被"争论"的焦点,一方认为对方的观点是一个必须解决的"问题",而对方可能认为自己的主张根本不是"问题"。所以,"有问题"本身也成为一个隐喻意象:

007081　is problematic 和 007082　are problematic,在 *Routledge Dictionary* 中各出现 1 次;

00708A　"……是有问题的",在《纲要》中出现 1 次。

理论评价的具体内容,也涉及各种各样的隐喻意象,比如对"重要性"的评价。英汉两种语言的元句型都使用了三组相同的隐喻意象:

一、"中心与边缘"意象:

002071　central to...,在 *Routledge Dictionary* 中出现了 3 次;

00207A　"……是……的核心",在《纲要》中出现了5次。

二、"机械"意象：

001021　...a key...,在 Routledge Dictionary 和《教程》中各出现了2次；

00102A　"……关键的……",在《纲要》中出现了2次；

三、"光学焦点"意象：

018031　...has focused on...,在 Routledge Dictionary 和《教程》中各出现了2次和1次；

01803A　"……是焦点",在《纲要》中出现了1次。

16.3.5　理性判断的视觉隐喻

在学术文本中,我们必须随时做出各种各样的事实判断和价值判断,而判断的依据可以求助于视觉感知,即 JUDGMENT IS VISUAL PERCEPTION,如：

026051　...sees...as...,在 Routledge Dictionary 和《教程》中分别出现了4次和2次；

02605A　"视……为……",在《纲要》中出现了5次。

02605B　"把……看作……",在《纲要》中出现了4次。

16.3.6　数量描述的体积意象

在对数量多少的描述中,英汉语都借用体积意象,即 QUANTITY IS VOLUME,如：

049281　a small number of...,在 Routledge Dictionary 和《教程》中分别出现了1次和2次；

在这个元句型中,本体 QUANTITY 是 number,喻体 VOLUME 是 size,修饰关系体现了一种压缩形式的陈述句,即把(the) number is small 结构压缩为 a small number。汉语的元句型也有相同的隐喻意象,即"数"可以有形体的大小,如：

07710A　"少数……",在《纲要》中出现了34次。

除此之外,对数量的描述还可以借助距离,也就是距离越远,数量就越大,即 QUANTITY IS DISTANCE,如：

026041　...is far more...,在 Routledge Dictionary 和《教程》中分别出现了1次和2次；

044111　by far,在 Routledge 中出现了3次；

04411B　"远远超过……",在《纲要》中出现了1次。

16.4 语用主体的国际形象趋同化特征

海德格尔(2018)认为,"语言是存在的家园"。人在语言中存在,语言的存在样态反映了语用主体的形象,英汉语言的对比反映了英汉两个语用群体的国际形象。我们对语言学语域释义元句型中隐喻意象趋同化的比较,印证了英汉两个民族在语用意象与认知习惯关系上国际形象的趋同化特征。

但是,海德格尔(2018)的断言是一种形而上的哲学命题,我们必须在认知语言学的框架内证明隐喻意象的同质化为什么能证明两种语言的语用主体具有相同的国际形象。或者反过来,两个民族语用主体的国际形象为什么能借助同质化的语用意象来表达。

认知语言学认为,人类对外界和自我内心的认知,基于自己的身体结构与功能,以及婴儿时期最初的生理体验和人际交往体验,这就是认知的身体化特征。由于人类具有几乎一致的身体结构和生理功能,以及共同的地球环境和自然生态系统,所以人类感知外界的主客观条件具有相当大的一致性,在认知和描述外界与内心时,在喻体的选择上具有超越文化的一致性(刘宇红,2006a,2006b,2011,2016,2021)。比如:

人类生存都必须占据一定的空间。不管是白天的站立,还是夜间的安眠,人类都与周遭的空间环境打交道,都了解空间环境之间的相互关系,都用手指向特定的空间来指认方向,或谈论空间中的实体以及自己与空间的关系。所以,人类对于空间、范围、地域产生了共同的认知,这就是"学术空间是物理空间"的认知基础。

在此基础上,人类参照对于空间的认知,完成了对于时间的隐喻化认知。人类在空间中占据一个位置,同样,人类也在时间中存在,有当下、过去和未来的时间节点,并且用"之前""之后"等描述空间的词汇和句式来描述时间。比如,从"房子前面"产生了"两年以前","房子"和"两年"具有共同的定位和参照价值。同样,"走过了三个村子"这样的空间跨越,也对应了"度过了两个星期"这样的时间表述。学术史是学术演进的历史,是时间存在的一个微观尺度,或者说是描述时间的一种应用方式。中英两种文化下的人们基于共同的空间感知和描述,产生了对于学术史描述时共同的隐喻意象(参见 16.3.2)。

"理论"本身不是一种实体化的存在,"理论"的词汇化过程体现了人们对于抽象概念的本体论转换,所以"理论"的实体化本身体现了人类认知的概念化和本体论隐喻的过程。但是,因为本章是以元句型为谈论对象,所以我们只关注表述"理论"的元句型中所隐含的隐喻意象。有关"理论"的共同的隐喻意象源于不同文化下的人们都有居住在各式房舍中的认知体验。房舍不是天然之物,必须人工建造。房舍有各种构件,如门、窗、墙壁、楼层,这种结构化的认知产物会成为理论表述时的认知理据。

对理论的评价都离不开语言的使用。不同文化下的人们都有发出有声语言的生理基础和表达思想情感的客观需求,所以语言机能成为一种超越文化的生理基础。并且,由于它与人类生活紧密联系,与语言有关的概念单元就不约而同地成为评价理论的隐喻意象,如"争论""疑问""回答""话语(权)"等。在语言之外,人类还有许多的共同印象和共同认知,这些共同印象和共同认知都可能与语言一样成为人们言谈的隐喻意象来源。所以,机械学、力学、光学等领域的概念、术语、理论等都可能成为理论评价的隐喻资源。

视觉认知是人类最主要的信息来源,所以基于视觉感知的理性判断就有了身体化基础。同样,对于数量和体积的认知也基于人类最朴实的基础体验。比如,把较多的物体堆放在一处,体积就增高了,占用的地面就更宽了。所以,数量与空间的隐喻关联也是以人类共同的生存体验为基础的。

英汉语在元句型隐喻意象翻译上的耦合性,决定了两种语言的语用主体共同的国际形象。一方面包括隐喻意象的高度相似性所决定的语言生态的共同性,另一方面也体现为思维过程和认知方式上趋同的国际形象。

16.5 结语

语言学语域的释义元句型,是语言使用中一个高度专业化的应用领域,但它与通常条件下的目标语言实践没有本质的区别。元句型的隐喻意象基础以及它对于元符码的隐喻性连接,体现了隐喻意象的跨文化耦合性。广泛存在的隐喻意象耦合构成了两国语用主体共同的国际形象,即语用层面和认知层面共同的国际形象。共同的国际形象不是偶然产生的。隐喻意象的选择体现了两个民族和两国学者共同的以身体化认知为基础的生存体验,以及大同小异的自然生态环境和社会文化基础。

结　论

　　释义元语言研究,是元语言研究的一个分支领域。西方社会的元语言研究,经历了一系列的发展阶段,这些阶段的哲学取向体现始终一致的规律,即理性主义不断减弱,而经验主义不断趋于强势。中西方在元语言研究发展路径上的不对称,很大程度上取决于东方学术传统上的缺陷,即形式逻辑和思辨传统上的相对弱势。其结果是,中国的元语言研究到20世纪末才并入欧美学界经验主义研究的主流,成为世界学术共同体的有效组成部分。

　　从一般的元语言研究发展到释义元语言研究,是元语言研究的新阶段,也是研究内容和研究目标更加聚焦的产物。现有的释义元语言研究,对通用知识的研究达到了近乎完善的地步,并且发展出了多种知识本体工程。释义元语言研究的进一步发展,必须突破现有的研究框架,从通用知识领域进入到各种专门学科的知识领域,这是释义元语言发展的背景和学科建立的契机。以词典和教材为基础,运用不同于前人所采用的逻辑思辨和实证工具,借鉴语料库语言学的研究方法,就可以提炼出相对完整的数量有限的释义元语言清单和释义元句型列表。

　　第一篇的第四章致力于释义元语言词汇库研制。我们总结了语言学语域249个常用学术词组后,发现了它们与现有词组库的差别和关联。

　　第二篇的研究在释义元语言本体研究的基础上,将研究内容扩展为学术词组的研究和学术词组库的建构。第五章既体现了释义元语言与学术词组库的紧密联系,也体现了释义元语言的适用功能,并找到了释义元语言在真实文本中的实体性表征,这一工作的产品是适度规模的学术词组库。学术词组库体现了Wierzbicka(1972)的数十个有限的释义基元与更广义的文体类型中释义目标的对比。两种元语言研究体现了较强的语域互补性与适用功能的互补性,也体现了"学术文体"与"日常话语"的二元结构对比。

接下来，在第六章的研究中，我们以 AFL 的 407 个学术词组为基础，借鉴型式语法和构式语法的研究思路，发现学术词组的内部结构具有连续体特征，词汇、语法和准构式构成从简单到复杂的连续体，互动模式包括连续体两端的双向互动，以及中间环节对连续体两端的衔接与互动。在第七章中，我们进行了学术词组库的应用研究，即验证了英语专业四、八级词汇表的元语言有效性及其对英专教材的覆盖率。我们的结论是，《英语专业四、八级词汇表》具有元语言特性。在与英专教材的双向对比中，我们可以发现词汇表的元语言有效性以及其对于教材的覆盖有效性。

第三篇是对释义元语言的另一个领域的拓展研究，即从释义元语言进入到科技术语的研究。我们认为，科技术语是释义元语言在特定语域的固化知识单元，术语表是释义元语言在特定语域的清单。第三篇的研究内容包括术语的语义功能、理据类型、术语表与学术词汇表的研制方法、术语表研制的四个步骤。第八章探讨了科技术语的语义功能。我们统计了 Saussure 的 *Course in general Linguistics* 中语言学术语 linguistics 的全部出现次数。在 linguistics 的 86 次使用中，一部分以"词汇搭配"为主，体现了学科本体的知识构架和学科体系、学科内部的特征以及学科之间的关系，另一部分体现"语法搭配"的特征。各种语义功能既有对应性又有互补性。第九章以"科技术语的理据类型"为题，对语言学术语的各种理据类型展开探讨，发现了四大类共十四小类的术语理据。第十章基于计算机软件来研制科技术语表与学术词汇表。我们采用 AntConc 3.5.8 等软件，对约 56 万字的语言学语料进行统计，归纳出包括 469 个词的语言学学术词汇表（Linguistic Academic Word List，LAWL）和包括 338 个词的语言学学术语词汇表（Linguistic Terminological Word List，LTWL）。第十一章也致力于研制术语表，在研制方法上运用词频统计、停止词、互信息熵（MI）和词组教学值（FTW）等进行多次筛选。这一篇的研究偏重于研究程序和研究方法的探索，旨在为不同的学科在研究程序、研究方法等领域提供一个可供借鉴的操作模板。

第四篇从词汇和词组形态的释义元语言研究，进入释义元句法和释义元句型的研究。这样的句法关系和句型结构可以是常规句法的研究内容，也可以是构式形态的元语言形式。所以，释义元句法和释义元句型应该成为释义元语言研究的一部分，同时也构成了更大结构单位的释义元语言成分。第四篇第十二章涉及释义元句法研究中的几个问题，探讨了释义元句法的研究内容、研究方法、篇章层面的元句法、元句法的特征等。第十三章研究释义元句型的提取方法与属性特征,是第四部分的研究重心。我们提出以现有的学术词组库作为蓝本,对数量庞大的词组库进行"充分语境化"和"语义抽象化"操作,归纳出一个释义元句型库,再把它们演绎性地应用于典型的英汉语言学语料加以验证。可以发现,英汉语言学文本中实际存在大量的释义元句型。这一研究的特点是既可以观察释义元句型内部的结构和语义关系,也可以探讨英汉释义元句型的结构、语义以及文化倾向性。接下来的第十五章致力于语言学语域释义元句型的元功能比较,对英语语言学词典和语言学教材中释义元句型的元功能进行比较可以发现,体现研究导向的元句法没有明显的差别,体现参与者导向的元句法在教材中的匹配次数更多,体现篇章导向的元功能在体现信息流动方向的元句型中,教材中匹配的元句型更多。在英汉语际比较领域,体现研究导向和参与者导向的元句型在英汉语中占有大致相当的比例,而体现信息流动方向的元句型在汉语中的匹配次数明显偏低。第十六章的研究内容是释义元句型的英汉对比。我们发现,语言学语域的释义元句型,是语言使用中一个高度专业化的元语用领域。我们的实证研究方案是,以短语库的元句型翻译为基础,在三本语言学著作的元句型匹配中发现英汉元句型体现广泛的隐喻意象相似性,说明语用主体在语用层面和认知层面具有趋同的国际形象诉求。

参考文献

艾力,2010.布鲁语和汉语基本词汇和释义基元的对比研究[D].南京:南京师范大学.
安华林,2005.现代汉语释义基元词研究[M].北京:中国社会科学出版社.
安华林,2009.汉语释义元语言理论与应用研究[M].上海:学林出版社.
安华林,2011.《新华字典》"形容"类释义格式的调查与分析:兼谈语文辞书释义元句法研究[J].辞书研究(1):117-128.
白丽芳,2006.英汉元语言比较研究[D].南京:南京师范大学.
北京语言学院语言教学研究所,1986.现代汉语频率词典[M].北京:北京语言学院出版社.
本书编写组,2005.新英汉词典(增补本)[M].2版.上海:上海译文出版社.
布斯曼,2003.语言学词典[M].陈慧英,译.北京:商务印书馆.
陈观喜,2018.文档的术语表自动构建方法研究[D].南京:东南大学.
陈乐民,2006.莱布尼茨读本[M].南京:江苏教育出版社.
陈添来,2012.汉-马基本词汇和释义基元对比研究[D].南京:南京师范大学.
程齐凯,李信,陆伟,2019.领域无关学术文献词汇功能标准化数据集构建及分析[J].情报科学,37(7):41-47.
戴卫平,张燕,2010.生成语法术语一词多译:思考与对策[J].英语研究,8(2):8-15.
邓昭春,曾中平,1998.本科生英语词汇量调查与教学思考[J].外语与外语教学(10):19-20.
丁信善,2005.叶姆斯列夫语言学观的形成与发展[J].外语教学与研究,37(5):368-376.
董振东,董强,郝长伶,2007.知网的理论发现[J].中文信息学报,21(4).
冯跃进,汪腊萍,1999a.英语中词项搭配关系的定量研究[J].国外外语教学(2):5-10.
冯跃进,汪腊萍,1999b.科比德在线演示版及其应用[J].外语学刊(4):81-86.
冯志伟,2012.语言学中一个不容忽视的学科:术语学[J].山东外语教学,33(6):31-39.
符淮清,1986.词的释义[M].北京:北京出版社.
桂诗春,1985.我国英语专业学生英语词汇量的调查和分析[J].现代外语,8(1):1-6.
哈杜默德著,2003.语言学词典[M].北京:商务印书馆.

海德格尔,2018.存在与时间[M].陈嘉映,王庆节,译.北京:商务印书馆.
韩礼德,2007.韩礼德文集•论语言和语言学:第三卷[M].北京:北京大学出版社.
汉文辞书研究院,2007.新编同义词近义词反义词词典[M].沈阳:白山出版社.
侯国金,2009.语言学术语翻译的系统—可辨性原则:兼评姜望琪(2005)[J].上海翻译(2):69-73.
胡壮麟,2000.评语法隐喻的韩礼德模式[J].外语教学与研究,32(2):88-94.
胡壮麟,2017.语言学教程[M].5 版.北京:北京大学出版社.
黄鸿森,1980.定义和定性叙述[J].辞书研究(4):35-43.
黄建滨,1999.关于《大学英语教学大纲(修订本)》词汇表的说明[J].外语界(4):27-31.
黄小莉,2009.汉语常用名词的基元-同场释义研究[D].南京:南京师范大学.
黄忠廉,2010.我国外语界术语学研究综述[J].辞书研究(2):100-110.
莱布尼茨,1982.人类理智新论[M].陈修斋,译.北京:商务印书馆.
李葆嘉,2002a.汉语元语言系统研究的理论建构及应用价值[J].南京师大学报(社会科学版)(4).
李葆嘉,2002b.论语言科学与语言技术的新思维[J].南京师范大学文学院学报(1):177-184.
李葆嘉,2013.现代汉语析义元语言研究[M].北京:世界图书出版公司.
李洪坤,白解红,2019.我国语篇连贯研究 25 年:回顾与思考[J].外国语言与文化,3(1):147-156.
李晶洁,卫乃兴,2013.学术文本中短语序列的语篇行为[J].外语教学与研究,45(2):200-213+318-319.
李晶洁,卫乃兴,2017.学术英语文本中的功能句干研究:提取方法与频数分布[J].外语教学与研究,49(2):202-214+320.
李小敏,2012.现代汉语性质词的基元释义研究[D].南京:南京师范大学.
李约瑟,2006.中国古代科学思想史[M].3 版.陈立夫,译.南昌:江西人民出版社.
梁爱林,2016.术语资源的质量评估[J].辞书研究(1):32-44.
刘宇红,2006a.认知语言学:理论与应用[M].北京:中国社会科学出版社.
刘宇红,2006b.认知语言学的理论缺陷[J].山东外语教学,27(5):3-7.
刘宇红,2007.语言的神经基础[M].北京:中国社会科学出版社.
刘宇红,2011.隐喻的多视角研究[M].北京:世界图书出版公司北京公司.
刘宇红,2016.概念隐喻理论的应用研究[M].北京:北京交通大学出版社.
刘宇红,2021.语言学语域的释义元语言研究[J].浙江外国语学院学报(2):38-45.
刘宇红,殷铭,2021.术语表研制的四个步骤:以英语语言学为例[J].中国科技术语,23(2):11-19.
罗宾斯,1987.语言学简史[M].上海外国语学院外国语言文学研究所,译.合肥:安徽教育出版社.

洛克,1983.人类理解论[M].关文运,译.北京:商务印书馆.

吕叔湘,1980.把我国语言科学推向前进[M]//吕叔湘文集(第四卷).北京:商务印书馆.

马广惠,黄文,苗娟,等,2006.大学非英语专业新生英语入学水平测试与分析[J].南京师大学报(社会科学版)(1):82-88.

梅松竹,2015.关于高校英语专业语言学课程教学的相关思考[J].山东社会科学(S2):282-283.

培根,1984.新工具[M].许宝骙,译.北京:商务印书馆.

戚焱,夏珺,2016.背诵词块对英语写作和口语水平的影响[J].解放军外国语学院学报,39(1):96-103+159.

戚雨村,龚放,2004.Hjelmslev 和语符学理论[J].外国语,27(4):26-33.

邵华,2002.普通高师院校学生大学英语四级阶段词汇水平实证研究[J].外语教学与研究,34(6):421-425.

苏新春,2003.元语言研究的三种理解及释义型元语言研究评述[J].江西师范大学学报(哲学社会科学版),36(6):93-102.

苏新春,2005.汉语释义元语言研究[M].上海:上海教育出版社.

索绪尔,1980.普通语言学教程[M].高名凯,译.北京:商务印书馆.

汪骆,2009.中国人的思维缺陷[J].刊授党校(7):42.

王春艳,2009.免费绿色软件 AntConc 在外语教学和研究中的应用[J].外语电化教学(1):45-48+78.

王德福,2003.论叶尔姆斯列夫语符学的四个理论模型[J].锦州师范学院学报(哲学社会科学版),25(5):55-59.

王德福,2008.论语符学的方法论标准与原则[J].沈阳师范大学学报(社会科学版)(6):153-156.

王洪明,2011.俄汉阐释动词语义的元语言释义对比[D].哈尔滨:黑龙江大学.

王世杰,赵玉华,武永胜,等,2012.基于语料库的医学英语基础词汇遴选及其教学[J].甘肃中医学院学报,29(3):86-91.

王希杰,2008.哥本哈根学派在中国:从《语符学语言模型研究》说起[J].牡丹江师范学院学报(哲学社会科学版)(5):52-54.

王怡宁,2019.英语语言学课程研究性教学模式探究[J].西部素质教育,5(2):158-158+160.

韦丽娟,2007.泰语释义基元研究及汉泰释义基元比较[D].南京:南京师范大学.

吴庄,文卫平,2009."语言学导论"课程教学:问题与对策[J].中国外语,6(3):68-72.

徐丽,2011.汉语类别词的基元:同场释义研究[D].南京:南京师范大学.

许家金,许宗瑞,2007.中国大学生英语口语中的互动话语词块研究[J].外语教学与研究,39(6):437-443.

叶蜚声,徐通锵,2010.语言学纲要(修订版)[M].4版.北京:北京大学出版社.
叶其松,2014."术语编纂"三分说[J].辞书研究(6):34-41.
张彩琪,2010.现代汉语介词的元语言释义研究[D].南京:南京师范大学.
张津,黄昌宁,1996.从单语词典中获取定义原语方法的研究及现代汉语定义原语的获取[R].提交给国家自然科学基金的研究报告.
张四红,江莉,程玲,等,2011.基于AntConc的英语词汇教学研究:以《大学英语(精读)》课文文本为例[J].长江大学学报(社会科学版),34(12):93-96.
赵淑芳,2014.认知语言学术语的元语言研究[D].无锡:江南大学.
赵廷为,1951.四角号码新词典[M].9版.上海:商务印书馆.
郑述谱,梁爱林,2010.国外术语学研究现状概观[J].辞书研究(2):86-99.
郑述谱,2005.俄罗斯当代术语学[M].北京:商务印书馆.
中国社会科学院语言研究所词典编辑室,2016.现代汉语词典[M].7版.北京:商务印书馆.
周大军,文渤燕,陈莉,等,1999.大学英语学生4级阶段词汇量状况调查[J].外语与外语教学(12):34-36.
朱斌,伍依兰,郑郁汀,2014.释义句式"因……而……"[J].辞书研究(3):29-35.
朱伟华,1987.谈谈术语的特性[J].外语教学与研究(2):47-49.
Ackermann K, Chen Y H, 2013. Developing the Academic Collocation List (ACL): a corpus-driven and expert-judged approach[J]. Journal of English for Academic Purposes, 12(4): 235-247.
Astrakhantsev N, 2018. ATR4S: toolkit with state-of-the-art automatic terms recognition methods in Scala[J]. Language Resources and Evaluation, 52(3): 853-872.
Augenstein I, Maynard D, Ciravegna F, 2014. Relation extraction from the web using distant supervision[M]//Janowicz K, Schlobach S, Lambrix P, et al. International conference on knowledge engineering and knowledge management. Cham: Springer.
Bahns J, Eldaw M, 1993. Should we teach EFL students collocations?[J]. System, 21(1): 101-114.
Baleghizadeh S, Nik A B, 2011. The effect of type of context on EFL learners' recognition and production of colligations[J]. Journal of Language and Linguistic Studies, 7: 100-112.
Barwise J, Perry J, 1984. Situations and attitudes[M]. Cambridge: MIT Press.
Bauer L, Nation P, 1993. Word families[J]. International Journal of Lexicography, 6(4): 253-279.
Benson M, Benson E, Ilson R. 1997. The BBI combinatory dictionary of english: a guide to word combinations[M]. Amsterdam: John Benjamins.
Biber D, 2006. University language: a corpus-based study of spoken and written registers[M].

Philadelphia: John Benjamin's Publishing Company.

Bloomfield L. 1933. Language[M]. London George Allen Unwin Ltd.

Boers F, Eyckmans J, Kappel J, et al., 2006. Formulaic sequences and perceived oral proficiency: putting a lexical approach to the test[J]. Language Teaching Research, 10(3): 245-261.

Bonnefille S, 2006. Constructions with get: how to get the picture without getting confused [J]. Annual Review of Cognitive Linguistics, 4: 21-37.

Bordea G, Bogers T, Buitelaar P, 2013. Benchmarking domain-specific expert search using workshop program committees[A]. In Proceedings of the 2013 workshop on Computational scientometrics: theory & applications,

Breeze R, 2013. Lexical bundles across four legal genres[J]. International Journal of Corpus Linguistics, 18(2): 229-253.

Brown G, Yule G, 1983. Discourse analysis[M]. Cambridge: Cambridge University Press.

Bussmann H, Trauth G, Kazzazi K, et al., 1996. Routledge dictionary of language and linguistics[M]. London: Routledge.

Cai Q, Brysbaert M, 2010. SUBTLEX-CH: chinese word and character frequencies based on film subtitles[J]. PLoS One, 5(6): e10729.

Carnap R, 1934. On the character of philosophic problems[J]. Philosophy of Science, 1(1): 5-19.

Charles M, 2006. Phraseological patterns in reporting clauses used in citation: a corpus-based study of theses in two disciplines[J]. English for Specific Purposes, 25(3): 310-331.

Chen Q, Ge G C, 2007. A corpus-based lexical study on frequency and distribution of Coxhead's AWL word families in medical research articles (RAs)[J]. English for Specific Purposes, 26(4): 502-514.

Chomsky N, 1969. Aspects of the theory of syntax[M]. Cambridge: The MTI Press.

Chung T M, I. S. P. Nation, 2003. Technical vocabulary in specialized texts[J]. Read Foreign Lang (online), 15(2):103-16.

Church K W, Hanks P, 1990. Word association norms, mutual information, and lexicography [J]. Computational Linguistics, 16:22-29.

Conklin K, Schmitt N, 2008. Formulaic sequences: are they processed more quickly than nonformulaic language by native and nonnative speakers? [J]. Applied Linguistics, 29(1): 72-89.

Coxhead A, 2000. A new academic word list[J]. TESOL Quarterly, 34(2): 213.

Cunningham K J, 2017. A phraseological exploration of recent mathematics research articles through key phrase frames[J]. Journal of English for Academic Purposes, 25: 71-83.

Dolmaci M, Ertas A, 2016. Developing a textbook-based academic Turkish wordlist 1[J]. Procedia — Social and Behavioral Sciences, 232: 821-827.

Don M, 2011. ESL reading textbooks *vs*. university textbooks: are we giving our students the input they may need? [J]. Journal of English for Academic Purposes, 10(1): 32-46.

Durrant P, 2016. To what extent is the Academic Vocabulary List relevant to university student writing? [J]. English for Specific Purposes, 43: 49-61.

Eco U, 1984. A guide to the neo-television of the 1980's[J]. Framework, 240(25): 18-27.

Ellis M, 2016. Metalanguage as a component of the communicative classroom[J]. Accents Asia, 8(2): 143-153.

Ellis N C, Sinclair S G, 1966. Working memory in the acquisition of vocabulary and syntax: putting language in good order[J]. The Quarterly Journal of Experimental Psychology A, 49(1): 234-250.

Erman B, Warren B, 2000. The idiom principle and the open choice principle[J]. Text — Interdisciplinary Journal for the Study of Discourse, 20(1):29-62.

Fano R M, Hawkins D, 1961. Transmission of information: a statistical theory of communications[J]. American Journal of Physics, 29(11): 793-794.

Ferilli S, Esposito F, Grieco D, 2014. Automatic learning of linguistic resources for stopword removal and stemming from text[J]. Procedia Computer Science, 38: 116-123.

FirthJ R. 1957. A synopsis of linguistic theory, 1930—1956. Studies in Linguistic Analysis [C]. Lon don:Blackwell.

Frantzi K, Ananiadou S, Mima H, 2000. Automatic recognition of multi-word terms: the C-value/NC-value method[J]. International Journal on Digital Libraries, 3(2): 115-130.

Galofaro F, 2012. Structural reasons, metalanguage and infinity[J]. Versus,115.

Gardner D, Davies M, 2014. A new academic vocabulary list[J]. Applied Linguistics, 35(3).

Geldhill C J, 2000. Collocations in science writing[M]. Tübingen:Gunter Narr Verlag.

Gibbs R W, Bogdanovich J M, Sykes J R, et al., 1997. Metaphor in idiom comprehension[J]. Journal of Memory and Language, 37(2): 141-154.

Gilmore A, Millar N, 2018. The language of civil engineering research articles: a corpus-based approach[J]. English for Specific Purposes, 51: 1-17.

Gödel K, 1986. The Undecidable [M]//Davis M. Collected works. New York: Oxford University Press:282-295.

Goldberg A E, 1995. Constructions: a construction grammar approach to argument structure [M]. Chicago: University of Chicago Press.

Goldberg A E, 2019. Explain me this: creativity, competition, and the partial productivity of constructions[M]. Princeton: Princeton University Press.

Golparvar S E, Barabadi E, 2020. Key phrase frames in the discussion section of research articles of higher education[J]. Lingua, 236: 102804.

Goodenough W H, 1956. Componential analysis and the study of meaning[J]. Language, 32(1): 195.

Gougenheim G, 1955. A basic language: "Le franÇais élémentaire"[J]. International Review of Education, 1(4): 401-412.

Green C, Lambert J, 2019. Position vectors, homologous chromosomes and gamma rays: Promoting disciplinary literacy through Secondary Phrase Lists[J]. English for Specific Purposes, 53: 1-12.

Green C, 2019. Enriching the academic wordlist and Secondary Vocabulary Lists with lexicogrammar: toward a pattern grammar of academic vocabulary[J]. System, 87: 102158.

Greene J, 2008. Academic vocabulary and formulaic language in middle school content area textbooks[D]. Unpublished doctoral dissertation. Atlanta: Georgia State University.

Greimas A J, 1966. Semantique structural[M]. Paris: Presses universitaires de France.

Grice H P, 1975. Logic and conversation[M]. New York: Academic Press: 41-58.

Groom N, 2005. Pattern and meaning across genres and disciplines: an exploratory study[J]. Journal of English for Academic Purposes, 4(3): 257-277.

Hajiyeva K, 2015. Exploring the relationship between receptive and productive vocabulary sizes and their increased use by azerbaijani English majors[J]. English Language Teaching, 8(8): 31-45.

Halliday M A K, Martin J R, 1993. Writing science: literacy and discursive power[M]. [S. l.]: University of Pittsburg Press.

Halliday M A K, 1966. Lexis as a linguistic level[M]//Bazell C E, Catford J C, Halliday M A K., et al. In memory of J. R. Firth. London: Longman.

Halliday M A K, 1978. Language as social semiotic: the social interpretation of language and meaning[M]. London: Edward Arnold.

Halliday M A K, 1985. An introduction to functional grammar[M]. London: Edward Arnold.

Hardie A, 2008. A collocation-based approach to Nepali postpositions[J]. Corpus Linguistics and Linguistic Theory, 4(1): 19-61.

Herriman J, 2000. The functions of dextraposition in English texts[J]. Functions of Language, 7(2): 203-230.

Hilbert D, Hallett M, Majer U, 2006. David Hilbert's lectures on the foundations of geometry 1891—1902[J]. 12(3): 492-494.

Hjelmslev L, 1961. Prolegomena to a theory of language[M]. Wisconsin: University of Wisconsin Press

Hoey M, 2001. A world beyond collocation: new perspectives on vocabulary teaching[M]//Lewis M. Teaching collocation. London: Commercial Color Press, 232-235.

Howarth P, 1996. Phraseology in English academic writing[M]. Tübingen: Max Niemeyer Verlag: 66.

Hsu W, 2009. College English textbooks for general purposes-a corpus-based analysis of lexical coverage[J]. Electronic Journal of Foreign Language Teaching, 6(1), 42-62.

Hunston S, Su H, 2019. Patterns, constructions, and local grammar: a case study of "evaluation"[J]. Applied Linguistics, 40(4): 567-593.

Hyland K, Tse P, 2007. Is there an "academic vocabulary"?[J]. TESOL Quarterly, 41(2): 235-253.

Hyland K, Tse P, 2009. Academic lexis and disciplinary practice: corpus evidence for specificity[J]. International Journal of English Studies, 9(2).

Hyland K. 2008a. A convincing argument: corpus analysis and academic persuasion[M]//Connor U, Upton T. Discourse in the professions: perspective from corpus linguistics. Amstedam: John Benjamins: 87-114.

Hyland K, 2008b. Academic clusters: text patterning in published and postgraduate writing[J]. International Journal of Applied Linguistics, 18(1): 41-62.

Hyland K, 2008c. As can be seen: lexical bundles and disciplinary variation[J]. English for Specific Purposes, 27(1): 4-21.

Kaszubski P, 2003. Corpora in applied linguistics[J]. ELT Journal, 57(4): 416-420.

Katz J J, 1964. Semantic theory and the meaning of "good"[J]. Journal of Philosophy, 61(23): 739-766.

Kennedy G, 2008. Phraseology and language pedagogy: semantic preference associated with English verbs in the British National Corpus[M]//Phraseology in foreign language learning and teaching. Amsterdam: John Benjamins Publishing Company: 21-41.

Kennedy G, 2014. An introduction to corpus linguistics[M]. [S. l.]: Routledge.

Khani R, Tazik K, 2013. Towards the development of an academic word list for applied linguistics research articles[J]. RELC Journal, 44(2): 209-232.

Kosslyn S M, Koenig O, 1992. Wet mind: the new cognitive neuroscience[M]. New York: The Free Press.

Kracht M, 2008. Introduction to linguistics[J/OL]. https://linguistics.ucla.edu/people/caracht/courses/limg20-fall07/ling-intro.pdf.

Krashen S D, 1985. The input hypothesis: issues and implications[M]. London: Longman.

Kuiper K, Haggo D, 1984. Livestock auctions, oral poetry, and ordinary language[J]. Language in Society, 13(2): 205-234.

Lamb S M, 1999. Pathways of the brain: the neurocognitive basis of language[M]. Amsterdam: John Benjamins.

Laufer B, Ravenhorst-Kalovski G C, 2010. Lexical threshold revisited: lexical text coverage, learners' vocabulary size and reading comprehension[J]. Reading in a Foreign Language, 22: 15-30.

Laufer B, 2000. Task effect on instructed vocabulary learning: the hypothesis of "involvement" [A]. Tokyo: Waseda University Press, 47-62.

Le T N P, Harrington M, 2015. Phraseology used to comment on results in the Discussion section of applied linguistics quantitative research articles[J]. English for Specific Purposes, 39: 45-61.

Levisen C, 2019. Biases we live by: anglocentrism in linguistics and cognitive sciences[J]. Language Sciences, 76: 101173.

Lewis M, 1993. The lexical approach[M]. England: Language Teaching Publications.

Malmstrom H, Pecorari D, Shaw P, 2018. Words for what? Contrasting university students' receptive and productive academic vocabulary needs[J]. English for Specific Purposes, 50: 28-39.

Marco M J, 1999. The different levels of language patterning[J]. Epos: Revista De Filología (15): 313.

Martinez I A, Beck S C, Panza C B, 2009. Academic vocabulary in agriculture research articles: a corpus-based study[J]. English for Specific Purposes, 28(3): 183-198.

Martinez R, Schmitt N, 2012. A phrasal expressions list[J]. Applied Linguistics, 33(3): 299-320.

Maton K, 2013. Knowledge and knowers: towards a realist sociology of education[M]. London: Routledge.

Matsuoka W, Hirsh D, 2010. Vocabulary learning through reading: does an ELT course book provide good opportunities? [J]. Reading in a Foreign Language, 22(1): 56-70.

McIntosh A, 1961. Patterns and ranges[J]. Language, 37(3): 325.

Miller D, 2011. ESL reading textbooks vs. university textbooks: are we giving our students the input they may need? [J]. Journal of English for Academic Purpose, 10(1): 32-46.

Mitchell T F, 1971. Linguistic "goings-on": collocations and other lexical matters arising on the syntagmatic record[J]. Archivum Linguisticum, 2(1): 35-69.

Morley G D, 1986. An introduction to functional grammar: MAK Halliday, London, Edward Arnold, 1985.

Morley J, 2014. The academic phrasebank [M]. Manchester: Press of The University of Manchester.

Nagao M, Mori S, 1994. A new method of N-gram statistics for large number of n and automatic extraction of words and phrases from large text data of Japanese[C]//Proceedings of the 15th conference on Computational linguistics — Volume 1. ACM: 611-615.

Nation I S P, 2001. Learning vocabulary in another language[M]. Cambridge: Cambridge University Press.

Nation I, 2006. How large a vocabulary is needed for reading and listening? [J]. The Canadian Modern Language Review, 63: 59-81.

Nattinger J R, DeCarrico J S, 1992. Lexical phrases and language teaching[M]. Oxford: Oxford University Press:63-63.

Neary-Sundquist C A, 2017. Syntactic complexity at multiple proficiency levels of L2 German speech[J]. International Journal of Applied Linguistics, 27(1): 242-262.

Pallotti G, 2015. A simple view of linguistic complexity[J]. Second Language Research, 31(1): 117-134.

Pawley A, Syder F H, 2014. Two puzzles for linguistic theory: nativelike selection and nativelike fluency[M]//Language and communication. [S.l.]:Routledge:191-226.

Peacock M, 2011. A comparative study of introductory it in research articles across eight disciplines[J]. International Journal of Corpus Linguistics, 16(1): 72-100.

Periñán-Pascual C, Mestre-Mestre E M, 2015. DEXTER: automatic extraction of domain-specific glossaries for language teaching[J]. Procedia — Social and Behavioral Sciences, 198: 377-385.

Praninskas J, 1972. American University wordlist[M]. London: Longman.

Procter P, 1978. Longman dictionary of contemporary English[M]. London:Longman.

Rayson P, 2008. From key words to key semantic domains[J]. International Journal of Corpus Linguistics, 13(4): 519-549.

Richards J C, 1976. The role of vocabulary teaching[J]. TESOL Quarterly, 10(1): 77.

Römer U, 2010. Establishing the phraseological profile of a text type[J]. English Text Construction, 3(1): 95-119.

Saussure F, 1983. Course in general linguistics[M]. Translated and annotated by Roy Harris.

London: Duckworth.

Schmitt N, Schmitt D, 2014. A reassessment of frequency and vocabulary size in L2 vocabulary teaching[J]. Language Teaching, 47(4): 484-503.

Schmitt N, Jiang X Y, Grabe W, 2011. The percentage of words known in a text and reading comprehension[J]. The Modern Language Journal, 95(1): 26-43.

Schmitt N, 2008. Review article: instructed second language vocabulary learning[J]. Language Teaching Research, 12(3): 329-363.

Schmitt N, 2010. Researching vocabulary: a vocabulary research manual[M]. Basingstoke: Palgrave Macmillan.

Schnur E, 2014. Phraseological signaling of discourse organization in academic lectures: a comparison of lexical bundles in authentic lectures and EAP listening materials[J]. Yearbook of Phraseology, 5(1):95-122.

Sellink A, Verhoef C, 2000. Development, assessment, and reengineering of language descriptions[M]//Proceedings of the fourth european conference on software maintenance and reengineering. Zurich:IEEE,151-160.

Simpson-Vlach R, Ellis N C, 2010. An academic formulas list: New methods in phraseology research[J]. Applied Linguistics, 31(4): 487-512.

Sinclair J, Carter E W R, 2004. Trust the text: language, corpus and discourse[M]. London: Routledge.

Sinclair J,1966. Beginning the study of lexis[M]//Bazell C E, Catford J C, Halliday M A K, et al. In memory of J.R. Firth. London: Longman.

Sinclair J, 1991. Corpus, concordance, collocation[M]. Oxford:Oxford University Press.

Sinclair J. 2002. Language, meaning and the corpus [Z]. Sofia University of Bulgaria.

Siyanova-Chanturia A, Conklin K, Schmitt N, 2011. Adding more fuel to the fire: an eye-tracking study of idiom processing by native and non-native speakers[J]. Second Language Research, 27(2): 251-272.

Swales J, 1990. Genre Analysis and its application to languages for specific purposes [J/OL]. https://files.elic.ed.gov/fulltext/ED271991.pdf.

Tarski A. 1956. The concept of truth in formalized languages[M]// Woodger J H. Logic, semantics, metamathematics. Oxford: The Clarendon Press, 157-187.

Thompson J, 2000. Introducing functional grammar[M]. 北京: 外语教学与研究出版社.

Thornbury S, 2002. How to teach vocabury[M]. New York: Pearson Longman.

Underwood G, Schmitt N, Galpin A, 2004. The eyes have it: an eye-movement study into the processing of for-mulaic sequences[J]. Formulait-se-quences.

Vongpumivitch V, Huang J Y, Chang Y C, 2009. Frequency analysis of the words in the Academic Word List (AWL) and non-AWL content words in applied linguistics research papers[J]. English for Specific Purposes, 28(1): 33-41.

Ward J, 2009. A basic engineering English word list for less proficient foundation engineering undergraduates[J]. English for Specific Purposes, 28(3): 170-182.

Watson J B, 1930. Behaviorism [M]. New York: Norton.

West M, 1953. A general service list of English words[M]. London: Longman.

Widdowson H G, 2003. Defining issues in English language teaching[M]. Oxford: Oxford University Press.

Wierzbicka A, 1972. Semantic primitives[M]. Frankfurt: Athenäum.

Wierzbicka A, 1996. Semantics: primes and universals[M]. Oxford: Oxford University Press.

Wierzbicka A, 2009. Language and metalanguage: key issues in emotion research[J]. Emotion Review, 1(1): 3-14.

Wierzbicka A, 2011. Bilingualism and cognition: the perspective from semantics[M]// Bassetti B. Language and bilingual cognition. New York: Psychology Press, 191-218.

Willis D, Willis J, 2002. Pattern grammar: a corpus-driven approach to the lexical grammar of English[J]. System, 30(3): 409-412.

Wu Y C, 2017. Multilingual news extraction via stopword language model scoring[J]. Journal of Intelligent Information Systems, 48(1): 191-213.

Xue G, Nation I S P, 1984. A university word list[J]. Language Learning and Communication, 3: 215-219.